医药食品安全法治研究

Yiyao Shipin Anquan Fazhi Yanjiu

| 第一辑 |

杜承铭○主编

中国政法大学出版社

2016・北京

P序　言
reface

　　医药食品安全直接影响广大民众的身体健康和生命安全，是衡量人民生活质量、社会管理水平和国家法治建设的一个重要指标，也是对我们党和国家执政能力的重大考验。中共中央习近平总书记提出：要切实加强食品药品安全监管，用最严谨的标准、最严格的监管、最严厉的处罚、最严肃的问责，加快建立科学完善的食品药品安全治理体系，坚持产管并重，严把从农田到餐桌、从实验室到医院的每一道防线。在党和政府部门的高度重视下，近几年来，我国医药食品安全形势总体不断好转，但医药食品安全问题仍层出不穷，如地沟油事件、上海福喜事件、走私"僵尸肉"事件、幼儿园喂药事件、毒胶囊事件以及山东非法经营疫苗事件等，严重危及社会公众的生命、健康安全，也造成了十分恶劣的社会影响。因此，我国医药食品安全形势仍不容乐观。

　　为了有效治理医药食品安全问题，我们必须重视法治、依靠法治，切实保障人民群众的身体健康和生命安全。党的十八大明确提出，依法治国是党领导人民治理国家的基本方略，法治是治国理政的基本方式，要更加注重发挥法治在国家治理和社会管理中的重要作用，全面推进依法治国，加快建设社会主义法治国家。在依法治国的理念下，我国医药食品安全法治工作取得了巨大成绩。医药食品监管法规日益完善：2015年"史上最严"的《食品安全法》修订实施，2015年版《中国药典》颁布实施，2015年《药品管理法》修订实施，2015 年《药品医疗器械飞行检查办法》颁布实施，等等。同时，打击医药食品领域违法犯罪行为效果明显：根据国家食品药品监督管理总局发布的消息，2015 年全国共立案查处食品药品违法案件 353 951 件；公安部 2015 年开展为期一年的食药打假"利剑"行动，全年共侦破危害食品安全犯罪案件 1.5 万起，抓获犯罪嫌疑人 2.2 万名。因此，法治是化解医药食品安全问题的重要乃至根本的手段，如何在法治框架内研究医药食品安全问题，对我国的医药食品安全法治建设具有重要的理论意义和现实价值。

为加强对医药食品安全的法治研究，为我国医药食品安全法治贡献一份力量，在广东省法学会的大力支持下，广东省法学会医药食品法学研究会依托广东财经大学法学院于 2010 年成立。自成立以来，医药食品法学研究会积极凝聚省内医药食品法学界的研究力量，搭建学术交流平台，交流学术观点，密切学术界与医药食品监管等实务界的联系，表达广东省医药食品法学界的声音，促进了广东医药食品法治研究的发展。通过研究会全体同仁的共同努力，研究会也取得了较为丰硕的成果：主持省部级相关课题多项，公开发表相关学术论文多篇，其中部分论文荣获省部级奖项。

为更好地推进医药食品安全法治研究进程，更好地加强与国内同行研究者的交流、学习，在中国政法大学出版社的支持下，广东省法学会医药食品法学研究会联合广东财经大学法学院共同组织了本论文集的出版。该论文集是广东省法学会医药食品法学研究会近三年优秀研究学术成果的凝聚与汇集。该论文集主要运用法社会学方法、系统法学方法、规范分析与实证分析相结合的方法，针对"医药食品安全行政法律问题""医药食品安全民事法律问题""医药食品安全刑事法律问题"三大领域热点问题进行分析和研究，围绕法学理论和司法实践，探讨如何法治化解决我国现阶段医药食品安全领域所面临的社会问题。希望该论文集的出版不仅能引发学术同仁对医药食品安全法治研究的更多关注，也能对相关执法、司法实务部门有一定的借鉴意义。期待广东省法学会医药食品法学研究会不懈努力，不断推出更多、更好的医药食品安全新问题的学术研究成果，为我国医药食品安全法治建设尽一份微薄之力！

广东省法学会医药食品法学会会长
广东财经大学副校长　杜承铭教授、博士生导师
2016 年 9 月 28 日于羊城广州

C目 录
ontents

第三章　医药食品安全刑事法律问题研究

第一章
医药食品安全行政法律问题研究

食品安全监管体制剖析与完善
薛云峰　杜国明*

引言

目前中国承担食品市场监督管理职责的部门和组织有多个，从现行的监管分工看，可做如下分类：①综合市场监管部门——工商行政管理局。②专项市场监管部门——专项市场监管部门，侧重于从某一专业角度对消费品市场、生产资料市场进行监管，它与工商局监管的领域相同，只是监管的内容存在差异。③专业市场监管部门——证监会、房产管理部门、土地管理部门、文化出版管理部门等专业市场监管部门是从某一特定市场出发，对该市场的市场行为进行监督管理。④各种行业组织，这些组织是独立于政府的社会性民间组织或半官方性质的经济组织，多为市场主体的自律性协调组织。它们属于行业管理的范畴。中国在食品市场监督管理方面存在

---

* 薛云峰，男，广东财经大学信息学院助教；杜国明，男，华南农业大学人文与法学学院教授。基金项目：广东省科技创新治理体系建设与实践领域项目（编号：2015A080804017）。

部门较多、职能交叉、政出多门、效率不高等方面的问题,这些问题与中国法制不够健全、经济管理体制不够完善有关,与在监管职能的划分、机构的设置以及人员配备上不够规范有关。本文拟在分析中国食品安全监管体制的历史、现状和问题的基础上,探析食品安全监管体制存在的深层次原因,进而提出完善建议。

一、中国食品安全监管体制的历史沿革

(一)监管体制逐步发展阶段:新中国成立后至2004年

在新中国成立初期,中国是一个贫穷落后的国家。当时亟须解决的问题是人人有饭吃,只有填饱了肚子,人民才能积极参加社会主义建设。所以在新中国成立初期,中国食品安全的首要任务都是围绕着解决人民群众的温饱问题展开的。此时的食品安全监管工作融合在政府各职能部门的日常工作当中,并没有被看作一个具有特殊意义的政府职能,事实上以行业管理为主。这一时期所颁发的最高层次的食品卫生管理综合性法规是国务院于1965年批准发布的《食品卫生管理实行条例》。

严格地说,中国食品安全监管始于1979年,《中华人民共和国食品卫生管理条例》(以下简称《条例》)的出台,标志着中国食品安全的开始。《条例》第18条规定:"各级卫生部门要加强对食品卫生工作的领导,要充实加强食品卫生检验监督机构,负责对本行政区内食品卫生进行监督管理、抽查检验和技术指导,有贯彻和监督执行卫生法令的权利。各级卫生部门可设兼职的食品卫生监督员,由同级人民政府委任,具体执行监督任务。"该条例经过规制和受规制主体4年的博弈实践,于1982年被修订为《中华人民共和国食品卫生法(试行)》(以下简称《食品卫生法》),正式把卫生防疫站以法律授权的形式确定为监督执法主体。

(二)监管体制基本形成阶段:2004年至《食品安全法》出台前

2004年颁布的《国务院关于进一步加强食品安全工作的决定》

强调：加强食品安全管理是一项长期艰巨的任务，必须立足当前，规划长远，标本兼治，着力治本，建立健全监管制度和长效机制。按照一个监管环节由一个部门监管的原则，采取"分段监管为主、品种监管为辅"的方式，进一步理顺食品安全监管职能，明确责任。农业部门负责初级农产品生产环节的监管；质检部门负责食品生产加工环节的监管，将现由卫生部门承担的食品生产加工环节的卫生监管职责划归质检部门；工商部门负责食品流通环节的监管；卫生部门负责餐饮业和食堂等消费环节的监管；食品药品监管部门负责对食品安全的综合监管、组织协调和依法组织查处重大事故。按照权责一致的原则，建立食品安全监管责任制和责任追究制。具体由中央编办会同有关部门组织落实。农业、发展改革和商务等部门按照各自职责，做好种植养殖、食品加工、流通、消费环节的行业管理工作。进一步发挥行业协会和中介组织的作用。

2008 年 3 月，中央启动了新的一轮机构改革，这一次改革明确由卫生部承担食品安全综合协调、组织查处食品安全重大事故的责任，同时将国家食品药品监督管理局改由卫生部管理，食品药品监督管理局将承担起餐饮业、食堂等消费环节的食品安全监管职责。[1]

（三）监管体制确立阶段：《食品安全法》出台后至今

2009 年 2 月出台的《食品安全法》重新梳理了中国食品安全监管体制，确定由国务院卫生行政部门承担食品安全综合协调职责；国务院质量监督、工商行政管理和国家食品药品监督管理部门依照《食品安全法》和国务院规定的职责，分别对食品生产、食品流通和餐饮服务活动实施监督管理。食品药品监督管理局是国务院综合监督食品、保健品、化妆品安全管理和主管药品监管的直属机

---

〔1〕 王琬琼："我国食品安全监管体制研究"，载《西南农业大学学报（社会科学版）》2011 年第 2 期。

构。卫生部主要负责国内市场的食品卫生政策和食品管理工作。农业部主管种植养殖过程的安全。国家质检总局主要负责食品生产加工和出口领域内的食品安全控制工作。商务部侧重于食品流通管理，主要职责是通过积极开展争创绿色市场活动，整顿和规范食品流通秩序，建立健全食品安全检测体系，监管上市销售食品和出口农产品的卫生安全质量。工商行政管理局负责组织实施市场交易秩序的规范管理和监督，对食品生产、经营企业和个体工商户进行检查，审核其主体资格，执行卫生许可审批规定。同时，在中央层面，国务院设立了食品安全委员会。在地方层面，各级人民政府承担了组织协调工作，在行政监管体系之外，还要求食品行业协会应当加强行业自律，引导食品生产经营者依法生产经营，要求新闻媒体开展食品安全法规以及食品安全标准和知识的公益宣传，对违反《食品安全法》的行为进行舆论监督，并鼓励社会团体、基层群众性自治组织开展食品安全法规以及食品安全标准和知识的普及工作，赋予任何组织或者个人举报权。

二、中国食品安全监管体制的现状

2009 年 6 月 1 日起中国正式施行《食品安全法》，废除了已实施了 13 年的《食品卫生法》，确立了食品安全委员会领导下的"分段监管为主，品种监管为辅"的监管体制。

（一）监管主体

监管主体主要是政府及其所属各食品安全监管部门，这里的政府包括中央、省、地（市）及县级政府。中央一级的食品安全监管工作由国务院食品安全委员会、国务院卫生行政部门、国务院质量监督部门、国务院工商行政管理部门、国家食品药品监督管理部门等机构负责；另外，食用农产品的质量安全管理由国务院农业行政部门负责。这些部门对国务院负责并汇报工作，对下则各成体系，在省、市、县都有各自的对应机构，每个机构都分别实施食品安全监管的某项职能。一般情况下，地方食品安全监管部门直接向当地政府负责，并接受上级对口部门在监管及技术方面的指导。

（二）监管职责

各监管部门的主要职责分工为：

1. 国务院设立食品安全委员会，其工作职责由国务院规定。

2. 国务院卫生行政部门承担食品安全综合协调职责，负责食品安全风险评估、食品安全标准制定、食品安全信息公布、食品检验机构的资质认定条件和检验规范的制定，组织查处食品安全重大事故。

3. 国务院质量监督、工商行政管理和国家食品药品监督管理部门依照法律和国务院规定的职责，分别对食品生产、食品流通、餐饮服务活动实施监督管理。

4. 地方政府的监管职责：县级以上地方人民政府统一负责领导、组织、协调本行政区域的食品安全监督管理工作，建立健全食品安全全程监督管理的工作机制；统一领导、指挥食品安全突发事件应对工作；完善、落实食品安全监督管理责任制，对食品安全监督管理部门进行评议、考核。

5. 乳品、转基因食品、生猪屠宰、酒类和食盐的食品安全管理，由相关行政管理部门负责。

6. 铁路运营中食品安全的管理由卫生行政部门会同有关部门负责；军队专用食品和自供食品的食品安全管理由中央军事委员会负责。

（三）监管对象

监管对象是在中华人民共和国境内从事下列活动者：①食品生产和加工，食品流通和餐饮服务；②食品添加剂的生产经营；③用于食品的包装材料、容器、洗涤剂、消毒剂和用于食品生产经营的工具、设备的生产经营；④食品生产经营者使用食品添加剂、食品相关产品；⑤对食品、食品添加剂和食品相关产品的安全管理。

三、中国食品安全监管体制的问题

(一) 食品安全委员会没有履行职责的程序性规定

新出台的《中华人民共和国食品安全法》增设"食品安全委员会",规定:"国务院设立食品安全委员会,其工作职责由国务院规定。"2010 年 2 月出台的《国务院关于设立国务院食品安全委员会的通知》(国发〔2010〕6 号),规定了国务院食品安全委员会的主要职责:"分析食品安全形势,研究部署、统筹指导食品安全工作;提出食品安全监管的重大政策措施;督促落实食品安全监管责任。"并明确了这一机构的法律地位:"国务院食品安全工作的高层次议事协调机构。"虽然食品安全委员会将在高层次上指导和协调其他监管部门的工作,能起到一定程度的填补空白、减少交叉的作用,但毕竟仅限于议事和协调,作用有限,难以从根本上解决问题。最主要的是没有该机关履行职责的程序性规定,缺少了对这一机关的规范和约束。

(二) 卫生部门综合协调职责有待进一步法定化

按照中国《食品安全法》的规定,卫生部门承担综合协调的职责,具体有五项职责,这五项综合协调的职责跨越了从"农田到餐桌"的各个环节,这就需要理顺卫生部门和其他监管部门的关系。因为卫生部门五项职责的履行需要与各个监管部门相互配合,才能真正将协调的职责落到实处。因此,各个协调和监管机构职责必须进一步法定化,才能避免职能交叉和空白。另外,按照现行法律规定,卫生部门是食品安全监管的综合协调机关,但是由于其级别和其他监管机构无大差别,没有隶属关系,所以很难充分发挥协调功能,不可能起到应有的作用。而且卫生行政部门本身就已面对着医疗这一社会重点、难点、热点问题,这就出现了在人员编制、经费划拨、技术设备等配套条件没有发生根本性改变的情况下,是否有足够的力量承担起《食品安全法》赋予的更重职责的问题。

（三）"分段监管"易出现监管空白或监管职能交叉

由于中国食品安全法规定的食品监管体制是，由各个监管部门对食物链的各个环节实行分段监管，卫生部门承担综合协调的职能。生产环节由质检部门负责，流通领域由工商部门负责，餐饮服务行业由食品药品监管局负责。从表面上看，这种监管体制模式下，食物链的各个环节都有部门分段监管，且分工明确，职责清楚，但是实际效果却并非如此。

《食品安全法》建立了"以分段监管为主、品种监管为辅"的食品安全监管模式，即农业、质监、工商、食品药品监管部门分别负责初级农产品种养殖环节、食品生产环节、食品流通环节和餐饮消费环节的监管。然而，由于食品生产经营业态的复杂性，造成了在实际监管实践中难以对某些环节进行清晰的界定：

1. 初级农产品和生产加工食品的界定不清。《农产品质量安全法》第2条第1款规定："本法所称农产品，是指来源于农业的初级产品，即在农业活动中获得的植物、动物、微生物及其产品。"条款中所指的动植物、微生物及其产品与食品的边界在该法和《食品安全法》中没有界定，豆芽制发、盐渍和干制海水产品、毛茶制作等产品既属于初级农产品，也属于食品初加工品，就成为食品安全监管职能部门的模糊边界，成为监管盲区。

2. 食品生产加工环节与流通环节界定不清。《食品安全法》没有界定生产领域、流通领域的含义，随着社会经济的发展，逐渐出现了前店后厂、现制现售等新的业态，如商场、超市和其他有形市场内的现场制售糕饼、面包、快餐、干湿式点心等，使得食品在生产加工环节和流通环节的监管边界产生了不确定性，给各监管部门的具体操作带来了难度。

有些食品安全问题，在生产加工、流通和消费环节中都有可能出现，每个部门都能进行管理。有些食品安全问题，并不明显属于哪个环节，每个部门都认为不属于自己的范围而不去监管。例如：

按照分段监管原则，无证无照的小餐饮店应该由卫生行政部门进行查处，无证无照的小食品加工厂应由质监部门进行查处。但卫生及质监部门可能认为，经营户的营业执照是工商行政部门发放的，按照规定，应由工商行政部门进行查处取缔，而工商行政部门则可能认为，卫生、环保部门是前置许可部门，它们也有责任进行查处。各部门互相推诿使得无证无照取缔可能会出现有利益都去管、无利益都不管的情况，究其原因是权限不明、职责不清。[1]

（四）监管力量有待加强

目前，中国建立起"地方政府负总责，监管部门各司其职，企业是食品安全第一责任人"的食品安全法律责任体系，尚存在食品安全监管力量不足的问题：①食品安全监管网络有待健全。《食品安全法》未对乡镇（街道办事处）基层政府的食品安全监管职责作出明确规定，农村地区食品安全监管力量较为薄弱，农村食品安全监管网络不够健全。②食品安全标准体系有待完善。不少现行食品国家标准、行业标准和地方标准存在着交叉、矛盾或重复，清理、修订工作尚未完成，由食品安全国家标准、地方标准和企业标准组成的食品安全标准体系有待进一步完善，食品产品的监管工作难以得到有效保证。③食品安全检验力量有待整合。在分段监管模式下，农业、质监、卫生、食品药品等食品安全监管部门都有自己的检测机构，特别是基层地区，低水平重复现象严重，造成检测资源的分散和浪费，制约了食品安全检测水平的整体提高。④食品安全执法人员专业素质有待提高。各地执法人员的个人素质和执法能力参差不齐，部分执法人员食品安全专业知识储备不足，对于法律法规的理解程度也各有不同，在不同程度上制约了食品安全法律法规要求的落实。

---

〔1〕 吕婷婷："我国食品安全监管体制的健全与完善"，载《东北农业大学学报（社会科学版）》2011年第1期。

（五）食品安全违法成本较低

法律惩罚力度小，低廉的违法成本是食品安全事件不断出现的重要原因，例如，无证食品生产加工小作坊和流动食品摊贩，生产成本极低，按照现行的食品安全法律法规，即使被取缔换个地方重新开始，成本也比较低。就目前对于在食品加工过程中添加有毒、有害等非食用原料的违法行为处罚来看，往往只要不造成恶劣影响甚至酿出命案，相关责任人的刑事责任就很难得到追究，而且《食品安全法》对违法所得的认定也缺乏有效的手段，使违法者承担的风险成本很小，难以对违法者产生震慑作用。

四、中国食品安全监管问题的原因探析

（一）食品安全监管的结构性缺陷

1. 横向衔接的问题。中国食品安全监管主要由农业（畜牧兽医）、卫生、工商、质监、食品药品监管等部门按照法定职责进行管理。食品链条紧密相连的自然属性与人为切断的监管体制存在明显的矛盾，但是食品在生产、流通、销售等各环节之间总是存在着交替衔接的地带或接口，而这些地带往往导致"边界冲突事件"的发生。由于受到各监管部门本身自我封闭的组织特性、强烈的部门本位主义以及紧张的部门资源竞争关系等因素的制约，部门之间的合作共识难以真正达成。其中，狭隘的部门本位主义是达成部门间共识的最大障碍。具有环节化特点的食品安全监管部门的一些职能边界模糊化，难以形成真正的监管信息对接口，这就是食品安全监管"碎片化"的深层次原因。

事实上，政府部门相互协调合作的动力主要来源于两个方面：一是对部门间资源相互依赖的认知，二是上级政府利用等级权威推动各部门共同履行监管责任。对于前者而言，由于食品链条的自然属性以及多部门分环节的监管体制设计，使得各监管部门之间的政策领域相对比较接近，履行相似的职能，争夺相似的资源，面对相似的服务对象和监管客体，部门之间的竞争关系就会遏制有效合作的产生。例如，前店后厂制售食品行为的许可和监管问题，就导致分别处于生产领域与流通领域的质监部门与工商部门相互推诿扯皮，无法实现监管的衔接。又如，食品添加剂及食品助剂产品的生产企业标准备案主体的问题，也引起卫生部门与质监部门的相互不合作，这是由于卫生部门的卫生许可权、监督权与质监部门的生产许可权、监督权具有相似性而导致部门间的无缝衔接难以实现。就后者而言，对上级等级权威的服从是科层制的本质要求，因此，上级政府的命令在维系部门协作和监管衔接中起到一定的作用。但是，多部门协作和联合执法过程中常常出现"出工不出力""谁牵头谁负责""谁组织谁协调"等现象，这正是监管部门采用策略性机会主义行为对上级等级命令功能的弱化。最终，导致食品安全监管横向部门之间的合作和衔接难以有效地形成。

2. 层级管理的问题。食品监管链条上的农业（属地）、卫生（属地）、工商（垂直）、质监（垂直）、食品药品监管（属地）几个主要部门分别实行属地管理和垂直管理两套不同的层级管理制度。根据《食品安全法》第 6 条第 1 款的规定，县级以上地方人民政府对本行政区域的食品安全监督管理工作负责，统一领导、组织、协调本行政区域的食品安全监督管理工作以及食品安全突发事件应对工作，建立健全食品安全全程监督管理工作机制和信息共享机制，也就是说，食品安全监管工作最终是由区、县级市政府负责具体领导组织食品安全监管工作的，而农业、工商、质监等部分由政府领导并供其调度的监管部门却并非完全受其支配。因此，食品安全监管链条中部分垂直管理、部分属地管理的层级体制，必将导致区、县级市政府对市垂直监管部门难以畅顺指挥，引起政府与职能部门之间不必要的工作推诿和内耗，这也体现了食品监管链条的横向监管与层级管理垂直指挥之间的矛盾，这种层级管理体制设计上的耦合性导致了食品安全监管效能的进一步衰减。

（二）食品安全监管部门合作机制建立困难

属地管理和基层责任制落实不到位，没有像计划生育、社会治安综合管理等工作那样形成一套行之有效的考核和问责机制。究其原因，主要是多部门分环节的监管体制设计，加上目前中国行政组织法的缺失、食品安全法律法规的强部门立法色彩等原因，使得中国食品安全监管权力和责任在各部门之间的配置存在一系列的问题，如法定的依据不足并且往往彼此冲突，职能交叉普遍，职能调整频繁，部门之间缺乏有效的协商机制来消除彼此之间有关职能界定的分歧。因此，监管中的外部性和部门机会主义是构建权责清晰的问责体系的主要困境。

1. 部门边界模糊以利于机会主义行为。在现有的法律和制度框架下，处于食品安全监管链条中的各部门主体会利用各种策略，努力实现部门收益的最大化，并且回避各种执法风险。一个理性的职能部门无疑会选择自身最优的执法水平，在界定自身职权或者实施监管的过程中，利用法律和政策上的模糊，有选择地甚至扭曲地披露相关信息从而增加部门自身的利益。例如，在 2010 年 4 月由广州市食安办下发的《创建广州食品安全监管新模式行动计划（2010 年 5 月～2013 年 5 月）（征求意见稿）》中，在"食品安全实行无缝隙监管"的措施试图明确的"部分领域食品安全监管职责"中，就有 16 项实际监管中各部门推诿扯皮的争议点，而这只是广州市一级层面的部分现实问题，还不足以涵盖部门边界模糊的全貌，更谈不上就此杜绝食品安全监管部门的机会主义行为。

2. 监管责任落实困难。食品安全自身一体化特性以及监管中的团队生产的特点，都使得上级政府要想明确界定具体监管部门在食品安全监管中的责任十分困难，这就使得现行的食品安全目标管理责任制度流于形式，成效有限。同时，食品安全目标管理责任制只是一种着眼于部门绩效的管理方法，其着眼点在于各个部门分散自身目标，而没有对食品安全监管的整体目标或者跨部门协同治理的目标给予应有的关注，综合管理的结果与公共管理及公众的需求还存在很大的差距。跨部门协同治理绩效考核指标的缺失使得各级政府和部门对监管部门间的协助进而实现无缝隙监管的重点没有引起足够的重视，对于解决涉及部门间共同治理的合作事项，缺乏协调和明确的动力。

（三）食品安全跨地区联合监管和问责机制的缺失

市场经济是以市场调节为主并自由流通的经济体制，伴随着食品生产加工技术和交通运输工具的发展和进步，食品的生产和销售不再仅限于满足本地市场的需要。因此，食品安全的影响范围早已跨越了地区、城市的边界，一个很小的地域食品安全问题如果不能及时控制，往往会演化为全国或世界性的食品安全问题。如 2005 年发生"苏丹红事件"，只有四五个员工，两三间简陋平房以及破旧不堪的广州田洋食品有限公司，在其产品中非法添加含有"苏丹红一号"的工业染料，通过现代流通系统，成为波及全国十多个省份的食品安全事件。2010 年 2 月发生的"瘦肉精中毒事件"，含有瘦肉精的生猪来自湖南省，广州无法从源头加以控制，结果酿成一起造成重大影响的食品安全事故。对地方政府而言，对辖区内的食品安全进行有效的治理，这一公共服务具有明显的外部性，会导致地方该项服务的提供低于最优水平，从而导致地方政府的监管动力不足；与此同时，跨地区食品安全监管和追责也会受到地方保护主义的干预，造成食品安全监管执法的困境。[1]

五、中国食品安全监管体制的完善路径

20 世纪 90 年代以来，各国政府和其他公共组织正经历着一场公共管理革命。这场革命是以"无缝组织"的出现为特征的。无缝监管，是指以善治理论为指导，以科学管理为依托，通过制度创

---

[1] 郭智谦："广州地区食品安全监管体制问题研究"，华南理工大学 2010 年硕士学位论文。

新、机制重塑、职能优化和业务流程重组等手段，形成具有决策、执行、监督、咨询、反馈等功能的持续改进的闭环管理系统，促进管理效率和服务质量的提高。[1] 中国现在主要由食品药品监督管理局、卫生部、农业部、国家质检总局和商务部共同负责食品安全管理工作，科技部主要负责食品安全科研工作，具体工作主要由农村与社会发展司负责。除以上部门外，还有一些政府机构也参与食品检验和控制。如环保局参与产地环境、养殖场和食品加工流通企业污染物排放的监测与控制工作。但是，随着食品安全问题受到广泛关注，目前，国家发展与改革委员会、财政部、宣传、公共安全等部门也从不同角度参与食品安全监管工作。面对监管部门的职责交叉而产生的"监管缝隙"，当务之急便是对各监管部门进行协调。

（一）明确食品安全委员会履行职责的程序性规定

为了配合食品安全法的实施，2010 年 2 月 6 日，国务院发布了《国务院关于设立国务院食品安全委员会的通知》（国发［2010］6 号），规定了国务院食品安全委员会的主要职责："分析食品安全形势，研究部署、统筹指导食品安全工作；提出食品安全监管的重大政策措施；督促落实食品安全监管责任。"明确了这一机构的法律地位："国务院食品安全工作的高层次议事协调机构。"通过加强食品安全委员会协调的权威性，可带动部门之间的协调与合作，建立一个有权威的议事和协调机构，改变以前监管机构互相争夺权利或互相推诿责任的局面。在此基础上，要制定程序性规定，避免履行职责的随意性，才能更好地发挥其作用。在此，笔者认为，应借鉴美国关于总统食品安全委员会履行职责方面的程序性规定。

（二）各个监管部门的关系须理顺

1. 理顺食品安全委员会和卫生部门的关系。国务院设立食品

<hr>

［1］ 卞海霞："我国食品安全监管的新趋势：无缝隙监管"，载《延边大学学报（社会科学版）》2009 年第 2 期。

安全委员会的目的是作为高层次的议事和协调机构，指导、协调食品安全监管工作，国务院卫生行政部门承担食品安全综合协调职责，负责食品安全风险评估、食品安全标准制定、食品安全信息公布、食品检验机构的资质认定条件和检验规范的制定，组织查处食品安全重大事故。那么，食品安全委员会与卫生行政部门之间如何分工，需要法律加以明确规定。

2. 理顺卫生部门和其他监管部门的关系。按照现行的相关规定，国务院卫生部门和国务院质监部门、工商部门、食监药监部门的级别，基本上没有太大差别，是国务院组成部分和国务院直属机构的区别，但不是领导和被领导的关系，因此，食品安全法规定的卫生部门的综合协调职责在实践中将很难履行，需要法律加以明确规定。

（三）监管机构职权须法定化

明确监管机构职责，需要制定一部综合性的"行政机构组织法"确立各部门的地位、机构组成、各部门承担的管理职责以及各部门间相互协调、配合和监督的程序等，同时还要及时修订与之不相符合的法律规定以避免不同立法规定的互相矛盾。在这种综合性立法的基础上，再由有立法权的各部门、各地方将自己的职责具体化、程序具体化，而且要明确规定不履行职责的法律责任，要避免原则性、概括性和抽象性的泛化规定，监管部门的责任一定是可以操作和能够具体实施的，这样才能避免职能交叉和空白。

（四）建立覆盖城乡各地的食品安全监管网络

中国广大的农村地区仍是食品安全监管的薄弱地区，要将食品安全监管网络向农村延伸，加强乡镇（街道办事处）基层政府的食品安全监管力量，实现关口前移、重心下沉，真正建立起覆盖城乡各地的食品安全监管网络，确保食品安全监管不留空白：①加强"农村食品安全监测网"建设。加强农村地区食品安全的监测力度，及时控制和查处不安全食品。②加强"农村食品安全情报网"建设。加大农村地区食品安全监督检查力度，及时发现和收集食品生产经营的违法线索，依法查处食品安全违法行为。③加强"农村食品安全投诉举报网"建设。建立健全农村食品安全投诉举报机制，构建以农村群众为核心的食品消费自我保护体系，断绝不安全食品的市场需求，从消费终端消除农村食品安全隐患。

（五）探索和完善食品安全监管手段

不断探索和完善食品安全监管手段，逐步解决食品安全监管中出现的重点问题和难点问题：①完善食品安全源头管理制度。分别从农业种养殖、食品生产加工、食品流通和餐饮消费各环节抓好食品安全的源头管理，特别是加大农业投入品（农药、兽药、饲料、化肥等）以及食品添加剂的使用管理，杜绝使用非食用物质和滥用食品添加剂生产加工食品的违法行为。②实施食品安全分类监管制度。采用分类指导和监管的手段，逐步引导和规范食品生产加工小作坊和食品摊贩的食品生产经营行为，督促落实食品安全法律法规要求，不断提升食品安全质量水平。③建立食品安全预警机制。加强各环节的食品安全风险监测和评估，及时发现和消除食品安全隐患，避免重大食品安全事故的发生。④完善惩罚性和损害性赔偿制度。对存在严重违法行为的，加大行政处罚力度，同时将食品生产经营者的民事责任、行政责任和刑事责任有机结合，提高食品生产经营者的违法成本，从而减少违法行为的发生。[1]

---

〔1〕 鲁捷："关于完善我国食品安全监管机制的思考"，载《中国农村卫生事业管理》2011 年第 3 期。

从个体信任到制度信任

——医患信任的制度审视与重构

吕　志　刘小龙*

　　近年来，我国医患纠纷频频发生，2013 年的浙江温岭杀医案、2016 年 4 月发生的魏则西事件、5 月发生的广东省人民医院陈仲伟医生被砍事件，经由媒体的追踪报道，成为社会关注的焦点事件和公共事件。医患信任的缺乏是医患关系紧张的突出表征和集中表现，也是造成医患关系紧张、医患矛盾的重要根源，但医患信任的建立却是一个十分艰难的课题。那么，到底什么是医患信任？当前影响医患信任的要素有哪些？在当前中国深化医疗体制改革的背景下，如何建立医患信任？本文从制度信任的视角出发，阐述我国医患关系在制度信任层面的意蕴及制度信任缺乏下的主体互动模式，勾勒当前我国医患信任从个体信任到制度信任转变的历史轨迹和实践图景，在此基础上，探索如何在制度层面重构医患信任关系。

　　一、医患矛盾：制度信任的阐释视角

　　制度经济学派曾提出一个观点：对于人们的行为和心理短期造成影响的是人们所看到的现象和日常生活经验，对人们行为和心理

---

　　* 吕志，广东药科大学人文社科部教授、主任；刘小龙，广东药科大学人文社科部副教授。

中期造成影响的是社会制度，对人们长期行为和心理造成形塑的则是文化价值观念。制度构成文化与人们日常经验之间的中间桥梁，是推进社会变革、塑造人们行为的重要力量。借鉴制度经济学的基本观点，对于当前医患信任关系的研究颇有启发。考虑到当前我国医患信任问题是一个相当复杂的社会与心理现象，它牵涉多个层面和多个纬度，是个体与社会、行为与心理的复合体。它有一个宏观的背景：那就是随着改革开放的深入推进，市场经济体制的建立导致了医院作为市场主体与事业单位定位的尴尬，以及在此背景下产生的医患信任从个人信任到社会信任、从人际信任到制度信任、从私人信任到契约信任、从传统信任到现代信任的转变。医患矛盾作为社会转型期的一个突出社会现象，在宏观视野中是制度信任匮乏导致的必然后果，它与社会的结构性要素以及制度公信力、媒体公信力、专家信任体制乃至整个社会的信任状况直接相关，而不是简单的医护人员行为不当的道德问题；在微观领域中，必然会在相关主体的利益博弈和行动策略中呈现出来，制度信任在宏观社会因素与微观主体互动中发挥着沟通桥梁的作用。因此，从社会信任、制度信任的视角来阐释当前中国医患信任问题，方可对医患信任的本质及其影响要素有透彻的理解并找到有效的建设策略。

一般来说，信任通常可以理解为主体对于评价对象主动践行承诺、履行职责的一种稳定的心理预期和积极的价值评价。德国社会学家卢曼在《信任与权力》一书中指出，信任本质是简化复杂性的机制之一，并提出了"系统信任"的概念，将信任分为"人际信任"和"制度信任"两方面。个人信任与社会信任、人际信任与制度信任是两种不同的信任模式。个体信任可以经由人们的日常生活经验感受到，而普遍信任与制度信任则是将信任给予那些并不为我们所知道的许多特定的人。美国学者奥夫指出："信任制度"意味着与"信任我的邻居"完全不同的某种东西，它意味着知道和承认包含于一种制度中的价值观和生活形式有效，并由这一承认引申出假定，该假定认为这一想法对许多人来说是完全可以理解的，以致能激发他们对制度不间断的积极支持并遵守其规则。[1] 与传统面对面交往、经验可以不断检验的个人信任不同，社会信任、制度信任将视角引入到社会大众对于一种整体、系统和抽象的现象与行为的评价，这种信任关系建立在个人经验难以直接检验的抽象系统之上，是一种普遍的社会心理，是"嵌入"到现代性境遇和社会转型大背景中的整个信任结构的一个构成要件。

从制度信任的视角来审视当前医患关系紧张的社会现象，宏观上要求梳理医患信任缺乏的制度根源和社会根源，微观上要求解读医患信任相关主体的博弈策略。我们首先从宏观视角透视医患关系紧张的制度症结：

1. 医院市场化的改革使得医护人员与患者一下子变为"商家—消费者"的关系，逐利欲望的释放与制度建设的匮乏、个人信任的消解与政治信任的抽离，使得医患双方直接成为利益冲突的主体，这是当前我国医患信任难以建立的重要根源。

我国医患信任经历了两次历史性的变革，第一次转变由传统社会建立在"熟人社会"的人际信任发展到新中国建立之后计划经济时代以政府和国家权力作为基石的"政治信任"。在传统乡土社会，道德是维系社会秩序的重要支撑，费孝通先生曾在《乡土中国》中提出了"人际关系波纹扩散"的形象说法，"长老政治"和"无讼"分别成为社会治理的方式和目标。[2] 在这种"礼治"的环境下，"不为良相便为良医""悬壶济世"的道德自律对于医者起着约束作用，熟人圈子则为医患信任提供了可靠的个人或者私人经验检验，而那些游走于"江湖"的"江湖术士""江湖骗子"由于其

---

〔1〕 ［美］马克·E. 沃伦编：《民主与信任》，吴辉译，华夏出版社2004年版，第118页。

〔2〕 费孝通：《乡土中国生育制度》，北京大学出版社1988年版，第26页。

流动性，个人无法通过经验检验而难以被人们所信任。新中国成立
之后，党和政府强大的政治动员力将医疗卫生事业纳入政治系统之
内，"救死扶伤""为人民服务"的政治宗旨对医护人员起着极强
的约束力，医患信任建立在牢固的"人民之间""同志之间"的革
命理念和政治纽带之上，而个体的利益诉求没有被释放出来。因
此，从私人关系转向政治关系，医患信任并没有出现大的震荡。而
医患关系依赖于党和政府的公信力这一基础尤其值得注意。

　　第二次变革是从计划经济时代向市场经济体制的转变，公立医
院走向市场化，"医患关系"带上了浓厚的商家与消费者的色彩，
医患信任在信息不对称和市场逐利性原则的双重压力下出现严重危
机。随着市场经济体制的逐步建立，市场经济法则对医患关系带来
巨大冲击，医院的定位始终在经济主体和事业单位之间徘徊，人们
的关系从政治人、道德人转变为"经济人""理性人"，与市场经
济配套的法律规范又没有完全建立，而主体的逐利欲望则被空前激
发，赤裸裸的利益博弈在信息不对称和缺乏制度约束的情况下必然
带来信任危机。在计划经济时代，医疗卫生领域的信用基础是公民
与党、政府之间的信任关系，"吃国家粮"的医护人员是党和政府
的雇员和代表，它们所提供的是公共服务而不是市场产品，医护人
员与患者及其家属之间并没有发生直接利益冲突的理由和机会。然
而，随着市场化改革的推进，本该属于公共服务和半公共服务的医
疗卫生事业被迅速推向市场，公立医院始终在市场身份和事业单位
身份之间徘徊，医患双方一下子被推向资源十分有限的市场领域中
博弈和竞争，都在市场化的关系上向对方提出了要求和期待。需要
注意的是，计划经济时代扮演公共产品服务者和政治信任保障者的
政府则在市场化的最初阶段悄然隐退了，与市场经济相配套的法律
规范、规章制度则没有及时跟上来，医患双方在市场领域进行直接
的利益博弈。从患者的视角来看，"看病贵、看病难"的问题成为
导致医护人员与患者、医院与社会公众对立的根源。从医护人员的

视角来看，即使承认医护人员存在着"过度诊疗"和"大处方"问题，那也是医疗投入过少、医护人员收入过低的补偿机制。显然，"过度诊疗"和"大处方"问题、"看病贵、看病难"以及医患纠纷本身的协调问题，都主要是制度层面的问题。

2. 制度的缺乏使"潜规则"盛行，"潜规则"对于医患关系的制度建设起着侵蚀作用，从而成为医患制度信任缺乏的重要原因。

当一个社会缺乏有效的制度约束时，"潜规则"就会泛滥起来，而这种潜规则的泛滥反过来又会侵蚀和阻挠制度的建立，如此形成恶性循环。这在医患关系中有很好的例子。从患者寻求对于医护人员的信任而言，就是患者看病时倾向于"找熟人""找关系"，通常的情况是，如果医护人员是"熟人"或者亲友，患者家属就能够显示比较高的信任。这种对于个别熟人的信任与对医护人员、对于整个医疗系统的不信任形成鲜明的对比。此外，很多人在看病时利用权力资源"找关系""塞红包"等，就是期望用政治权力、个人威望、亲情关系或者个人利益交往来补偿和稳固"陌生人之间"的契约性关系。另一个有趣的现象是，从医护人员寻求患者的信任而言，医护人员（医院）也会尽力采用私人化、政治化的途径来寻求患者及其家属的信任。患者及其家属之所以采取"闹"的方式来解决问题，往往与他们的亲情观念直接相关，而不单纯是出于功利目的。医护人员（医院）也倾向于通过熟人或者政府的力量来化解医患纠纷。这就是"8·10衡阳产妇死亡事件"中，医院方为何通过村长来传达产妇死亡消息，出现危机之后又由政府来协调谈判的重要原因。除了"害怕挨打"之外，医院方也更相信私人化或者政治化的力量。事实上，制度作为文化与个体行为之间的桥梁，能够有效整合文化因素和行为因素。正是有效正式制度的缺乏，人们才转而寻找传统文化（熟人、亲情、关系）的力量，"潜规则"才会畅通无阻，制度信任的建立，必然也成为构建新的信任文化、规约人们行为的重要力量。要由恶性循环转为良性循环，必须要以制度建设作为解决问题的切入口。

3. 制度信任的视角关注围绕制度设计相关主体的利益博弈，在社会系统的宏观视野中阐释医患信任与整个社会的信用状态，尤其是与之密切相关的媒体公信力、政府公信力之间的紧密关系。

现代生活中，随着人们生活领域的扩展，人们需要借助于媒体的力量对远离日常生活经验的社会系统生活进行认知和判断，媒体发挥着构建"社会现实"、塑造人们信任关系的功能。媒体不仅是个体认识社会现实的重要中介，同时也构筑了一个公众表达交流信息、发表舆论和形成舆论压力的崭新场域。也就是说，媒体放大了医患双方的个体经验，将与之没有直接相关的社会公众拉进到医患关系的视野。正是在这种舆论压力之下，政府出于对社会公众情绪的关注，也以危机处理、纠纷裁决、民意疏导的身份参与到医患信任关系中。与之相适应，媒体的公信力、政府的公信力、社会公众的关注度乃至整个社会的信用状况都渗入医患信任当中，医患信任已经超越了医生和患者乃至医生群体与患者群体的界限，进入到社会大系统当中。医患信任作为社会信任体系中的一个方面，它与整个社会的信任状况以及其他领域的信任关系相互影响，医患信任与媒体的关系、医患信任与政府的责任、医患信任与道德的问题，呈现一个复杂的相互影响的局面，由此，我们需要有一种宏观的视野来审视当代中国信任关系的系统性问题。同时，医患信任是主体对于评价对象言行的一种稳定的心理预期。也就是说，它是社会现象在人们内心深处的投射和反映，人们不是像镜子那样直接反映客观现象，人们在社会转型期产生的怨恨、焦灼、迷惘等复杂社会心理对于信任的建构也会产生巨大的影响，因而需要系统的分析和系统的治理。

总之，医患信任是当代中国嵌入社会大变革的一个社会心理现象，制度信任作为勾连社会结构性要素和主体策略、文化长远影响与主体短期行为之间的中间力量，是阐释医患关系紧张的较好理论视角，也是构建医患信任的重要切入口。

二、利益博弈：制度信任匮乏下的主体行为及其后果

一般来说，在社会转型期，制度通常是"社会行动者"之间的互动塑造出来的。在考察了制度信任匮乏的宏观背景之后，我们将目光转向微观的主体互动，分析当前中国医患关系相关主体在制度匮乏的前提下如何互动，以及这种互动对于制度信任可能产生的影响。与医患关系直接相关的主体力量主要有医护人员、患者及其家属、社会公众、媒体（传统媒体和网络媒体）、政府部门以及医疗事故裁定专家（通常也是医护人员），我们以 2014 年发生的"8.10 衡阳产妇死亡"事件看主体互动的逻辑及其后果。

事件的发展过程大致是这样的：媒体报道湘潭产妇事件——引发网络声讨和争议——网上医患双方骂战升级，强大的舆论压力使得事件由医患上升为公共事件——政府部门协调医患关系和开展专家调查——政府部门公布调查结果，社会反思和舆论逐渐平息。

2014 年 8 月 10 日，华声在线以"湘潭产妇死在手术台 医生护士不知去向 医院称已尽全力"为题的报道在各大网络上迅速转载，网友不断跟帖回应。报道的基本事实是："湘潭县妇幼保健医院一名张姓产妇，在做剖腹产手术时，因术后大出血不幸死亡。"而报道描述了这样一个情景："在顺利剖下婴儿后，产妇发生大出血。手术从下午一直持续到晚上 9 点多，门外等待的家属一直不知道里面发生了什么。晚上 9 点多，家属听到产妇死亡的消息，大力拍打手术室大门，但没有人回应。到了 11 点左右，产妇家人强行撬开手术室大门，结果发现产妇已经死亡，而医护人员全都不在现场。"该报道带有倾向性的文字诱导和网上悲情的图片，迅速引发了大量网民声讨医院的愤怒评论以及对于事件真相的追问，事件由此进入公众的"围观"之中。8 月 12 日，医院作出回应，产妇死于"羊水塞栓"，医院尽全力抢救但是失败了，"医护人员"没有及时直接通知家属及悄然离开手术室是因为"害怕家属报复"。医院的回应引发了持续的热议，网上"医护人员"和"社会公众"分成两大阵营相互对骂。电视台、报纸等传统媒介广泛报道并开始了"追问真相"的追踪报道，涉及"为何不直接通知手术室外的家属""3个小时遗体去哪儿了""医护人员为什么都不在手术室"三个舆论质疑焦点。政府管理部门开始介入，与医院一起回应三个问题，分别是"医护人员害怕被打 脱下手术服休息""医院没有太平间不可能转移遗体"以及"为稳定家属情绪 想办法先通知村支书"。同时，政府表态将组成专家组进行真相调查，政府主导下的医院和家属的协商谈判也开始进行，但因50万元与120万元的巨大差距而没有谈拢。线上线下媒体的互动、社会公众在网络上的对骂、政府主导下医院与家属的谈判、专家学者的评论和反思、真相与谣言的纠缠，使得事件上升为"公共事件"和"舆情危机"，各个相关主体都在思考和评论该事件所透视的医患信任的问题及其可能造成的结果。9月11日，新华社以"衡阳产妇确认死于羊水栓塞"为题公布了调查结果，"湘潭县妇幼保健院'8·10'产妇死亡事件调查结论为产妇死因符合羊水栓塞所致的全身多器官功能衰竭，不构成医疗事故。调查组同时指出，事件中医患信息沟通不够"。该结论被各大传统媒体与网站转载，随后相关报道逐渐减少，事件逐渐平息。

整个事件中，各个相关主体在进行一场利益博弈，由于缺乏制度信任，各方利益主体都付出了巨大的成本和代价，最终事件的平息也没有为医患信任带来积极促进，相反，医院和患者之间的对立和鸿沟在进一步加剧，因而对于主体在医患纠纷中的策略需要进一步反思和矫正。

1. 医院以及医护人员在医患关系中总体上处于优势地位，尤其是在医疗诊断过程中，医护人员因具有信息优势和技术优势而掌握话语权和医疗服务的定价权，但是，一旦其诊断行为出现患者病情恶化尤其死亡的情况下，医护人员面临着患者及其家属暴力威胁和媒体曝光所带来的问责压力，技术和信息优势马上逆转为道义上的劣势。从利益博弈的视角来看，医患关系中，越是信息不对称，越是垄断资源，就对医护人员越具有优势，这是其掌握话语权、主动权和定价权的根本依据。在这个案例中，医护人员在诊疗过程中一直不愿意跟患者家属直接交流，患者家属的知情权被严重剥夺，从短期来看这符合医护人员的利益，但整个医护人员的形象却遭受巨大伤害。在产妇死亡之后，这种信息的遮掩和对患者及其家属知情权的剥夺，以及以往经验的判断，使得他们更加不敢直接面对患者（因为有 2013 年温岭杀医案的前车之鉴），将产妇单独留在手术室偷偷离开，其原因是"害怕家属打医生"。事后关于产妇死亡的原因，再次用"羊水栓塞"这一专业词汇来回应。从整个事件来看，医护人员在医患关系中呈现出明显的凸显"专业技术"而淡化社会道德、偏重医术而忽视医德、强调信息垄断权而淡化社会责任的倾向，这种技术理性的角色有其功利、短视和害怕担当的特点，可以看成医患制度信任缺乏背景下的利益最大化、危害最小化的"理性"选择，反过来又会影响医患信任的建立。因此，信息的不透明使得患者及其家属难以对医护人员产生信任。

2. 从患者及其家属来看，在信息不对称的前提下，患者及其家属在医疗专业知识和医疗技术上处于弱势地位。就算在医疗事故中，这种信息、技术上的劣势和个体力量的单薄，使得患者及其家属直接面对医院组织化力量时处于弱者地位，而医疗事故仲裁和法律判决在社会转型时期对于患者及其家属来说也不是理想的选项。从利益博弈的视角来看，患者及其家属有两种途径可以实现：①通过破坏医院形象、扩大社会影响的"医闹"方式来解决。前些年，在缺乏有效制度约束的情况下，"医闹"往往给患者及其家属带来收益大、成本小的实惠，并形成了"不闹不解决、小闹小解决、大闹大解决"的常识。其原因在于"息事宁人"往往成为医院和相关政府部门的"理性选择"，并由此而催生了医闹"专业户"和"职业化"。这是制度信任缺乏所催生的成本增加的一种必然后果。②诉诸媒体，把技术层面的信息不对称转变为公共领域的舆论压

力，把医疗事件转变为公共事件。显然，这种策略必须要吸引媒体
的关注，而媒体的报道又必须吸引公众的关注，媒体与公众的主体
由此出场。应该说，网络媒体的出现和普及给患者吸引关注提供了
很大的便利，但他们仍然需要一种策略。在该案例中，患者家属在
手术室伤心欲绝的图片和视频在网上广为流传就是该事件激发社会
公众关注的重要动因。甚至"医闹"们也经常采用"仪式表演"
的方式来获得道德感并吸引公众眼球。当然，对于患者及其家属，
还有一种选择，那就是采用极端的暴力方式对医护人员形成威胁或
者打击报复，这往往是发泄怨恨情绪的一种方式，也是其对于医护
人员极不信任的表现，并反过来加剧医患不信任。总之，选择
"闹""媒体压力"甚至暴力报复的方式，而不是诉诸法律和制度
化的解决途径，显示出：医患信任不仅存在问题，而且民众对于解
决医患信任的制度缺乏信任。

3. 媒体和社会公众的参与。加拿大学者麦克卢汉曾经指出：
"媒体是主体与社会现实之间，通过在人们头脑中构建社会现实的
方式来改变人们认识和观念。在现代社会里，正是媒体的建构作
用，让我们对于遥远时空发生的事情能够认识和感知。"因此，他
提出"媒介即信息"的著名观点，认为媒体是"人的延伸"[1]尤
其在现代社会中，人们都是通过媒体的报道来认识和评价那些不能
亲身体验的事情，形成自己的社会态度和信任倾向。因此，在医患
信任关系中，媒体的作用越来越重要。媒体之所以能够发挥作用，
还因为它能够吸引社会公众的关注，反映社会公众的态度并据此而
形成舆论压力。在该案例中，媒体扮演着传播新闻信息、发起情感
动员、提供舆论压力、开展真相调查、鼓励公众参与等多种角色。
但值得关注的是，媒体远不是这场争论的中立者，相反，在很多时
候，甚至有意煽动社会情绪、鼓励医患对立，从而获得更高的关注

---

〔1〕 余成普："私人利益取向的群体行动何以可能"，载《开放时代》2007 年第 5 期。

度。因而，媒体作为现代社会塑造人们认知观念的重要中介，其自身的公信力就值得关注。譬如，最早报道该事件的新闻中有一段特写："妻子赤身裸体躺在手术台，满口鲜血，眼睛里还含着泪水，可却再也没有了呼吸。而本应该在抢救的医生和护士，却全体失踪了，房间里只有一些不明身份的男士在吃着槟榔、抽着烟。"这种报道带有明显的诱导性和情感偏向，成为挑动大众愤怒情绪、吸引公众参与的导火线。由此可以看出，不少学者指责媒体"妖魔化"医护人员的指责确有事实依据。媒体的这种态度与媒体本身的逐利冲动、利益最大化直接相关，因为诉诸草根的民粹主义是媒体获利的有效策略。

4. 最后一个主体就是政府部门以及医疗事故裁定专家。在该案例中，政府主体于事件发酵成公共事件之后出场，其主要行为分别有被动回应、危机公关、舆论引导、主导补偿谈判、启动专家调查、公布调查情况和平息社会舆论等。这些行为反映出，政府在该事件中的主要诉求是维护社会稳定、规避政治风险、平息当事人的愤怒情绪等。政府部门采用的方式有制度化和非制度化两种，制度化的方式主要是启动和推进医疗事故的调查程序及公开通报，这就是 9 月 11 日向媒体报道的"湘潭市医学会医疗事故技术鉴定工作办公室组织专家鉴定组依法依程序鉴定"，最终的调查结论是："湘潭县妇幼保健院'8·10'产妇死亡事件调查结论为产妇死因符合肺羊水栓塞所致的全身多器官功能衰竭，不构成医疗事故。调查组同时指出，事件中，医患信息沟通不够。"这种调查结论显示了政府部门一贯的简洁明了、坚持技术路线和信任专家的风格，将事故的根源归结为"医患信息沟通不够"这一技术层面或者医患信任缺乏这一社会层面。非制度化的方式主要是代表院方抚慰家属情绪、开展赔偿谈判。从产妇哥哥接受《北京青年报》专访的报道可以看出，抚慰家属情绪、代表医院进行"私了"谈判的是政府人员，且谈判的时间点是社会舆论压力集中爆发、调查程序开启之前，政府参与谈判的动力显然主要源于化解舆论压力，其做法带有明显的"息事宁人"的色彩。这种非制度化手段在一定程度上引起了社会公众的质疑，"为何真相未明之前就匆匆谈赔偿？难道背后有什么猫腻"一度成为网上热议的焦点。无论是制度化参与，还是非制度化参与，政府的公信力直接影响到其参与效果及公共对于政府的评价，因此，医患信任与政府公信力直接相关。在社会转型的背景下，政府公信力正在面临着挑战，政府公信力与医患信任之间的正相关关系，要求政府部门提升公信力作为医患信任的保障，在参与医患纠纷的过程中，更应当关注长期化的制度设计，而不是短期化的危机应对。近年来，社会公众已经从无数次突发事件的经验中了解到，政府主导的专家调查小组，由于它是政府主导下的行为，其调查结果往往呈现出与政府期待的高度一致，这就导致人们开始质疑专家调查小组的独立性。本次事件专家调查小组的结果再次论证了这一点。但人们受到日常经验的影响，对于专家的信任本来就处于较低的水平，因此，专家的调查结论的可信度本身就存在疑问。因此，医患信任、政府公信力与专家信任的密切关系，是制度信任缺乏的重要根源。

根据上述主体之间的博弈过程，可以描绘出图1：

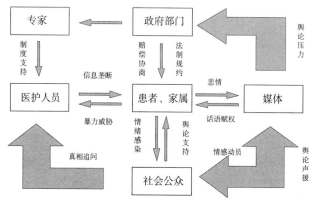

图1　医患关系相关主体博弈过程

该图清晰地显示了在制度信任缺乏的背景下，医护人员、患者及其家属、媒体和社会公众、政府机构开展利益博弈的目的、策略和手段，各个主体都主要受到个体利益最大化的推动并出于对相关主体的不信任而进行利益博弈，博弈过程则是个体利益最大化与个体诉求能力之间的平衡。这种博弈的直接结果如何呢？借用博弈论经典案例"囚徒困境"来思考，我们或许可以得到有益的启示：所谓"囚徒困境"，是指两个共谋犯罪的人被关入监狱，不能互相沟通的情况。如果两个人都不揭发对方，则由于证据不确定，每个人都坐牢 1 年；若一人揭发，而另一人沉默，则揭发者因为立功而立即获释，沉默者因不合作而入狱 10 年；若互相揭发，则因证据确实，二者都判刑 8 年。最后的结果是，由于囚徒无法信任对方，双方均不能获得最优选择保持沉默服刑 1 年，因此倾向于互相揭发，而不是同守沉默，最终二人最可能获得的结果就是同时服刑 8 年。该案例用矩阵图表示见表 1：

表 1　囚徒困境

	甲沉默	甲背叛
乙沉默	二人同服刑 1 年	乙服刑 10 年，甲即时获释
乙背叛	甲服刑 10 年，乙即时获释	二人同服刑 8 年

在医患关系问题上，在缺乏制度信任的情况下，各利益主体都付出了巨大的成本，大家都成为"输家"，没有哪个主体获得了最优化的结果，医患不信任进一步加剧，而与之紧密相关的政府公信力、媒体公信力、社会信任度也受到影响，患者及其家属的正当利益（生命健康权、受尊重的权利和知情权）以及医护人员的合法权益和社会地位也受到侵蚀。

三、制度重构：医患信任的建设思路

罗伯特·阿克塞尔罗德在其著作《合作的进化》中提出了"囚徒困境"重复博弈之后的价值选择：当这些对抗被每个选择不同策略的参与者一再重复了很长时间之后，从利己的角度来判断，最终"贪婪"策略趋向于减少，而比较"利他"策略更多地被采用。事实上，频繁出现的医患纠纷和各方受损的局面已经在促使整个社会和各个主体反思自己的策略，而政府也正逐步完善各种制度，通过医疗制度重构的方式来解决问题已经成为共识。马克·贝尼奥夫在谈到制度信任的时候特别强调，"制度信任意味着知道和承认包含于一种制度中的价值观和生活形式有效，并由这一承认引申出假定，该假定认为这一想法对许多人来说是完全可以理解的，以致能激发他们对制度不间断的积极支持并遵守其规则"。他在此基础上提出了在消极层面要讲真话、公平，在积极层面要守约、团结等四个制度创制的要素和衡量标尺。唯有在此基础上形成的制度，才能够赢得大家的遵循和信任。

在中国的制度改革中，政府的"顶层设计"十分必要，其基本的思路如下：

1. 以公正性作为构建制度信任的价值理念，构建以公益性为基本方向的医疗制度改革，为制度重构奠定坚实的价值基础，明确基本的价值标尺。

对于任何一项制度建设而言，公正性是其得到社会公众和相关利益方遵循的基本价值原则。罗尔斯曾言："犹如真理是科学研究的首要原则一样，公平正义是社会制度的首要原则。"当然，公平正义是一个十分复杂的理念，"谁之公平、何种公平"需要解答。罗尔斯提出"无知之幕"的假设，在此基础上提出"公平正义"的两个原则："第一原则：每个人都应有平等的权利去享有所有人享有的类似自由体系协调一致的、由平等的诸基本自由构成的最大总体系。第二原则：社会和经济的不平等应该这样安排，使得：

①这两种不平等都能够最大限度地增进最不利者的最大利益；②这两种不平等所依系的职务和地位，应该基于机会的公平平等条件向所有人开放。"尽管罗尔斯正义论的多元自由主义的立场我们未必认可，但从"保护最不利者"的角度来设计公平正义的原则，十分契合当前中国的社会境况，值得借鉴。

那么，究竟谁是最不利者？又应当如何通过制度设计来增进最不利者的利益呢？有意思的是，医患双方都声称自己是"弱者"。譬如，患者认为，医护人员在诊疗过程中因拥有技术优势和信息优势，医护人员在市场大潮中已经成为利用专业技术优势获利的强势群体，而缺少制度保障的患者及其家属是最不利者；医护人员则认为，患者及其家属缺乏对医生职业的专业性理解和价值尊重是导致医患关系紧张的根源，承认即使医护人员存在着"过度诊疗"和"大处方"等问题，那也是医疗体制制度漏洞和医护人员收入过低的补偿机制。医疗事故发生之后，"医闹"中的医护人员变为弱者，而患者及其家属则变为强势群体；在医患纠纷上升为"公共事件"后，媒体和社会公众是强势群体，医院与医护人员变为最不利者。归根到底，导致这种"弱者、强者转换"的根本原因在于市场逻辑对于医疗卫生领域的支配。换句话说，原本属于社会公共事业领域的医疗卫生事业被市场法则侵蚀了，原本具有公共或者准公共产品性质的医疗服务提供者与服务对象的关系异化成了纯粹的厂商与顾客的关系。因此，只有让医疗卫生事业回归到公益性的发展方向，才能够铲除利益最大化的市场逻辑滋生的土壤，为医患信任奠定坚实的价值基础和制度前提。

《中共中央、国务院关于深化医药卫生体制改革的意见》指出："公立医院要遵循公益性质和社会效益原则，坚持以病人为中心，优化服务流程，规范用药、检查和医疗行为。"2009 年开启的新一轮医疗改革坚持公益性的改革方向，这一改革方向是对市场化的纠偏，医疗卫生改革尤其是公立医院改革回归到了正确的路径。所谓公益，就是公共利益，指"符合社会全体或大多数成员的需要，体现他们共同意志，让他们共同受益的那类利益"[1]。公益性原则在医疗资源相对有限的前提下要通过制度创设来落实和保障，政府在实现公益性的制度改革中发挥着关键作用：①政府回归到公共财政提供者的角色，为医疗卫生事业提供足够的财政支持。自2009年新一轮医疗体制改革推进以来，政府大大加强了对医疗卫生的财政投入力度，社会医疗保障范围基本覆盖全民，民众的医疗保障水平大大提高。除了足够的财政支持外，政府也应当思考财政投入的公正性、效率性和可持续性的问题。譬如逐步改变农村、城镇和职工医疗保障水平差距较大的问题，实现统一医保。②政府要强化制度设计的公正性，为医院的良性竞争提供良好的制度环境。公益性是目标，但引入适当的竞争机制则是打破大医院垄断、实现公益性的有效策略。譬如，以直接给民众发放"医保券"的方式，赋予患者更多的选择权利；尽快完善医保制度跨省支付、全国流通的体制，消除医保报销就地报销所强化的公立大医院地方性垄断；尝试对公立大医院进行拆分改革，强化公立医院之间的相互竞争；改革公立大医院的人才管理、职称晋升和领导任用机制，促进医疗人才的合理流动、公平竞争和民主管理。③政府要强化医疗服务监管者的角色，对医疗卫生服务的监管力度需要进一步强化，从公正逻辑而不是稳定逻辑来处理医患纠纷问题，增强医疗事故调查的公正性和透明性。

2. 理顺医护人员、患者及其家属、社会媒体及政府部门在医疗体制改革中的权利和责任关系，为主体之间的良性互动、公平博弈提供有效规则和公开程序。要彻底改变医患信任关系中相关主体采用不信任对方、个体利益最大化的博弈策略，最根本的是明确每

[1] 周义程："公共利益、公共事务和公共事业的概念界说"，载《南京社会科学》2007年第1期。

个主体的权利和责任关系，并创设各个主体平等表达权益的制度通道，以增强对对方行为的预见性以及对自身行为后果的自律性。

（1）对于医护人员而言，在充分尊重医护人员的专业技术权威、维护医护人员合法权利（包括人身安全、合理报酬和社会地位）的同时，以制度的方式明确医护人员的职业道德标准及其向患者和家属提供病情通告、诊疗公开等基本义务。威克奇则提出了医患关系四种模式，即医生没有道德正义感的工程师模式、牧师模式、乌托邦式的同僚模式以及契约模式。他认为，契约模式最符合现代医患关系的基本状况，因而值得推崇，但信任关系的构建在契约关系中至关重要。对我国而言，契约模式也是较为理想的医患关系模式，因而要纠正医护人员侧重专业技术诊断、忽视患者知情权的偏向，对医护人员的诊疗行为予以规范化、标准化和公开化，对患者及其家属的知情权、同意权以及诊疗过程中的职业道德以制度的方式加以规约。目前，这方面的规章制度仅有《医药工作制度》《处方管理办法（试行）》《医疗器械监督管理条例》和《执业医师法》以及1984年制定、2001年修订的《药品管理法》等[1]，这些规范缺乏相应的细节规定，执行缺乏依据，尤其是对违法违规的惩治力度太小，可以规范医护人员的相关义务的制度太少，需要进一步明确和规范化。

（2）对于患者及其家属而言，其知情权、同意权应该通过制度的方式加以保障，这方面合法权利的缺乏是导致诊疗过程中弱者地位的根源。在医疗事故发生之后，患者及其家属应当可以通过合法途径来申诉和表达自己的合法利益。当前，我国有比较完善的医疗卫生调查事故制度，但由于专业技术的壁垒以及医疗卫生调查专家人选、程序缺乏公开性，以至于患者及其家属、社会公众对其裁判结果存有疑虑。因此，应当邀请社会公众参与调查过程，以公开

---

〔1〕 张默宁：“过度医疗几时休？”载《南风窗》2011年第10期。

性、公众参与性来保障其权威性和独立性。当然，对于患者及其家属的"暴力威胁"和"医闹"行为，政府已经出台了《维护医疗领域的公共秩序》等相关法律制度来对"医闹行为"加以打击和规约，2014年3月，公安部和卫生部联合下发了关于"维护医疗卫生领域公共安全的通知"，对"医闹现象"严厉打击，这是治标的办法，治本的办法是创设患者及其家属合理表达诉求的渠道，医院及其管理部门应当设立医患关系协调的专门机构，出台医患纠纷解决的相关制度，将医患权利表达纳入制度化的空间。

（3）对于媒体而言，追踪真相、监督社会、反馈民意是其最基本的权利，但媒体也应有相应的职业道德、社会责任和制度规约。对于媒体的恶意炒作、歪曲报道、捏造事实的行为，需要有相应的制度规制，尤其是对网络媒体而言，对于网络上散布谣言、侵害个人隐私和煽动社会情绪的行为，需要相关的制度规约。媒体公信力的塑造，医患关系报道的公正，是正确引导社会情绪和社会舆论的重要前提。对于政府而言，其主要角色应当是公共产品的提供者、医患关系的制度设计者、有效的监管者和公正的协调者。在医患关系的处理上，要注意其立场的公正和眼光的长远，不能为了短期消弭矛盾、逃避问责而牺牲政府的公信力和制度的权威性，尤其是"息事宁人"的妥协、协调需要慎重，积极创设社会公众参与监督的机制，鼓励而不是害怕、吸纳而不是逃避社会公众的监督，这样才能增强政府的公信力。当然，从更广阔的视野来看，政府部门有责任改变整个社会的信用状态。郑永年等学者指出，旧制度的瓦解和新制度的匮乏，使得整个社会弥漫着"潜规则"并成为支配社会的惯性和规范，导致了"江湖规则"的横行以及人们对于权力、暴力的迷恋。[1] 这是医患信任所处的结构性背景。加强信用体制建设，建立社会规则意识，为医患信任关系营造良好的社会信用环

---

[1] 郑永年、黄彦杰："中国的社会信任危机"，载《文化纵横》2011年第2期。

境，这是更为根本也更为艰巨的任务。

3. 加强制度运行过程中的有效监管，让人们对于制度具有清晰的预见性，维护制度的权威。

对于任何制度的运行来说，监管和反馈机制是维护其权威的有效手段。在涉及医患信任的相关制度中，加强监督十分重要。系统内、制度内的监管机制常常会因为与监管主体的利益相关而缺乏权威性，因而外部的监管尤其重要。如何加强外部监督，是规范医疗行为的重要条件，也是改善医患关系的重要思路。医疗诊断过程中第三方监管机构的引入是医患之间在诊疗问题上相互信任以及预防医疗事故纠纷的有效手段。西方发达国家的普遍经验是尽力避免将资金和决策权由政府直接交给医院，而是积极引入第三方的监管机构，实现第三方对医护行为的外部监管。我国也应当考虑引入第三方监管机构，把政府、企业和个人的医保费用以契约方式交由保险公司加以管理，由保险公司根据契约支付给医院药物、手术和住院费用，这样，保险公司为了控制自己的不合理开支，就会积极监督检查医生的处方和检查是否合理，从而对医院和医生形成强有力的监督机制。[1] 而一旦医疗事故发生之后，保险公司也会出于自身利益的考虑而对医护人员的行文进行认定。第三方机构的组织性、独立性，有助于形成一个专业的调查机构，在医患之间建立一个缓冲带。

同时，需要加强医生行业组织的监督约束作用。可以效仿美国的医生行业协会，由国内最有威望的医生组成医生联合会，该联合会负有维护医生行业的声誉和利益的责任，发挥专业力量对于医疗事故、医患纠纷、医生资格认定或取消都具有相当的权威和权力。在接到保险机构、患者、同行医生对某个医生的处方和治疗方案的投诉时，这个组织就会指派由相关专业的权威医生组成的委员会或

---

〔1〕 马戎："医德与中国医疗体制的改革"，载《社会科学战线》2009 年第 2 期。

小组来进行调查。如果指控属实，被指控的医生就将面临相应的处罚，直至被取消医生的行医资格，完全逐出这一行业。这样就能形成"良币驱逐劣币"的机制，及时驱除极少数不良分子，保住整个医生行业在社会上的良好信誉，构建良好的医患关系。

总之，公正性、主体的权责明确以及有效的监督机制成为构建医患信任的关键要素。恰如吉登斯所言：制度的关键功能是增进秩序，它是一套关于行为和事件的模式，它具有系统性、非随机性，秩序鼓励信赖和信任，并减少合作的成本。当秩序占据主导地位时，人们就可以预见未来，从而能更好地与他人合作，也能对自己冒险从事创新性试验感到自信，制度信任的建立是破解医患信任难题的有效举措。

我国免费艾滋病抗病毒药品管理

孟金梅　陈瑞林*

1985 年我国出现首例艾滋病病例。截至目前，我国的艾滋病疫情已经有了三十多年的历史了。自我国发现首例艾滋病以来，艾滋病疫情基本呈现逐年增长态势：2004 年度新发艾滋病感染数为 47 606 例；2006 ~ 2007 年度艾滋病感染报告总数在 40 000 ~ 50 000 例之间；2008 ~ 2009 年增长到 60 000 ~ 70 000 例之间；2009 ~ 2013 年在 80 000 ~ 93 000 例之间波动；[1] 2014 与 2015 年度新发艾滋病感染数突破 10 万例。[2] 从 2007 年开始，性传播成为艾滋病传播的首要途径。2014 年度新发艾滋病病例报告显示，10 万人中，80% 以上通过性行为感染，7.7% 为男男性行为者。艾滋病的传播途径有性、静脉吸毒共用针具、血液交换以及母婴传播。艾滋病高危人

---

* 孟金梅，汕头大学法学院副教授，主要研究领域：艾滋病法律政策，电子邮箱：mengjinmei@ stu. edu. cn；陈瑞林，汕头大学法学院法律系主任，副教授，主要研究领域：法理与刑法学，电子邮箱：rlchen@ stu. edu. cn。

〔1〕 郝阳等："'四免一关怀'政策实施 10 年中国艾滋病防治主要进展"，载《中国艾滋病性病》2014 年第 4 期。

〔2〕 国家卫生与计划生育委员会："2014 年'世界艾滋病日'主题宣传活动相关背景"，载 http：//www. nhfpc. gov. cn/xcs/s3582/201411/a31bda80ab6545fcac9c3b58d6b431eb. shtml，访问日期：2015 年 11 月 2 日。

群主要包括性工作者、男男性行为人群以及吸毒人员〔1〕目前，艾滋病还属于无法治愈的传染病，艾滋病抗病毒治疗（又称鸡尾酒疗法）是比较有效的治疗方法，但感染者需要终生接受 ART 治疗〔2〕。ART 治疗药品管理除了计划、采购、分发外，还应包括对病人用药过程的指导。本文从我国免费艾滋病 ART 治疗的发展、目前我国免费 ART 治疗药品管理制度、我国免费艾滋病 ART 治疗药品管理存在的问题及对策三个方面展开分析。本研究为汕头大学文科科研基金项目"广东省艾滋病防治法律问题研究"的部分研究成果。

一、我国免费艾滋病 ART 治疗的发展

2002 年，我国第一个艾滋病免费 ART 治疗试点在河南启动。〔3〕2004 年，我国施行了"四免一关怀"政策。根据此政策，农村居民和城镇未参加基本医疗保险等医疗保障制度的经济困难的艾滋病病人可得到免费的抗病毒药品治疗；免费的艾滋病自愿咨询检测；免费的母婴阻断艾滋病药品治疗和婴儿艾滋病检测；对艾滋孤儿提供免费义务教育；国家对艾滋病病毒感染者和患者提供救治关怀，将经济困难的艾滋病患者及其家属纳入政府补助范围，按有关社会救济政策规定给予生活补助，扶助有劳动能力的艾滋病病毒感染者从事力所能及的生产活动，增加其收入。

与 2004 年"四免一关怀"政策相配套，2005 年原卫生部制定了《国家免费艾滋病抗病毒治疗药物手册（第一版）》。该手册确定的免费抗病毒治疗药品包括齐多夫定（AZT）、司坦夫定（D4T）、去羟肌苷（DDI）、奈韦拉平（NVP）、拉米夫定（3TC）、

---

〔1〕 孟金梅："澳大利亚艾滋病防治的社会环境"，载《中国艾滋病性病》2009 年第 1 期。

〔2〕 ART 治疗即艾滋病抗病毒治疗，Antiretroviral Therapy，简称 ART。

〔3〕 晋灿瑞等："中国艾滋病抗病毒治疗药品采购供应现状分析"，载《中国公共卫生管理》2012 年第 3 期。

依非韦伦（EFV）、依地那韦（IDV）。前四种药品为国产药品，后三种为进口药品。后来，拉米夫定（3TC）、依非韦伦（EFV）、依地那韦（IDV）陆续实现了国产化。2008 年，原卫生部又制定了《国家免费艾滋病抗病毒治疗药物手册（第二版）》。去羟肌苷（DDI）由于副作用比较大，于 2009 年底被停用。2012 年，我国又出台了《国家免费艾滋病抗病毒治疗药物手册（第三版）》，替诺福韦（TDF）被纳入一线治疗药品。2014 年 4 月，国家卫生和计划生育委员会对该第三版进行了部分修订，制定了新的《成人/青少年艾滋病患者抗病毒治疗标准》和《儿童艾滋病患者抗病毒治疗标准》。[1]

按照最新的标准，开始免费 ART 治疗的情形为：无论 CD4 + T 淋巴细胞数值如何，感染者处于艾滋病病毒急性感染期；WHO 标准艾滋病感染三期和四期患者，不考虑 CD4 + T 淋巴细胞数值；CD4 + T 淋巴细胞 ≤350 的感染者；CD4 + T 淋巴细胞≥350 但是≤500，感染者有治疗意愿，可保证良好的依从性；感染者有合并活动性结核；感染者有合并活动性乙型肝炎，需要抗乙肝病毒治疗；感染者有艾滋病感染相关肾脏疾病；感染者妊娠；感染者有配偶或性伴。当前我国的免费艾滋病抗病毒治疗药品有齐多夫定（AZT）、司坦夫定（D4T）、奈韦拉平（NVP）、拉米夫定（3TC）、依非韦伦（EFV）、替诺福韦（TDF）、阿巴卡韦（ABC）和克力芝（LPV/r）。

经过大力推广，免费 ART 治疗挽救了大量艾滋病病人的生命，极大地提高了感染者的生存质量。ART 治疗覆盖率从 2002 年的 0 增加到 2009 年的 63%，符合治疗标准病人的病死率从 2002 年的 39 人/100 年下降到 2009 年的 14 人/100 年。从事抗病毒治疗的机构

〔1〕 参见《国家卫生计生委办公厅关于修订艾滋病患者免费抗病毒治疗标准的通知》国卫办医函〔2014〕326 号。

数从 2004 年的 671 个增加到 2013 年的 3733 个，当年新增抗病毒治疗人数从 2004 年的 9562 人增加到 2013 年的 70 360 人。截至 2013 年底，全国累计治疗 282 529 人，在治 227 489 人。[1]

二、目前我国免费 ART 治疗药品管理制度

我国对 ART 治疗免费药品实行特别管理，建立起了免费抗病毒治疗的药品采购供应、经费保障机制，也构建了医疗机构和疾病预防控制机构在 ART 治疗方面的合作机制。

在药品采购方面，2007 年至今，由原卫生部委托中国疾病预防控制中心对所有艾滋病抗病毒治疗药品采用部门集中招标，各省分散采购模式，即中国疾病预防控制中心每年年初收集各省下一年采购计划并汇总、调整，由原卫生部批准；每年 4、5 月份，根据原卫生部批复的采购计划进行统一招标工作（使用中央补助地方专项经费）；国产药品在招标后，由各省直接与国内中标的药品生产企业签订采购合同，中标企业将根据各省需求指令进行生产和供应；进口药品在招标后，由各省、境外生产商、进口代理公司签订三方合同，由中国疾病预防控制中心负责协调厂家制订生产计划和办理进口通关手续。[2]

ART 治疗与艾滋病患者的管理则由医疗机构和疾病预防控制机构负责。在很多地区，ART 治疗与病人管理单位既有医疗机构，也有疾病预防控制机构。需要指出的是，ART 治疗药品管理应与艾滋病感染者管理相结合。[3] 这是因为 ART 治疗为终身治疗而且要求很高的依从性，要每天定时服用药物，否则影响疗效。所以，国家

---

〔1〕 郝阳等："'四免一关怀'政策实施 10 年中国艾滋病防治主要进展"，载《中国艾滋病性病》2014 年第 4 期。

〔2〕 晋灿瑞等："中国艾滋病抗病毒治疗药品采购供应现状分析"，载《中国公共卫生管理》2012 年第 3 期。

〔3〕 晋灿瑞等："我国艾滋病抗病毒治疗药品管理现状"，载《中国艾滋病性病》2012 年第 6 期。

需要对艾滋病患者进行全程管理，从患者开始治疗到终止治疗，都要有持续的药品保障供应，准确进行 ART 治疗药品的采购、供应、分发以及病人用药。所以，早在 2005 年，原卫生部就发布《关于启动艾滋病抗病毒治疗药品管理信息系统的通知》，提出建立 ART 治疗药品管理信息系统。[1] 据此通知，信息系统需要搜集的信息表有基本情况表、治疗随访表、治疗随访（终止）表、治疗方案更换表、转诊表。一个 ART 治疗病人只能有一个治疗号。系统覆盖全国所有服用抗病毒药品的人，包含接受国家免费抗病毒药品治疗的病人、自费病人、医保病人、公费医疗以及有关组织、机构开展的其他治疗项目的病人。该系统为有效地组织和管理艾滋病抗病毒药品治疗工作，收集、管理和利用治疗信息，评价国家抗病毒治疗政策的效果，为制定艾滋病病人治疗与关怀的政策措施提供科学依据起到了良好的作用。[2] 但是，原有的管理系统存在一些缺陷，例如，无药品管理模块导致药品的出入库、库存、过期和损耗药品方面的信息要靠手工记录和纸质报告，效率低且不易统计保存。[3]

从 2013 年上半年开始，国家免费艾滋病抗病毒治疗药品管理信息系统采用新的系统。除了系统管理、用户与权限管理两大模块外，有八个管理模块：省级药品合同管理、药品需求计划管理、药品流通管理、药品使用管理、药品库存管理、药品质量管理、系统分析、监督与评估管理。新的管理信息系统统一了全国艾滋病抗病毒治疗药品管理模式，实现药品实时动态的信息化、规范化管理。为此，中国疾病预防控制中心组织了多次培训以确保工作人员能熟练掌握新系统。目前，全国范围内的培训工作已经全部结束。

---

〔1〕 卫生部办公厅 2005 年 216 号文件。

〔2〕 姚书杰、刘和敏、王莉："艾滋病免费抗病毒治疗药品管理的质量控制"，载《中国艾滋病性病》2013 年第 9 期。

〔3〕 姚书杰、刘和敏、王莉："艾滋病免费抗病毒治疗药品管理的质量控制"，载《中国艾滋病性病》2013 年第 9 期。

三、我国免费艾滋病 ART 治疗药品管理存在的问题及对策

（一）我国免费艾滋病 ART 治疗药品管理存在的问题

1. 先前制定的管理制度与当前实际有所脱节。目前，相关管理工作的依据仍然是 2004 年《抗艾滋病病毒治疗药品项目管理规范（试行）》。12 年前制定的规范已经不适应当前实际。例如，此规范只限于原卫生部重点支持的项目地区，而目前艾滋病 ART 治疗药品的管理是全国各省、自治区、直辖市相关部门都从事的工作。[1] 再比如，此规范第八章为监督管理，但仅仅写明了监督管理的原则、目的、内容和方法，没有切实的问责内容，导致执行不力。还有，对于失效的艾滋病 ART 治疗药品的处理，也没有明确的制度。

2. 艾滋病 ART 治疗药品管理机制问题。目前，地方 ART 治疗药品管理存在差异，有疾病预防控制机构和医疗机构共同承担、疾病预防控制机构承担、医疗机构承担三种模式。[2] 疾病预防控制机构具有基层工作网络的优势，能够较好地拓展艾滋病 ART 治疗的覆盖面并有利于广泛进行艾滋病防治宣传教育。但是，疾病预防控制机构毕竟不是医疗临床机构，临床知识技能相对有限、药品储存条件有限。根据《药品管理法》《执业医师法》《医疗机构管理条例》《处方管理办法》等规定，疾病预防控制中心采购、管理和发放抗病毒治疗药品并不符合法律规定，其工作人员没有处方权。而医疗机构虽然具有临床优势，但在群体公共卫生工作方面有劣势。疾病预防控制部门和医疗机构如何有效合作完善艾滋病 ART 治疗药品管理，确实需要进一步探讨。

---

〔1〕 晋灿瑞等："中国艾滋病抗病毒治疗药品采购供应现状分析"，载《中国公共卫生管理》2012 年第 3 期。

〔2〕 晋灿瑞："中国艾滋病抗病毒治疗药品采购供应现状分析"，载《中国公共卫生管理》2012 年第 3 期。

3. 艾滋病 ART 治疗药品管理人、财、物资源不足问题。[1] 根据国家相关艾滋病防治工作考核指标，疾病预防控制中心需要对高危人群和艾滋病病毒感染者开展健康教育、行为干预、监测和检测、流行病学调查、咨询、随访管理、治疗和救助等多项工作。但是，在不少县一级的疾病预防控制中心，专职的艾滋病防治工作人员往往只有 1～2 名，工作任务繁重，严重影响工作效果。还有，药品管理要求高度专业化，艾滋病 ART 治疗药品管理更是如此。但是，对此类药品人员的技术培训不足。此外，一些地方疾病预防控制部门缺乏足够的经费，不能完全具备药品储藏的条件，无法确保储存质量。

4. 艾滋病 ART 治疗属地管理问题。[2] 根据原卫生部和国家中医药管理局在 2004 年制定的《关于艾滋病抗病毒治疗管理工作的意见》，ART 治疗原则上按照家庭属地治疗。一般各省根据艾滋病感染数出具预算，国家通过转移支付提供相关经费。在实际操作中，"家庭属地" 规则往往与患者的户口挂钩。离开户籍所在地的感染者异地治疗存在很大的困难。虽然近年来开展了可以按照居住地（非户口地）接受艾滋病 ART 治疗的政策，但对非本地户籍感染者的 ART 治疗以及管理仍然存在不少问题。例如，由于经济以及医疗水平的巨大地区差异，有不少外地感染者通过各种途径到北京寻求 ART 治疗，增加了北京医疗部门的工作压力和地方财政压力。

（二）对策建议

针对以上问题，本文提出如下建议供参考：①修订并完善已有

---

〔1〕 徐鹏等："卫生系统内艾滋病防治工作的主要问题、原因及解决思路"，载《中国卫生政策研究》2014 年第 10 期。

〔2〕 李桂英、孙燕鸣："非京户籍 HIV 感染者/AIDS 病人免费抗病毒治疗的现状、问题及对策"，载《中国艾滋病性病》2011 年第 6 期。

的 ART 治疗药品管理制度，制定严格标准，科学规范 ART 治疗药品管理从药品采购到病人用药指导的各个环节并完善相关的问责制度。②改疾病预防控制部门与医疗机构"双管理"模式为医疗机构"单管理"模式。将 ART 治疗纳入国家基本医疗保障体系，ART 治疗药品与其他药品一样进入药品招标采购体系，由医疗机构根据市场需求统一采购。[1] 医疗机构行使药品管理和使用权，根据艾滋病病人病情的需要发放 ART 治疗药品。③加大对艾滋病 ART 治疗药品管理所需的人、财、物的投入力度，确保科学合理地配备并培训相关工作人员，保证药品管理必要的物质条件。④改革艾滋病感染者的"属地"治疗管理制度，保证感染者在本地和异地都能得到良好的治疗，提高患者 ART 治疗的依从性和治疗质量。

---

〔1〕 李佳等："艾滋病抗病毒治疗政策和策略分析与思考"，载《中国艾滋病性病》2013 年第 2 期。

食品信息溯源体系之建立

丁春燕　李正华*

2015 年 10 月 1 日实施的新修订的《中华人民共和国食品安全法》（以下简称《食品安全法》）体现了"四个最严"（最严谨的标准、最严格的监管、最严厉的处罚、最严肃的问责）的食品安全监管，该法第 42 条第 1、2 款明确规定："国家建立食品安全全程追溯制度。食品生产经营者应当依照本法的规定，建立食品安全追溯体系，保证食品可追溯。国家鼓励食品生产经营者采用信息化手段采集、留存生产经营信息，建立食品安全追溯体系。"2015 年 3 月国务院办公厅印发的《2015 年食品安全重点工作安排》明确"着力加强源头治理，强化过程监管，切实保障'从农田到餐桌'食品安全"。建立食品信息溯源体系，是检查食品产业链安全的有效工具，也是保障食品安全和追究食品安全责任的重要举措。

一、食品信息溯源体系及作用

（一）食品信息溯源体系

随着现代化的大生产以及对外贸易的发展，生产链和供应链的复杂使得消费者对获取安全产品的信心下降，对食品信息实施有效

---

* 丁春燕（1983～），武汉大学法学博士、澳大利亚麦考瑞大学商务与经济学院博士研究生，讲师，武汉大学法学院与澳大利亚麦考瑞大学商务与经济学院联合培养博士研究生；李正华（1963～），法学博士，中山大学新华学院法律学系主任、教授。

的追踪溯源成为迫切需要解决的全球性问题。

食品信息溯源体系，是指在食品产供销的各个环节之中，有关食品质量和安全的相关信息都能够被顺向地追踪或者逆向回溯，从而使食品的整个生产经营活动始终处于有效的监控之中的管理活动之整体。信息的可追溯体现在两个方向：一是正向的追踪指针，即对全产业链的环节和流通主体进行正向的追踪；二是逆向的溯源，即从问题向源头的追溯和检查。

1997年，欧盟为了应对"疯牛病"问题，由政府推动和主导建立了一整套覆盖食品生产基地、食品加工企业、食品终端销售等整个食品产业链条的上下游，通过系统的专用硬件设备和软件实施信息共享，为最终消费者服务的信息处理系统。食品质量如果出现了问题，消费者以及相关监督管理者即可通过食品标签上的溯源码进行联网查询，从而查出包括生产者、产地等涉及该食品生产、流通、存储、销售的全部相关信息，以明确食品安全事故方相应的法律责任。此项制度对保障食品安全与促进食品行业之自我约束具有重要的意义。

食品安全事故频发，有多方面原因。首先是企业自身。食品安全"第一责任人"就是企业，企业不讲诚信，政府投入再大，也不可能面面俱到，查出所有不良生产者的违法行为。但更深层次的原因还是食品安全追溯制度不健全，政府检测监督机制失灵，责任难以界定，违规成本较低，因此，企业不惜铤而走险。[1] 食品行业有其自身的特点：产业链过长，参与者众多且主体复杂，难以逐一

---

〔1〕 汪翔红："建立食品安全可追溯系统的必要性"，载《经济导刊》2012年第6期。

监管。同时，食品本身就具有经验品兼信任品的特征，[1] 食品市场存在着严重的信息不对称，使得消费者维权难上加难。因此，建立食品信息溯源体系是保障食品安全、细化监管体制的重要手段。另外，建立食品信息溯源体系也为实现食品安全"社会共治"提供了体制和机制基础。修订后的《食品安全法》增加了食品安全"社会共治"的内容，希望全社会共同关心食品安全，共同参与食品安全治理。建立食品信息溯源体系，通过尽可能及时透明地披露信息内容，不仅提高了参与者的积极性，更提高了治理效率和治理效果，使食品安全"社会共治"落到实处。[2]

在世界范围内，迄今已有 40 多个国家建立了相关的系统进行食品信息溯源，英国、美国、日本、法国、澳大利亚等国均已取得了显著的成效。按照欧盟食品法的规定，食品、饲料、供食品制造用的家畜以及与食品、饲料制造相关的物品，在生产、加工、流通的各个阶段都必须建立食品信息的可追溯系统；[3] 该系统对涉及食品安全各个阶段的主体都作出了相应的规定，以保证能够最终确认各种提供物的原始来源和最终去向。2000 年起，英国农业联合会与全英四千多家超市合作，建立起了食品安全的"一条龙"监控机制，对上市销售的所有食品实行了有效的追溯；消费者一旦发现其所购买的食品存在安全问题，监管人员即可通过电脑记录很快地查到产品的最终来源，查出农产品源于哪家农场，甚至连使用过的

---

〔1〕 纳尔森（Nelson）在其经典文献 *Information and Consumer Conduct* 中根据消费者与企业的信息不对称程度将产品分为三类：搜寻品（消费者在购买之前质量可以检验的商品）；经验品（在购买之前非常难以确定质量，购买后才能确定的商品）；信任品（在购买之前无法辨别其质量，即使在购买后也需要花很大的代价才能辨别其质量，甚至根本不可能判断的商品）。

〔2〕 张永建："促进食品安全还应加强信息披露"，载《小康》2015 年第 19 期。

〔3〕 刘俊华、金海水："国外农产品质量快速溯源的现状和启示"，载《物流技术》2009 年第 11 期。

农药品名以及具体的剂量等信息都能够查询得到。[1]

（二）食品安全溯源体系之作用

食品安全溯源体系解决方案贯穿于食品流通过程中的生产、加工、流通、销售环节的相关业务处理中，以实现食品流通的"来源可溯、去向可查、责任可究"。食品安全溯源体系，有以下几个方面的作用：

1. 促进企业良性竞争。消费者有选择权，因此经济活动主体之间的竞争，实质上就是为争夺消费者而展开的竞争。谁拥有了更多的消费者，甚至将普通的消费者培养成忠诚的消费者，谁就占有了更大的市场份额，谁就有可能取得胜利。为此，19 世纪中后期的马歇尔·菲尔德百货公司推出"顾客总是对的"（The customer is always right）这一营销理念（该理念后来演变为"顾客就是上帝"），明确了将顾客置于工作中心的服务思路。[2] 消费者对于其所接受的消费品来自何处、由谁生产、经过哪些运输和储存环节等相关信息都有获知真情的权利。而只有掌握了主动权，消费者在消费过程中才能充分行使"用脚投票"的权利，最终选择优质的产品及服务。国务院颁布的《企业信息公示暂行条例》于 2014 年 10 月 1 日起实施，该条例明确了进一步强化企业的责任，促进社会诚信体系建设，通过企业公示的信息，将消费者的选择权进一步落到实处。在产品及企业信息全方位、大范围公开的环境下，企业只有不断优化自身、提高产品质量，才能保持生命力。食品可追溯体系为食品企业，首先带来的是运营方面的效益，它能改善供应链的管理，提升企业的效率，并优化产业链流程、降低损耗。其次，在市场准入方面，有助于企业打造更受消费者欢迎的品牌并提升消费者

---

〔1〕 朱勇："从英国食品行业监管谈我国食品行业管理"，载《食品安全导刊》2013 年第 9 期。

〔2〕 "顾客就是上帝"，载百度百科，访问日期：2015 年 11 月 22 日。

的信心，从而带来更多的客户和更高的市场占有份额。最后，在风险管理方面，可降低食品召回、保险及诉讼成本，防止造假行为，帮助企业迅速回到正常状态。因此，披露食品安全的相关信息，不仅在出现问题时可以作为消费者追讨的依据，更是满足消费者知情权、扩大市场占有率、促进企业良性竞争的手段。

2. 便于监督管理。无论是"三聚氰胺"还是"瘦肉精"事件，每当食品出现了安全问题，无论是原材料、加工厂商的问题，还是运输存储的问题，又或者是消费者本身的问题，问题出现后相关的涉事者往往推卸责任并相互指责。以"三聚氰胺事件"为例，自2008年6月份出现问题直至受害的婴幼儿达到39 965人，在长达数月的时间里，厂家都在忙于推卸责任。到了2010年9月，相关地方政府还在其下达的最后通牒中称"若在2010年9月30日前上缴2008年的问题奶粉，不处罚".〔1〕三聚氰胺究竟是在哪个环节被掺杂进去的，似乎已经成为一大疑案。相关部门在此事件发生后的检查中发现，有22家奶粉厂家、69个批次的产品检测出三聚氰胺,〔2〕这似乎表明，在奶粉中掺三聚氰胺已经成为国内该行业的习惯做法和公开的秘密。事发之后，企业负责人约见媒体，公众看到的不是诚意和反思，而是虚伪和无耻的诡辩。在没有全面可追索的食品信息之下，很多事情似乎死无对证。市场规制的基础与依据是信息，传统规制的最大问题就是在信息匮乏条件约束下欠缺"精准"，在市场规制中"糊涂官判糊涂案"，往往高成本、低效率、效果差，责任主体难以确认，守法者往往被"一刀切""严打"的规制措施所"误伤"。通过建立食品信息溯源体系，实现了食品市

---

〔1〕 "中国奶制品污染事件"，载百度百科，访问日期：2015年11月11日。
〔2〕 "22家奶粉厂家69批次产品检出三聚氰胺（名单）"，载新浪新闻 http：//news. sina. com. cn/c/2008 - 09 - 17/082716304148. shtml，访问日期：2015年11月12日。

场传统规制向精准规制的转型。在食品信息溯源体系下，由于数据的充分、准确、连贯、及时，问题得以及时发现和处置，不损害消费者利益，不误伤其他食品生产者，不影响民众对其他食品的信任度，因此也就无须兴师动众地因某地某批次食品出现问题而"全国彻查"，劳民伤财。[1]

3. 消费维权。消费者的选择权、知情权和生命健康权构成食品安全溯源体系构建的权利基础。该系统能够连接生产、检验、监管和消费的相关领域，让消费者了解符合卫生安全的生产和流通过程。它提供了"从农田到餐桌"的追溯模式，提取了生产、加工、流通、销售、消费等供应链环节中消费者所关心的公共追溯要素，建立了食品安全信息数据库，一旦发现问题，能够根据溯源进行有效的控制和召回产品，不仅能够从源头上保障消费者的生命健康权益，还能从最终的责任追究以及权利救济方面得以落实。例如，在欧盟国家建立的食品可追溯系统之下，任何一个地区的食品发生质量安全问题时，监管机关可以通过电脑记录很快查到食品来源和去向，信息可通过快速预警系统在几分钟内通报到欧盟的各成员国，成员国得到信息后即可迅速销毁或强制召回问题产品，同时追究相关企业的责任。[2]

二、我国当前食品安全溯源之不足

(一) 食品安全信息尚未被普遍重视

一方面，政府和消费者普遍对食品安全信息披露重视度不够。天津社会科学院社会研究所所长张宝义指出，国内消费者尚处于识别生产日期、产品质量的低层次阶段，对产地情况、产品品类等高

---

〔1〕 王永强、管金平："精准规制：大数据时代市场规制法的新发展——兼论《中华人民共和国食品安全法（修订草案）》的完善"，载《法商研究》2014 年第 6 期。

〔2〕 赵荣、陈绍志、乔娟："美国、欧盟、日本食品质量安全追溯监管体系及对中国的启示"，载《世界农业》2012 年第 3 期。

层次信息关注较少。[1] 同时，我国当下的食品安全信息公布制度只涉及将政府在监管中所获得的信息通过政府网站公布给公众，信息公开程度低，信息更新严重滞后甚至不更新的现象普遍存在。中国社会科学院对我国 59 个国务院部门、26 个省级政府、43 个较大的市政府信息公开情况进行了多年调研，根据 2011 年的调研报告，食品安全监管检查方面的信息公开程度是最低的，其中，餐饮服务提供者安全信用信息透明度仅为 7%，食品安全违法行为查处情况信息透明度仅为 23%。2012 年的报告指出，在整体政务信息公开程度并不乐观的情况下，食品安全信息的公开更是其中的短板。虽然近两年来，政府的信息公开情况有所改善，但披露的食品安全信息种类和数量还是远远不够。[2] 另一方面，在技术运用上，当前在国内各类超市出售的商品包装上尽管有条形码[3]（俗称"一维码"），但该条形码上所存储的信息量较少，其数据容量仅为 30 个左右的字符，其仅作为商品流通、存储以及销售管理的一种技术性辅助手段，无法包含涉及商品安全的应有信息。即使是一些厂家在其产品上使用了防伪标识或者二维码[4]，但其作用也仅仅限于验

---

〔1〕 彭卓、郭毅："食品源头追溯制度为何成摆设？"，载《中国日报网》http://www.chinadaily.com.cn/hqpl/zggc/2014-09-16/content_12389432.html，访问日期：2016 年 9 月 8 日。

〔2〕 张云："我国食品安全信息公布困境之破解——兼评《中华人民共和国食品安全法（修订草案）》相关法条"，载《政治与法律》2014 年第 8 期。

〔3〕 条形码（barcode），是将宽度不等的多个黑条和空白按一定的编码规则排列，用以表达一组信息的图形标识符。最为常见的条形码是由反射率相差很大的黑条（条）和白条（空）排成的平行线图案。条形码可标出物品的生产国、制造厂家、商品名称、生产日期、图书分类号、邮件起止地点、类别、日期等相关信息，因而在商品流通、图书管理、邮政投递、银行服务系统等诸多领域得到广泛应用。

〔4〕 二维码（2-dimensional bar code），是用某种特定的几何图形按一定规律在平面（二维方向上）分布的黑白相间的图形，以记录数据信息的图形标识符。与一维码相比，其属于更高级的条码格式：一维码只能在一个方向（水平方向）上表达信息，而二维码在水平和垂直方向都可以存储信息；二维码还突破了一维码仅存储数字和字母的局限性，其可以存储字母、数字、汉字和图片等相关的信息，且应用领域十分广泛。

证产品之真伪以及网络的推广宣传。目前研发的三维码[1]，可以实现信息的无限扩展，为今后的食品安全信息承载、商品防伪以及商业宣传提供新发展的可能，但却并未被更多地引入食品安全信息的承载方面。条形码和二维码在目前仅限于证明真伪而已，并未包含食品安全的生产、加工、运输、销售等相关应有之信息。由此可见，从我国当前食品安全信息披露的现状看，无论是披露的数量和质量，还是披露的技术手段，都不能满足社会需求。

（二）单环节来源管理及信息表示

目前传统的食品安全监管模式并没有覆盖到食品"从农田到餐桌"的全过程，且信息提供的主体往往只有单一的政府监管部门。就目前的屠宰生猪的安全监管而言，根据2008年8月1日开始施行的《生猪屠宰管理条例》的规定："任何单位和个人不得冒用或者使用伪造的生猪定点屠宰证书和生猪定点屠宰标志牌。""经肉品品质检验合格的生猪产品，生猪定点屠宰厂（场）应当加盖肉品品质检验合格验讫印章或者附具肉品品质检验合格标志。"百姓一般是从销售点的许可证、猪肉上加盖的印章、肉品品质检验合格标志、猪肉外观等几个方面来判断其购买的猪肉是否卫生安全。加盖在猪肉上的印章或者粘贴在猪肉上加盖有监管机构印章的合格标志，往往就成为食品安全信息较为单一的来源，而猪肉的卫生安全，不仅涉及屠宰这一个环节，还涉及饲养、运输、储存、分销、加工、销售等诸多环节。当一个食堂的就餐者食物中毒，米饭、蔬菜、肉类、水、添加剂等方面，究竟是哪个部分出现了问题，某一部分被确定之后又是在哪一个环节出了问题，在单环节管理体制下是难以查清的。

---

[1] 由深圳大学光电子学研究所开发的任意进制三维码技术，与传统二维条码相比，其空间中的任意一点均可分别由X轴、Y轴与Z轴的参数来描述，从而使编码容量有了大幅度的提高，且具有识别的便易性和较高的安全性。

国内的可追溯体系目前更多地承担"信息记录"功能，在信息的宽度方面，还存在追溯批次或个体信息不明确等问题；在信息的深度方面，可追溯体系局限于种植或养殖、加工、流通中的某一环节，产业链覆盖环节较短，无法真正实现全程信息的可追溯；在信息的准确度方面，追溯信息缺乏标准化的统一性，信息的录入随意性较大，且可追溯系统的自动化程度低，信息互联化不通畅。

（三）信息表示不准确

在中国，过去出现的食品安全问题，主要存在两大问题：一是相关信息找不到出处；二是信息记载（披露）不全面、不准确。可追溯体系详细记录各个食品安全关键控制点的相关信息，信息记录深入生产企业内部，直接参与食品安全的管理。因此，原始信息来源于生产、加工、流转、销售的各个企业。如果信息录入不准确，来源不明，则无法有效地对之加以有效的监管。从实际个案来考察分析，掺有三聚氰胺的三鹿奶粉并非他人造假的伪劣产品，消费者从产品的标识以及销售票据就可直接找到实际的生产商和销售者，而问题就在于生产环节中被某些主体添加了禁止添加的物品，最终生产商在明知的状态下并未在相应的包装上予以标示，不仅导致消费者权益受损，而且使得责任主体不明。

（四）尚未建立全国统一的信息交换平台

食品安全可追溯包括两个层次：第一个层次是企业对食品生产链的信息可追溯，包括生产链环节中以个体识别为信息载体的食品安全可追溯系统；第二个层次是政府对于生产链信息的监管数据库建设。第二个层次的可追溯数据库通过生产链信息监测，可以推动可追溯信息与消费者和利益相关方的有效交流，实现与终端检验信息相结合的食品安全风险预警与交流，为风险管理提供更为丰富的技术支撑手段。[1]

尽管中国已开始在食品种养殖和生产加工领域逐渐推广应用"危害关键控制点分析 (HACCP)""良好农业规范 (GAP)""良好生产规范 (GMP)"等食品安全控制技术,以此来提高食品安全监控水平。但全国性整体食品安全追溯技术体系仍未建立,食品安全出现了问题时,无法实施有效的跟踪与追溯。

因此,要发挥可追溯体系风险管理的作用,需要建设国家层面的可追溯数据库,实现产业信息和中央数据库信息的协同管理。日本在2001年实行了食品溯源制度,已经普及全部的肉食产业、水产养殖产业及蔬菜产业。[2] 澳大利亚建立了"国家畜禽识别系统",自2002年开始就给全国1.15亿只羊打上了一年一换的产地标签,只要输入该标签上的号码,即可获取其产地和农场主的有效信息。[3] 美国农业部动植物健康监测服务中心于2005年8月也开始实施了牛及其他种类动物的身份识别系统。[4]

三、建立完善的食品安全溯源体系之设想

(一) 完善相关立法

目前,欧盟、美国、加拿大、日本、韩国等国家及地区,都已

〔1〕"食品安全全程控制关键在于建立可追溯体系",载新华网,http://news. xinhuanet. com/info/2015 – 05/15/c_ 134240560. htm,访问日期:2015年11月18日。

〔2〕于维军:"建立质量安全追溯制 提升我国农畜产品国际竞争力",载《动物科学与动物医学》2004年第9期。

〔3〕"澳大利亚建立畜产品原产地跟踪标签制度",载新华网http://news. xinhua-net. com/newscenter/2002 – 07/08/content_ 473914. htm,访问日期:2015年11月18日。

〔4〕赵丽:"美国的牲畜身份识别系统",载《中国动物检疫》2006年第2期。

制定相关的法律法规，将追溯系统纳入食品的物流体系中予以规范。[1] 目前，我国有食品安全相关法律 20 多部、行政法规 40 余部、部门行政规章 150 余部。但只有《食品安全法》及其实施条例、《动物防疫法》《国务院关于加强食品等产品安全监督管理的特别规定》等少数法律法规对食品溯源体系的一些相关内容作了要求，且法条中对可追溯的要求比较笼统，缺乏可操作性。食品安全溯源管理的技术标准和相应的规范，还比较欠缺。[2]

食品供应链非常复杂，而且具有全球化、动态变化之特点。要建立以食品安全追溯体系为基础的食品安全全程追溯制度，各种利益的协调以及具体程序和实体问题之规范，需要各相关行政部门、行业、具体企业达成共识。只有统一规划，避免部门利益冲突和重复建设，才有助于食品安全可追溯体系在全国范围内的推广和应用。因此，制定相应高层次的法规势在必行。此外，在以基本法为基础的原则性指导之下，根据不同的食品种类和主体制定相关细则，政府和相关行业协会根据具体实施情况制定相应的实施标准和

―――――――――

〔1〕 欧盟的《食品安全白皮书》首次引入"从农田到餐桌"的概念，如今已形成以《第 178/2002 号法案》为核心的较为完善的农产品和食品质量安全追溯法律体系，相关行业协会颁布的标准和规范都包含了详尽的追溯条款。美国在 1938 年制定的《联邦食品药品化妆品法案》的基础上进行修订和补充，形成了以《生物反恐法案》和《食品安全现代化法案》为核心的农产品和食品追溯法律框架。加拿大的食品安全与召回制度，主要依据的是《加拿大食品检验局法》和《食品药品法案》，还有《加拿大食品标签法》等；2012 年 11 月颁布的《加拿大食品安全法案》整合了原有的《水产品检验法》《加拿大农产品检验法》《肉品检验法》和《消费者包装与标识法》，强化了食品追溯能力。日本食品安全管理相应的法律、法规体系较为健全，主要包括《农林产品标准化与品质标签规范化法案（JAS 法）》《农产品检疫法》《农药取缔法》《肥料控制法》《饲料安全法》《食品安全基本法》《食品卫生法》《畜肉检疫法》《疯牛病特别措施法》等。韩国涉及农产品和食品信息追溯的法律主要包括《食品安全基本法》《食品卫生法》《优质农产品法案》《农产品质量控制法》《牛和牛肉可追溯法案》等，此外还制定了一些具体的实施细则。

〔2〕 陈骥："对建立健全食品安全溯源体系的探讨与思考"，载《工商行政管理》2011 年第 17 期。

规范，做好细节性规定同样重要，这样才能把食品安全追溯体系真正落到实处，使之具有可操作性。在食品追溯体系发展水平较高的国家和地区，除基本法规之外，相应的实施细则、标准和规范都十分完备。以欧盟为例，欧盟针对不同种类农产品，分别制定了具体措施和要求，英国零售商协会颁布的《BRC 食品安全全球标准》、德国和法国零售商协会主导的《IFS 国际食品标准》都对法规进行了补充和完善。英国从 1996 年开始颁布《牛只护照法令》《牛肉安全保证方案》《生鲜肉品（牛肉管制）法规》《牛只数据库法规》等；2007 年出台了《牛肉标识法规》并于 2013 年进行了修订，详细规定了牛只耳标、护照、记录信息等。一系列的法案与法规使英国形成了最为严格的牛肉安全保障体系。[1]

（二）确保信息录入的准确性

企业信息披露与商业秘密的保护是一个问题的两个方面，既要满足消费者的知情权和追溯需要，又要充分保护商业秘密，面对什么主体、披露何种信息都值得斟酌和取舍。食品安全的相关信息的录入，除了技术上的问题外，企业的诚信已经成为信息追溯体系能否成功建立之关键。食品安全信息具有公共产品的属性，尽管持续性地披露食品安全信息将帮助高质量食品生产经营者实现长期经济利益，但由于披露信息成本无法回收，不能实现其短期盈利目标，食品生产经营者往往缺乏主动披露食品安全信息的动力。为了最大化利润，食品生产经营者往往采用"搭便车"和集体沉默策略，甚至刻意掩盖真实的食品安全信息或者提供虚假的食品安全信息。[2]如果企业缺乏诚信，其录入的基础信息之真实性就难以保证，势必

---

〔1〕 王东亭、饶秀勤、应义斌："世界主要农业发达地区农产品追溯体系发展现状"，载《农业工程学报》2014 年第 8 期。

〔2〕 闵艳："论我国食品安全信息披露制度"，载《安徽大学学报（社会科学版）》2013 年第 4 期。

影响到追溯体系的正常运行。健全的标准体系之建立，信息采集的范围、链条和编码使用；信息录入的主体，信息录入之范围、程序；信息更新和修改以及后续信息的补充等相应的问题，都必须要予以严格之规范。同时，建议引入由专业人员构成的检测兼服务公司来做第三方，通过信息化技术增加真实性。还可以考虑引进企业信用评估系统，对于掺杂假冒和提供虚假信息的企业进行公示并实施相应的处罚。

企业可根据实际需要，建立内部的食品信息溯源系统，其中可包括如"屠宰场信息追溯管理系统"（从生猪进厂、屠宰、加工、检疫、检测、肉品出厂的全程信息管理）；"批发市场蔬菜信息追溯管理系统"（包括供货商和进货商实名制、蔬菜来源进货、蔬菜农残检测、交易终端交易打单、汇总、数据分析管理等）；标准化菜市场、超市信息追索管理系统（通过在农贸市场进货验收，与批发环节肉类蔬菜流通服务卡对接后，在农贸市场、超市自动生成进货信息，并与标签电子秤实现信息对接，最终通过肉类蔬菜零售凭证输出）。

只要信息存储是正确的，消费者就可通过所获取的动态信息予以甄别。例如，消费者在扫描商品包装上的二维码后，就可以获知该商品的原材料取之何处、由谁生产、经由哪些环节流通、在什么地方销售等相关信息。如果消费者在 A 超市买到了该商品，但二维码显示的信息则是 B 商场为最终的销售者，这就表明该商品有问题。

（三）建立全国的信息互通平台

全国性的食品安全信息可追溯体系，是基于企业、行业不同层面的可追溯数据库而建立的，首先要建立的是企业的追索信息系统。企业可依托专门的追索信息服务公司[1]来建立自身的追索信息系统。

食品质量安全信息追溯体系工程是一个跨行业、也是一个需要集约推进的系统工程。只有建立国家监管层面的数据库，才能有效地发挥可追溯体系在风险管理中的作用。工业和信息化部于 2013 年 8 月颁布了《信息化和工业化深度融合专项行动计划》，明确提出要"实现食品行业质量安全信息可追溯"，"搭建食品质量安全信息可追溯公共服务平台，在婴幼儿配方乳粉、白酒、肉制品等领域开展食品质量安全信息追溯体系建设试点，面向消费者提供企业公开法定信息实时追溯服务，强化企业质量安全主体责任"。为了落实该行动计划，进一步推进食品质量安全追溯体系的建设试点工作，2013 年 10 月 23 日在北京召开了"中国食品质量安全追溯体系建设推进大会"，为维护食品安全，会议提出了共建全国统一追索平台之建议。[2]

在全国尚未建立统一的食品安全信息平台的情况下，一些地区已经开始探索在地区范围内实行"二维码终端追索管理体系"的试点工作。例如，唐山市政府食品安全办公室从 2014 年底开始，在承担着全市 80% 以上的农副产品供应的"二维码"追索服务试点单位、农业部定点市场的唐山市荷花坑农副产品市场的产品上贴上"二维码"。从粮油、肉类并逐步扩展到茶叶、调料、糖果、干果、小食品等类商品，实现了"二维码"追索服务，通过与上游养殖、屠宰基地建立产、供、销"二维码"终端追索管理体系，与比较成熟的油粮、上游产地市场或种植专业户形成有效对接，将商品及商

---

〔1〕 由食用农产品等行业专家及信息技术骨干组建的专事食品安全信息追溯领域软件开发、系统集成和推广应用的科技研发的公司。以上海为例，有上海追索信息科技有限公司、上海中信信息发展股份有限公司、上海冠邑信息技术有限公司等。

〔2〕 "2013 年中国食品质量安全追溯体系建设推进大会"，载中国信息产业网 http://www.cnii.com.cn/thingsnet/node_35342.htm，访问日期：2015 年 11 月 20 日。

品经营者的合法性信息录入管理体系，追根溯源，实现随时随地查询食品安全信息。[1] 消费者只需通过手机扫描二维码，即可查询经营法人、营业执照编码、监督电话等与之相关的详细信息，如对所购商品不满意，便可拨打监督电话查询到该商户之电子台账，甚至可以追索到商品的产地、加工企业等"出身"信息。

任何一个制度在其具有的优越性之同时也有其本身之局限性。食品信息溯源体系仅仅是食品安全管理过程的一个手段，而非食品安全管理的全部，它能够帮助管理者锁定问题产品的流通链条、流通主体和流通环节，便于实现产品召回并展开更深入的风险管理，但无法自动确定责任主体和解决问题之根源。

---

〔1〕 "提高食安全科学监管水平，唐山为粮油贴上'二维码'"，载中国食品报网 http://hb. cnfood. cn/n/2014/1202/11039. html，访问日期：2015 年 11 月 20 日。

全国性预防接种异常反应补偿制度之建立

丁春燕*

　　预防接种制度关系到每个公民的健康，作为一项全国性的制度，它是国家免疫计划的重要组成部分。尽管医药技术发展已经极大地降低了异常反应发生的概率，但由于接种疫苗发生作用的机制导致其带有一定的危险性，因此一旦发生了相关的不良反应，将对受种者造成不同程度的损害。据世界卫生组织估计，因接种首支脊灰减活疫苗染上脊髓灰质炎的概率是两百五十万分之一。按这个概率以及中国 2000～2014 年首次接种约 2 亿支糖丸估算，仅最近 15 年，中国 VAPP 患儿的总数在百人左右[1] 2005 年 6 月 1 日起正式实施的《疫苗流通和预防接种管理条例》（以下简称《管理条例》）第 46 条[2]对预防接种异常反应的处理及受种者补偿作出了

---

　　* 丁春燕（1983～），讲师，武汉大学法学院与澳大利亚麦考瑞大学商务与经济学院联合培养博士研究生。

　　[1] 转引自郭丝露："探访中国最后的'脊灰'家庭——被恶魔抽中的少年"，载《南方周末》2013 年 1 月 30 日。VAPP 即疫苗相关麻痹型脊髓灰质炎。

　　[2]《疫苗流通和预防接种管理条例》第 46 条："因预防接种异常反应造成受种者死亡、严重残疾或者器官组织损伤的，应当给予一次性补偿。因接种第一类疫苗引起预防接种异常反应需要对受种者予以补偿的，补偿费用由省、自治区、直辖市人民政府财政部门在预防接种工作经费中安排。因接种第二类疫苗引起预防接种异常反应需要对受种者予以补偿的，补偿费用由相关的疫苗生产企业承担。预防接种异常反应具体补偿办法由省、自治区、直辖市人民政府制定。"

明确规定。但在现实中，由于各地立法的不统一，导致异常反应的受种者得到补偿的数额不一。《管理条例》实施至今已经 11 年，为了满足社会发展的需要，应从多方面探索构建一个全国性统一的预防接种异常反应补偿制度。

一、各地对预防接种异常反应补偿之不同做法

（一）对预防接种异常反应补偿的理论研究

1. 预防接种异常反应无法得到《产品质量法》的救济。预防接种异常反应，是指合格的疫苗在实施规范接种过程中或接种后造成受种者机体组织器官、功能损害，但相关各方均无过错的药品不良反应。预防接种异常反应（以下简称异常反应）的发生具有不可预见性，即其产生的原因是当时的科学技术水平所无法预见的，相关方对此并无主观上的过错，这被列入到《产品质量法》中"投入流通时的科学技术水平尚不能发现缺陷的存在"之免责事由之范畴。因此，异常反应不能获得产品责任法的救济。

2. 异常反应不列入侵权范畴。尽管《侵权责任法》对医疗损害责任作出了专章的规定，但构成医疗损害责任的前提是医疗机构及其医务人员存在过错。由于异常反应属于一种相关方无过错的药品不良反应，其并不构成医疗损害责任，受种者也难以通过《侵权责任法》得到救济。此外，学理上有所谓的"自甘风险"，即明知某种危险状态的存在，而甘愿冒险为之。[1] 预防接种与其他侵入性医疗手段的最大区别在于受种者往往是健康的，受种者为自身利益接种疫苗时也知悉疫苗本身带有一定的危险性，这可以视为"自甘风险"的情形，而在学理上适用"责任自负"原则这一侵权法上的免责事由。"自甘风险"的存在一定程度上也使受种者难以完全通过《侵权责任法》得到救济。

3. 异常反应无法获得国家赔偿。预防接种制度作为一项全国

---

[1] 王泽鉴：《侵权行为》，北京大学出版社 2009 年版，第 227 页。

性的制度，表面上看来带有一定的行政性质，但异常反应致害并不能被归结为国家责任。适用《国家赔偿法》的前提是行政机关及行政人员的违法行政行为，而异常反应的结果并非产生于行政行为，因而无法适用国家赔偿。

正因为异常反应的产生不能归咎于任何一方的过错，且具有不可预见性，上述可能的救济机制无法给予受种者相应的保障。然而，预防接种是国家基于公共健康利益的考虑赋予相关机构强制接种的权力，这种法律关系可以称之为"强制医疗关系"。[1] 因此，建立相应的补偿机制能够较好地应对这种特殊的法律关系所产生的损害的救济问题。

4. 司法救济困难。根据"司法最终审定原则"，纷争的当事人有权寻求司法的救济。尽管异常反应的各方均无主观过错，但异常反应毕竟造成了一定的损害。对于损害的补偿，在协商不成的情况下，受害者理当可以获得司法救济。但是在现实中，这样一个救济的途径或者管道，对受害者而言并不顺畅。更有甚者，案件经过了一审、二审发回重审，重审一审后，重审的二审法院竟然以"《疫苗流通和预防接种管理条例》规定受种方可以请求接种单位所在地的县级人民政府卫生主管部门处理，并且应当给予一次性补偿"为由，认定预防接种异常反应补偿不属于人民法院民事案件受理范围而最终撤销重申一审判决。[2]

（二）对预防接种异常反应补偿的不同做法

根据《管理条例》第46条第3款的规定，异常反应具体补偿办法由省级人民政府制定。2015年11月21日，贵州省卫计委出台

---

〔1〕 韩英、王岳："我国亟待建立预防接种不良反应补偿救济机制"，载《中国护理管理》2004年第4期。

〔2〕 盛梦露："孩子打疫苗致瘫，二审法院拒受理，百万补偿恐落空"，载政经频道http：//china. caixin. com/2016－01－22/100902815. html，访问日期：2016年2月18日。

《贵州省预防接种异常反应补偿办法（试行）》，至此，异常反应的具体补偿办法在全国范围内（除港澳台地区）完全建立起来。然而，由于各地出台相关法规的时间以及各地区经济状况等客观条件的差异，导致各地方异常反应补偿的标准、方式等各有不同。本文选取北京市、上海市、重庆市、辽宁省、河南省、湖北省、湖南省、福建省、广东省、四川省、甘肃省、新疆维吾尔自治区这12个省（自治区、直辖市）的补偿办法作比较分析，发现存在着以下不同做法：

1. 尽管在补偿方式上，选取的地方法规都采取了一次性补偿的办法，但在具体的补偿方式上却出现了分别计算医疗费、误工费、残疾生活补助费或死亡补偿费等款项的"分项计算补偿"以及一次性给付死亡或残疾补偿金而不另行给付医疗费的"合并计算补偿"这两种不同方式。分项计算补偿与合并计算补偿最主要的区别在于：残疾补助费或死亡补偿金（视具体情况而定）之后是否还另行补偿医疗费、误工费、残疾器具费等其他款项。其中，福建、重庆及辽宁采取"合并计算补偿"的方式，其余九个地区采取"分项计算补偿"的方式。

2. 各地采取的"管辖"标准不同。例如，重庆市采取接种单位所在地作为"管辖依据"，而上海、北京、辽宁、四川等地则采用受种者所在地标准。

3. 受种者的年龄、计算标准等对补偿金数额计算的影响也有所不同，导致在全国范围内出现较大的补偿金数额差距，这也是各地做法最显著的不同之处。由于各地方补偿金计算项目的不统一以及医疗费、护理费等费用视个案情况而有所不同，以下将通过图

1~5〔1〕就部分地区死亡补偿费及残疾生活补助费的计算反映不同地方之间补偿金额的巨大差异。

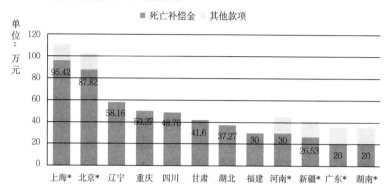

图1　十二省（自治区、直辖市）死亡补偿金最高额比较

注：＊号标记的省份采取分项计算补偿方式，故图例中的"其他款项"代表可能发生的医疗费、护理费、误工费等。

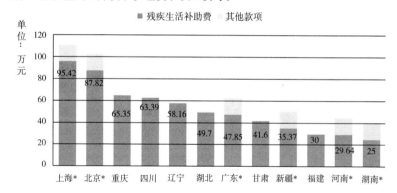

图2　十二省（自治区、直辖市）残疾补偿金最高额比较

注：＊号标记的省份采取分项计算补偿方式，故图例中的"其他款项"代表可能发生的医疗费、护理费、误工费等。

---

〔1〕 图表中的数据是对相关省、自治区、直辖市的异常反应补偿办法计算的"死亡补偿金"及"残疾生活补助费"最大值进行比较，计算中所涉及的该地区上一年度城镇居民人均可支配收入及城镇居民人均消费性支出的数据均来源于各地2014年统计年鉴。

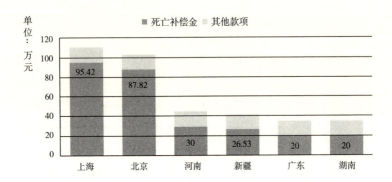

图3　采分项计算补偿的省份（自治区、直辖市）死亡补偿金最高额比较

注：图例中的"其他款项"代表实际发生的医疗费、护理费、误工费等。

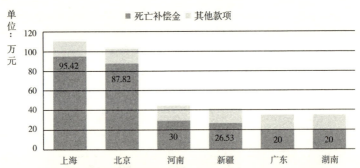

图4　采分项计算补偿的省份（自治区、直辖市）残疾

生活补助费最高额比较

注：图例中的"其他款项"代表实际发生的医疗费、护理费、误工费等。

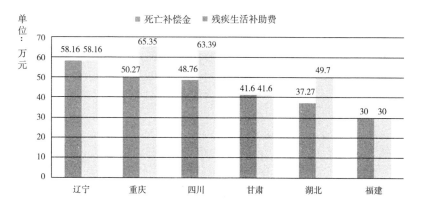

图5 采合并计算补偿省份(自治区、直辖市)死亡补偿金及残疾生活补助费最高额比较

图1～5对各地死亡补偿金及残疾生活补助费作出简要的比较,计算表中数据的前提是假定受种者死亡或者达到该法规定的最严重的残疾等级时所能领取的相关补偿金,而不考虑各地采取的计算方式、年龄划分等特殊情况。仅是简略的计算,不难发现各地不统一的计算标准导致了"同命不同价"的情况。此外,各地做法之间的差异还表现在申请补偿的主体、补偿金限额等方面,反映了预防接种制度的全国性安排以及异常反应补偿办法的地区性差异之间的矛盾。

（三）地区性区别补偿标注之弊端

通过异常反应补偿办法的比较,可见异常反应补偿程序在各地并不统一,而且不同地方所采取不同的补偿标准导致的最直接的结果便是"同命不同价"的情形。同样是因预防接种而发生的异常反应致害,却因为接种地或所在地的不同而产生补偿金额上的巨大差异,无论是在理论上,还是实践中,都难以让人接受。据相关数据统计,2012～2013年广东省共批准异常情况补偿66例,其中,根据伤残等级的不同,实际补偿金最高额为54.73万元,最低额为

0.06 万元，平均补偿额为 7.45 万元。[1] 然而，以目前补偿力度较高的上海市及 2014 年城镇居民人均可支配收入最低的甘肃省为例进行比较，我们不难发现当前地区性区别补偿最显著的弊端：假设受种者因异常反应损害达到一级乙等[2] 这一最高等级残疾情况，依据上海的办法，受种者可以获得残疾生活补助费 95.4 万元，而依据甘肃的办法，受种者仅能获得 41.6 万元的补偿；假设残疾情况为三级戊等，[3] 依据上海的办法，受种者可以获得 9.54 万元的补偿，同样情况在甘肃仅能获得 4.16 万元。这样的差距已明显超出了合理差别之范围，有违"人人平等"的基本法理。

除此之外，由于各地"管辖"标准的不明确，加之社会现实中人口流动的频繁，一定程度上导致受种者申请补偿时的不便，甚至出现相关部门互相推诿的情况。

各地申请补偿的主体范围以及程序的不同，也让申请人无所适从，在一定程度上加重了受种者的维权成本。地区性区别补偿的显著差异与全国性的接种制度之间产生巨大的矛盾，将不利于国家推行扩大免疫规划，长远来看，也不利于国家公共卫生事业的发展。

二、建立全国性统一补偿制度之必要性及可行性

（一）全国性统一的预防接种制度

预防接种制度是国家为了推行扩大免疫规划而配合设立的一项全国性安排制度，其统一性表现在，注射的疫苗是根据统一的技术规范生产并经过相关部门检验合格才能投入使用，并且经过规范流程才能接种至受种者处。不论是第一类疫苗，还是第二类疫苗，都

---

〔1〕　赵占杰等："广东省 2012～2013 年第一类疫苗预防接种异常反应补偿情况分析"，载《中国公共卫生》2016 年第 5 期。

〔2〕　根据原卫生部《医疗事故分级标准（试行）》规定，一级乙等即重要器官功能完全丧失，其他器官不能代偿，存在特殊医疗依赖，生活完全不能自理。

〔3〕　根据原卫生部《医疗事故分级标准（试行）》规定，三级戊等即存在器官轻微功能障碍，无医疗依赖，生活能自理。

是在全国性的统一标准下生产并注射的，然而不同的地方对不同类疫苗产生的异常反应的补偿是不同的，有的地方仅补偿第一类疫苗产生的异常反应，而有的地方则两种疫苗的异常反应都予以补偿。统一的接种制度却产生了不统一的补偿制度，这无疑有悖现实的制度安排。为更好地推行预防接种制度，建立全国性的统一补偿制度才能更好地保证权力与责任之间的平衡。

（二）全国性的法律依据

目前，全国各地颁布的补偿办法均是依据《中华人民共和国传染病防治法》《疫苗流通和预防接种管理条例》《医疗事故处理条例》和《预防接种异常反应鉴定办法》（下称《鉴定办法》）等法律法规而制定的。纵观各地的补偿办法，也仅是对上述法律法规及相关法律的一个整理和融合，赋予地方的授权立法并没有较好地兼顾地方特色，授权立法没能发挥其应有的功能，却导致了补偿标准不明、"管辖"混乱、申请程序复杂等弊端，限制了受种者维护合法权益的途径。鉴于当前的地方立法仅是对现行上位法的整合而没能达到应有的效果，在上述全国性的法律的支持之下，全国性统一补偿制度有其立法上的必要性及可行性。

（三）全国性的预防接种补偿救济基金

由于各地社会经济发展状况及财政收入的差异，补偿标准及水平参差不齐。应对这一困境，国际上有采取建立全国性的预防接种补偿基金的先例可供借鉴。目前，我国仍未建立类似的基金。而学界已有关于建立补偿基金制度的初步讨论及构想，基金的来源主要包括企业缴纳、中央财政与地方财政的互补以及社会捐助等。[1]

（四）境外相关制度的借鉴

世界各国对预防接种异常反应补偿制度的安排主要有以下几种

---

〔1〕 郝晓宁等："预防接种异常反应救济基金制度的设计"，载《中国卫生经济》2009 年第 11 期。

模式：

1. 政府财政补偿模式。该模式的资金来源是政府财政，有的国家采取中央财政统一安排的模式，如法国[1]；异常反应的受种者须向当地政府部门提出申请，由当地政府部门逐级上报至中央政府部门或地方政府部门后，补偿部门组织专家委员会进行鉴定，补偿部门根据鉴定意见决定是否作出补偿，最终由政府与受种者签订补偿协议并发放补偿金。如受种者不服补偿决定，可向法院提起诉讼。此种模式主要针对的是国家规定强制接种的疫苗产生的异常反应，与我国现行的补偿制度相类似，只不过我国目前仅限于地方政府财政的补偿。

2. 基金补偿模式。采取这一模式的国家及地区主要有美国和我国的台湾地区[2]，基金的主要来源是国家对企业生产的特定疫苗额外地进行征税，额外征税的疫苗的种类与国家强制要求接种的疫苗的种类是一致的。在补偿程序上，有诉讼补偿与行政补偿两种。美国采取诉讼补偿的程序，即受种者以美国健康及人类服务部（Department of Health and Human Services）为被告向法院提起诉讼后，由下设于健康与人类服务部的疫苗异常反应补偿办公室对此进行审核，并由联邦申诉法院派出的专家作出是否按相关制度进行补偿的初步决定，若异常反应产生的后果及时间间隔符合规定，则推定因果关系成立，当事人无需继续举证便可获得补偿。而我国台湾地区则采取行政补偿模式，即受种者先向当地"卫生局"递交申请及相关材料，由"卫生局"转交至"行政院卫生署"，由署内的审议小组负责鉴定并作出是否补偿的最终决定。

---

〔1〕 尚鹏辉、梁晓峰："国内外关于预防接种异常反应的经济补偿"，载《中国计划免疫》2007 年第 5 期。

〔2〕 岳大海等："国际上疫苗接种异常反应补偿机制借鉴"，载《中国卫生经济》2014 年第 1 期。

3. 保险补偿模式。该模式通过保险赔付的方式对异常反应的受种者予以补偿，其典型代表国家是瑞典[1]。在瑞典，此种保险的保费由疫苗生产企业以购买保险的方式支付，保险范围包括险种包含的疫苗注射所致的异常反应产生的受种者机体组织器官、功能损害。受种者向保险公司提出申请，由药品伤害委员会负责处理事件并作出最终决定。受种者、保险公司及药品伤害委员会之间形成三方关系，由药品伤害委员会协调受种者及保险公司，并对双方提出咨询意见，完成保险合同的履行。若保险公司与受种者之间不能达成一致意见，则转入诉讼程序由法院对赔偿事件进行裁判。

4. 混合模式。由于疫苗的种类及接种的强制程度等不同，有的国家针对不同种类的疫苗产生的异常反应的补偿实行几种并行的补偿模式，因此将此种模式概括为"混合模式"，典型代表国家是日本[2]。由于日本实行的免费疫苗与自费疫苗并行的预防接种制度，免费疫苗的异常反应补偿采取类似财政补偿的模式，而自费疫苗的补偿则采取类似基金补偿的模式。具体而言，免费疫苗的异常反应由厚生劳动省进行管理，异常反应个案逐级上报至厚生劳动省，经专门委员会鉴定并判定是否给予补偿，资金由中央及地方各承担一半。而自费疫苗的异常反应需由受种者向管理医药及医疗器械的政府部门递交申请并报呈至厚生劳动省后，由药事食品卫生审议会判定是否补偿。资金的来源由生产商按销售额提交的部分资金、依个案补偿金额收取一定比例的额外资金以及医药食品局补贴的行政费用构成。

无论采取何种补偿模式，目的均为对受种者给予充分且合理的

---

〔1〕 尚鹏辉、梁晓峰："国内外关于预防接种异常反应的经济补偿"，载《中国计划免疫》2007 年第 5 期。

〔2〕 岳大海等："国际上疫苗接种异常反应补偿机制借鉴"，载《中国卫生经济》2014 年第 1 期。

补偿，这些模式之核心目的在于医疗公平理念的落实。我国当前的补偿办法的最大弊端仍然是各地补偿标准不统一导致的"同命不同价"，只有建立全国性的补偿机制，才能彻底解决这一问题。

三、统一补偿制度之具体构建

（一）统一界定预防接种异常反应及等级标准

各地的补偿办法对异常反应的界定普遍援用《管理条例》中对异常反应的定义，未对此作进一步的细化规定。异常反应的出现是现代医学技术局限的表现，其发生是现有医学技术所无法预料的，故不同的专家对异常反应作出的鉴定往往带有一定的主观性。不同地方对专家组的规定不一，有规定由地级市，也有规定由县级疾控中心所设立的专家组进行鉴定。鉴定机构的级别不一，导致专家组的水平也参差不齐。缺乏可操作的异常反应认定标准，加之鉴定本身的主观性，而且专家水平各异，难免会出现不同的结果。因此，有建议提出，应借鉴美国的"疫苗损害表格"制度，由卫计委根据已发现的异常反应情况发布属于异常反应情形的官方版本，只要受种者证明在受种后特定时间内发生特定损害情形，便认定属于预防接种异常反应。[1]

《鉴定办法》第 28 条规定："预防接种异常反应鉴定书应当包括下列内容……⑥预防接种异常反应损害程度分级。"然而该办法并没有相应地规定具体的损害程度分级，导致各地在鉴定时对异常反应的损害程度判定标准不一，这也进一步加剧了各地补偿标准的差异。统一的概念界定以及损害等级标准是构建统一补偿制度的基础。

（二）规范补偿法律关系

统一的全国补偿制度必须从主体、客体及内容三个方面对补偿

---

[1] 肖鹏、廖洁琼："试论我国预防接种异常反应补偿制度的完善"，载《中国卫生法制》2015 年第 3 期。

法律关系进行规范。

1. 根据《管理条例》，目前我国采取根据疫苗分类的国家补偿和企业补偿的两种模式。国家补偿主要针对第一类疫苗的异常反应致害，企业补偿则对应第二类疫苗致害。国家补偿模式中，各地对受理机关及补偿主体规定的不统一也往往造成受种者申请补偿时的混乱。异常反应补偿的受理机关应统一规定为接种单位所在地一定级别的卫生行政部门，这有利于相关证据材料的收集和提高补偿处理程序之效率。

2. 统一申请或补偿的主体。各地对于补偿主体及申请主体的规定不同，显得相当混乱。申请的主体范围应该统一确定为受种者本人和法定代理人（监护人），在受种者死亡的情况下，可由其法定继承人或具有抚养义务的亲属作为申请主体，尽可能地使受种者及其亲属得到应有之补偿。

3. 完善第二类疫苗异常反应之补偿制度。目前相关的行政法规及地方性法规仅对第一类疫苗的异常反应补偿程序作出了明确的规定，而对第二类疫苗的异常反应补偿仅作出了"补偿费用由疫苗生产企业承担"的笼统性规定，而未对第二类疫苗的异常反应补偿的相关程序作明确规定，割裂了补偿法律关系内容的统一性。第一类与第二类疫苗的异常反应应在鉴定、报告、监测等补偿的前置性程序作出相应的全国性统一规范。

（三）细化补偿的标准

各地在补偿标准上采取分项计算补偿和合并计算补偿两种方式。异常反应的损害并非因过错而产生，所以其补偿性质较为明显，因此个别地方采取合并计算补偿方式有其合理之处。合并计算方式的补偿性意味较为突出，免除了受种者就各项损失进行举证的不便，但由于补偿数额标准低，往往不能合理有效地弥补受种者所遭受的损失。

分项计算补偿方式，由于采用分项计算受种者实际发生的医疗费、护理费、误工费等各项费用的方法，能够较好地弥补具体受种的实际损失，但也因为各地对相关项目计算标准、等级等规定的差异而导致各地的补偿数额差距较大。考虑到实际发生的个体差异，采取分项计算的方式更能体现实质正义，所以分项计算各项损失情况进行补偿，可以更好地合理补偿受种者的损失。

据报道，作为获得国家鉴定最早发病的 VAPP 患儿之一的松涛（化名），从安徽省政府处获得的补偿为 52 万元。[1] 同样产生脊髓灰质炎疫苗异常反应的患儿"小腾腾"（化名）从山东省泰安市卫生部门处获得补偿 67.9 万元。[2] 即便发生同种疫苗异常反应，也因各地的办法不同导致受种者获得的补偿额有异，所以，构建全国性的补偿制度的当务之急就是要统一补偿标准，对其予以细化。将补偿标准统一界定为分项计算补偿的方式，同时对儿童这一疫苗接种密集群体的补偿标准精细化，对历年来统计的异常反应状况进行分类补偿，对那些较为严重的异常反应提供特定补偿。细化补偿标准尽管不能使受种者的损失得到充分的补偿，但是建立全国性统一的补偿制度的目的在于使受种者能够在相对平等的基础上获得补偿，以弥补当前各地补偿之差异。

（四）明确补偿申请程序

目前，地方补偿办法中，补偿申请程序是在《管理条例》及《鉴定办法》的基础上作出规定的，各地的申请程序可以概括为"报告——诊断（鉴定）——提交申请补偿"，但实践中较为突出的是诊断和鉴定之间效力差别的问题，这也是受种者能否获得补偿的关键所在。根据《鉴定办法》，异常反应的案件先由地方疾控中

---

〔1〕 郭丝露："探访中国最后的'脊灰'家庭——被恶魔抽中的少年"，载《南方周末》2015 年 1 月 30 日。

〔2〕 赵兴超："婴儿服'糖丸'后右腿瘫软，卫生部门补偿 67.9 万家人难接受"，载中国新闻网 http://www.chinanews.com/jk/2014/12 - 11/6867804.shtml.

心专家组作出调查诊断结论，当事人对诊断结论不服时再交由各地医学会作出鉴定。其中，调查诊断结论因由法律授权的疾控中心作出而带有行政决定的效力，而医学会作为一个民间组织却可以通过鉴定的方式形成终局结论，调查诊断结论与鉴定的作出主体分属不同的体系，而二者之间却有着相反的位阶关系，在理论上难以解释。[1] 此外，在同一辖区内的疾控中心专家组的构成人员与医学会会员往往有重叠性，这在一定程度上也削弱了医学会的鉴定对调查诊断结论修正的作用。因此，必须厘清调查诊断结论以及鉴定就结论之间的关系和效力，将异常反应的鉴定环节交由中立的第三方来完成，进一步完善补偿申请程序。

（五）全国统一的补偿救济与商业保险相结合

2014 年 4 月 4 日，国家卫计委联合多个部门颁布了《关于进一步做好预防接种异常反应处置工作的指导意见》（以下简称《意见》）。《意见》鼓励地方通过商业保险的方式解决补偿问题，这表明了国家进一步推进异常反应补偿救济制度化的态度。当前的补偿办法难以弥补异常反应对受种者及其家庭造成的损失。建立类似"交强险"的商业保险制度，势在必行。根据 2012 年中国免疫规划信息管理系统中接种监测数据估算，所有疫苗 AEFI 总报告发生率为 21.71/10 万剂。[2] 鉴于我国人口基数大，异常反应发生率较低，若建立相应的强制保险制度，则可充分发挥商业保险规避风险的作用。每次接种仅需由受种者缴纳象征性较低的保费（1～5 元），便可逐渐形成金额相对较大的保险基金，受种者便可获得较为充分的保障，以弥补国家补偿或企业补偿的不足，使受种者及其家庭得到

---

〔1〕 焦艳玲："预防接种异常反应补偿制度研究"，载《河北法学》2011 年第 5 期。

〔2〕 武文娣等："中国 2012 年疑似预防接种异常反应监测数据分析"，载《中国疫苗和免疫》2014 年第 1 期。

充足的保障。

对于全国性的补偿基金，可以作如下考虑：①基金款额的来源由疫苗生产企业提交补偿款项、强制保险金、中央财政、地方财政以及社会捐助部分构成；②基金在留存一定比例之外的部分可以通过购买国债等多元投资形式维持基金运行，具体可参照社会保险基金等带有福利性质的基金的增值和保值的方式运行。构建统一的基金制度，可以弥补当前因地方财政状况差距导致的补偿不统一的制度缺陷，为建立全国性的补偿制度提供资金支持。

（六）确定补偿后的相关责任豁免

鉴于目前我国仍采取国家补偿和企业补偿分别对应补偿的模式，而预防接种本身是一项带有预防性质的较为激进的医疗手段，同时异常反应的发生具有无过错性，这意味着补偿制度的设计必须充分考虑到受种者与疫苗生产企业之间利益平衡的问题，否则就有可能使疫苗生产企业处于如履薄冰的境地而不利于医药技术的进步。目前，已有部分地区确立了相关的责任豁免制度，例如，在四川省政府提供的补偿协议范本中就有约定："乙方收取补偿后不得就同样的事实以任何方式提出异议，同时甲方不再就同样的事由承担任何责任。"[1] 通过协议约定的方式来豁免相关主体的责任。同时，北京、上海、广东等地均有规定，争议进入诉讼程序后，即停止补偿程序，这表明补偿性争议具有司法上的可诉性，而且此类争议仍可通过司法裁断的这一最终手段予以解决，体现了"司法终局"原则，在程序上厘清行政补偿及司法救济之间的关系。

预防接种制度作为一项全国性的制度，在异常反应这一现今医学所无法预料的损害情况发生之时，理应对受种者作出全国性统一

---

[1] "关于印发《四川省预防接种异常反应补偿办法》的通知"，载四川省人民政府网 http://www.sc.gov.cn/10462/10464/10727/10735/2011/7/27/10171860.shtml，访问日期：2016 年 2 月 18 日。

的补偿。建立全国性的救济基金、统一对异常反应的界定、细化补偿标准、明确申请程序以及采用与商业保险结合等方式建立全国性的预防接种异常反应补偿制度，可能会变动现有当地补偿水平之结果，但在统一法制化道路进程中，符合科学原理、体现国计民生、促进保健事业发展的制度建设，是我们不断追求的目标。

论食品安全"两法衔接"的问题及对策

——以广东食品安全问题为例

吴岳楠[*]

一、食品安全"两法衔接"的提出与现状

随着我国市场经济的发展以及政府社会管理职能的加强，破坏市场经济秩序、妨害社会管理的违法犯罪行为呈不断上升趋势，如食品安全问题频发、制假售假问题严重、安全生产事故被不断曝光、文化市场混乱等。2001年4月27日，国务院制定《关于整顿和规范市场秩序的决定》，明确要求加强行政执法与刑事司法的衔接，建立信息共享、沟通便捷、防范有力、查处及时的打击经济犯罪的协作机制，对破坏市场经济秩序构成犯罪行为的，及时移送司法机关处理。此规定首次提出"两法衔接"机制的概念。2001年7月，国务院颁布了《行政执法机关移送涉嫌犯罪案件的规定》（以下简称《移送规定》），首次通过行政法规的形式确立"两法衔接"机制的基本框架和具体程序。

广东省于2004年启动"两法衔接"工作，但是由于现实原因，一直没有取得实质性进展。2012年，鉴于开展"三打两建"，广东

---

　　[*] 吴岳楠（1988~），男，广东汕头人，华南理工大学法学院博士研究生，主要研究方向：刑法学理论。

省建立了"两法衔接"工作联席会议制度。行政执法与刑事司法衔接，该制度由省委政法委作为总召集人单位负总责，省检察院、省监察厅、省公安厅、省法制办是召集人单位，在全省明确党委政法委是牵头部门，行政执法单位、公安机关是具体执行部门，政府法制部门、监察机关是行政监督部门，检察机关是法律监督部门。[1]

近年来，广东省为了完善行政执法与刑事司法衔接工作机制，加大对危害食品药品安全犯罪的打击力度。2011年，广东省食品药品监督管理局与省公安厅成立打击制售假劣食品药品违法犯罪联合执法办公室，建立"两法衔接"机制和工作平台，以刑事司法手段助推行政执法工作的开展。据不完全统计，近3年来，广东省食品药品监管部门联合公安机关查办案件1171件，抓获犯罪嫌疑人2746人，涉案的假劣食品药品货值超过30亿元。[2] 广东食药监管局通过"行""刑"合力，在推动"两法衔接"方面取得了大量卓有成效的工作，有效地打击了违法犯罪分子的嚣张气焰，维护了法律的尊严。2014年3月，广东省食药监管局又联合省公安厅、省检察院印发了《加强食品药品涉嫌犯罪案件移送和办理工作的意见》，进一步规范了移送和联合办案工作的程序、要求，明确了29类涉嫌犯罪食品药品案件的移送标准。但是，目前广东省食品安全行政执法与刑事司法相衔接的工作机制还不够完善，工作中还存在涉嫌犯罪类型定性、有案不立、有案不移、以罚代刑等问题，影响对危害食品安全犯罪的打击力度和效果。

---

〔1〕 参见"'两法衔接'平台3个月移案38件"，载广东省政法网 http：//www. gdzf. org. cn/zfyw/gzdt/201404/t20140402_476218. htm，访问日期：2015年11月26日。

〔2〕 参见"食药执法将建两法衔接机制，目前移送标准无具体规定"，载人民网，http：//legal. people. com. cn/n/2014/0922/c188502－25704398. html，访问日期：2015年11月27日。

二、广东省食品安全"两法衔接"上存在的主要问题

(一)"两法衔接"中刑法适用的问题

广东省食药监管局在行政执法的过程中,行为人实施危害食品安全的犯罪主要有生产、销售有毒、有害食品罪和生产、销售不符合安全标准的食品罪。司法实践中,以上所涉罪名在认定上主要存在以下问题:

1. 生产、销售有毒、有害食品罪认定中的疑难问题。对于符合条件,依法涉嫌构成犯罪的案件,食品监管部门有义务向司法机关及时移送,不得以罚代刑,这是"行刑衔接"的刚性规定。然而我国涉及食品安全领域的罪名中较多地出现有关行为危害后果的情节性规定,如《刑法》第144条规定生产、销售有毒、有害食品罪中的"其他(特别)严重情节"等表述模糊,不利于对危害后果的情节认定。

(1)关于"有毒、有害的非食品原料"的定性。根据2013年4月28日最高人民法院、最高人民检察院通过的《关于办理危害食品安全刑事案件适用法律若干问题的解释》(以下简称"2013年解释")第20条的规定,下列物质应当认定为"有毒、有害的非食品原料":①法律、法规禁止在食品生产经营活动中添加、使用的物质;②国务院有关部门公布的《食品中可能违法添加的非食用物质名单》《保健食品中可能非法添加的物质名单》上的物质;③国务院有关部门公告禁止使用的农药、兽药以及其他有毒、有害物质;④其他危害人体健康的物质。

第一,"有毒、有害"是本罪认定的关键点,也是实践中与生产、销售不符合安全标准的食品罪相区别的重点。所谓"有毒"物质,是指进入机体,引起机体功能或器质性的暂时性或永久性的病理变化的物质。所谓"有害"物质,是指能引起疾病或使健康状况下降的物质。非食品原料的有毒性、有害性,可能来自两个方面:一是非食品原料本身即为毒害性物质;二是非食品原料被掺入食品

（原料）中后，与原有食品（原料）中的多种原料间产生化学变化而生成毒性、害性元素。在此，行为人只需明知其所添加之物不是国家允许添加的食品添加剂目录范围内的物质即可。

第二，对"非食品原料"具体范围的界定。所谓"非食品原料"，无论是从字面意义上理解，还是从理论上推导，不属于食品原料的物质即为非食品原料。因此，把握住食品原料的特点，就能判断非食品原料的内涵和外延。按照食品领域的主流观点，食品原料的来源"不仅有采获后的生鲜食品（有些还是活的生物），还包括供加工或烹饪用的初级产品、半成品；既有有机物质，也有无机物质……从某种意义上讲，餐桌供食前的成品、半成品材料都可算做食品原料"。[1] 该观点虽然无法精确到划定食品原料的外延，但至少回答了食品原料所应具备的基本功能——可供食用，亦即与食品具有相同的基本属性，含有必要的营养成分，可以为肌体提供必要的能量。由于《食品安全法》及其实施条例和《刑法》均没有关于食品原料的明确表述，因此，实践中对是否是食品原料的判断仍需司法人员根据食品原料的属性进行裁量。在判断某物质是否是食用物质时，应将该物质的本质功用和其是否按照本质功用加以使用结合起来考虑。如果该物质的本质用途在于作为原料或配料用于食品的加工制造，并且其使用也没有违反这一要求，则应将其归于食品原料。[2]

对于本罪"非食品原料"的最大争议主要集中在对食品添加剂性质的认定上。有人认为它属于食品原料，有人则认为其属于非食品原料。对此，结合食品科学的基本原理，食品生产工业的要求，国家关于食品添加剂生产使用的规范及《食品安全法》的规定综合

---

〔1〕 李里特主编：《食品原料学》，中国农业出版社 2001 年版，第 15 页。
〔2〕 孙建保："生产、销售有毒、有害食品罪司法认定解析"，载《政治与法律》2012 年第 2 期。

分析，笔者认为，从属性上讲，食品添加剂肯定不是食品原料，因为其功能并不是为身体提供营养和能量，但依 2015 年修订的《食品安全法》第 150 条的规定，其是为了"改善食品品质和色、香、味以及为防腐、保鲜和加工工艺的需要"，因此，尽管它不是食品原料，却在食品生产中出于延长保质期、改善食品的感官性状以及保持或改善营养价值等"技术需求"需要甚至是必须添加的。[1]从立法的逻辑上讲，刑法惩处的只能是犯罪行为，不会打击合法甚至是对社会有益的行为。因此，经过国家安全性及毒理学评价许可使用的食品添加剂，显然不应在本罪所指的"非食品原料"的范围内。而经过安全和毒理评价被排除在许可使用的名单范围外的物质，如以工业用原料替代食品添加剂，或非法加入食品中的西药成分则属于本罪的"非食品原料"。

　　（2）关于食品生产及流通环节的疑难认定。《刑法》仅规定了生产和销售两种行为，而 2015 年修订的《食品安全法》第 2 条将从事食品有关的活动分为食品生产（包括食品生产和加工）和食品经营（包括食品销售和餐饮服务）。很显然，《食品安全法》规制的行为不限于生产和销售本身，而是延伸到从地头到餐桌的整个食品链。有学者指出，运输、贮存过程中的行为虽然可谓食品经营行为，但难以评价为销售行为，因此，为处罚这些行为，有必要将"销售"行为扩大到"经营"行为[2]。笔者认为，生产前及生产过程中的流通、贮存行为，可评价为生产行为的一部分；同样，生产完成后为销售而流通、贮存的行为则完全可以评价为销售行为的一部分，因此，销售过程中因使用受到污染的容器贮存，或者使用不

---

〔1〕 李宏梁主编：《食品添加剂安全与应用》，化学工业出版社 2011 年版，第 51页。

〔2〕 赵辉、褚程程："论生产、销售不符合卫生标准的食品罪之完善——以《刑法》与《食品安全法》之衔接为视角"，载《政治与法律》2010 年第 12 期。

洁的车辆运输的，都可以评价为销售行为的一部分。刑法之所以没有明文规定采集、加工、收购、运输、贮存、陈列等行为，就是因为刑法为追求文字简短而认为生产与销售行为完全能够涵盖生产、销售前后的全部流通环节，所有这些环节中造成有毒、有害食品结果的都可以评价为生产、销售有毒、有害食品的行为。"2013年解释"第9条第1款规定，在食品加工、销售、运输、贮存等过程中，掺入有毒、有害的非食品原料，或者使用有毒、有害的非食品原料加工食品的，依照《刑法》第144条的规定以生产、销售有毒、有害食品罪定罪处罚。

（3）关于非法添加行为的定性。对食品（包括保健食品）非法添加行为的定性，无论是理论界还是实务界，比较一致的观点是以生产、销售有毒、有害食品罪定罪处罚。"2013年解释"第9条第3款规定，在保健食品或者其他食品中非法添加国家禁用药物等有毒、有害物质的，以生产、销售有毒、有害食品罪定罪处罚。

在保健品中非法添加西药成分，按照现行《刑法》的规定，西药成分的物质显然是"非食品原料"，且不属于国家许可添加的食品添加剂，也不属于药食两用物质，国家没有关于在保健食品中添加西药成分的标准可循。因此，将其当作食品长期食用无疑是有毒有害的。所以，对上述行为以生产、销售有毒、有害食品罪论处是妥当的。例如，2007年~2011年4月25日，杨某从广州等地购入"田田雪牌清减润肠胶囊"等"减肥保健品"，在淘宝网上注册"美丽家园"等数家网店，对外进行销售。2011年3月9日，被当场查获"田田雪牌清减润肠胶囊"等八类"减肥保健品"共计51箱4089盒255 280粒。经检验，上述"减肥保健品"中含有我国明令禁止生产、销售和使用的"西布曲明"成分，属于有毒有害食品。上海市闸北区人民法院经审理以销售有毒、有害食品罪判处杨某有期徒刑 3 年，并处罚金 1 万元。[1]

2. 生产、销售不符合安全标准的食品罪认定中的疑难问题

（1）关于"足以造成严重食物中毒事故或者其他严重食源性疾病"的认定。通说认为，本罪是具体危险犯，行为只有在"足以严重食物中毒事故或者其他严重食源性疾病"的情形下才会受到刑罚处罚。因为"不符合食品安全标准"是一个涵盖很广的概念，对此类行为的处罚有行政处罚和刑事处罚两种方式。"足以……"是对不法行为启动刑事处罚的法定条件，若无此限制，势必造成刑事介入过宽的局面，有损刑法的谦抑性原则。发生的实害结果如对人体健康造成严重危害或者有其他严重情节的，则属于结果加重犯，将处以更重的刑罚。根据 2015 年修订的《食品安全法》第 150 条之规定，食源性疾病，是指食品中致病因素进入人体引起的感染性、中毒性等疾病，包括食物中毒。那么，如何判断本罪的实行行为达到"足以造成严重食物中毒事故或者其他严重食源性疾病"的危险程度？

根据"2013 年解释"第 1 条之规定，生产、销售不符合食品安全标准的食品，具有下列情形之一的，应当认定为《刑法》第 143 条规定的"足以造成严重食物中毒事故或者其他严重食源性疾病"：①含有严重超出标准限量的致病性微生物、农药残留、兽药残留、重金属、污染物质以及其他危害人体健康的物质的；②属于病死、死因不明或者检验检疫不合格的畜、禽、兽、水产动物及其肉类、肉类制品的；③属于国家为防控疾病等特殊需要明令禁止生产、销售的；④婴幼儿食品中生长发育所需营养成分严重不符合食品安全标准的；⑤其他足以造成严重食物中毒事故或者严重食源性疾病的情形。

---

〔1〕 卫建萍、罗开卷："上海法院宣判 6 起涉食品药品安全犯罪案件"，载《人民法院报》2011 年 9 月 27 日。

（2）关于"对人体健康造成严重危害""其他严重情节""后果特别严重"的认定。在本罪中，对人体健康造成严重危害或者其他严重情节的，属于加重处罚条件。尽管2001年4月10日《最高人民法院、最高人民检察院关于办理生产、销售伪劣商品刑事案件具体应用法律若干问题的解释》（以下简称《伪劣商品刑事解释》）第4条专门针对《刑法》第143条生产、销售不符合安全标准的食品罪，但本罪中"对人体健康造成严重危害"应当适用"2013年解释"第2条之规定，生产、销售不符合食品安全标准的食品，具有下列情形之一的，应当认定为《刑法》第143条规定的"对人体健康造成严重危害"：①造成轻伤以上伤害的；②造成轻度残疾或者中度残疾的；③造成器官组织损伤导致一般功能障碍或者严重功能障碍的；④造成10人以上严重食物中毒或者其他严重食源性疾病的；⑤其他对人体健康造成严重危害的情形。

"其他严重情节"属于兜底条款，应与"对人体健康造成严重危害"具有相当性。根据"2013年解释"第3条之规定，生产、销售不符合食品安全标准的食品，具有下列情形之一的，应当认定为《刑法》第143条规定的"其他严重情节"：①生产、销售金额20万元以上的；②生产、销售金额10万元以上不满20万元，不符合食品安全标准的食品数量较大或者生产、销售持续时间较长的；③生产、销售金额10万元以上不满20万元，属于婴幼儿食品的；④生产、销售金额10万元以上不满20万元，1年内曾因危害食品安全违法犯罪活动受过行政处罚或者刑事处罚的；⑤其他情节严重的情形。

关于"后果特别严重"的认定，尽管《伪劣商品刑事解释》第4条作了明确规定，但基于同样的原因，也应当适用"2013年解释"第4条之规定，生产、销售不符合食品安全标准的食品，具有下列情形之一的，应当认定为《刑法》第143条规定的"后果特别严重"：①致人死亡或者重度残疾的；②造成3人以上重伤、中度残疾或者器官组织损伤导致严重功能障碍的；③造成10人以上轻伤、5人以上轻度残疾或者器官组织损伤导致一般功能障碍的；④造成30人以上严重食物中毒或者其他严重食源性疾病的；⑤其他特别严重的后果。

（3）关于食品或食用农产品在加工及流通环节的疑难认定。根据"2013年解释"第8条第1款之规定，在食品加工、销售、运输、贮存等过程中，违反食品安全标准，超限量或者超范围滥用食品添加剂，足以造成严重食物中毒事故或者其他严重食源性疾病的，依照《刑法》第143条的规定以生产、销售不符合安全标准的食品罪定罪处罚。例如，被告人张某某为谋取私利，明知作为食品添加剂的亚硝酸钠须限量使用，仍在生鸡肉串腌制过程中过量地添加亚硝酸钠并进行销售，导致4名儿童食用后出现亚硝酸盐中毒的症状并住院治疗。经鉴定，涉案肉串中的亚硝酸钠含量为9940mg/kg，属严重超标。法院以生产、销售不符合安全标准的食品罪定罪处罚。[1]

此外，根据"2013年解释"第8条第2款之规定，在食用农产品种植、养殖、销售、运输、贮存等过程中，违反食品安全标准，超限量或者超范围滥用添加剂、农药、兽药等，足以造成严重食物中毒事故或者其他严重食源性疾病的，适用第8条第1款的规定定罪处罚。

（二）行政执法中证据移送、证据转化的问题

1. 证据移送存在的问题：执法标准不一，证据衔接难。有学者认为，当前行政执法机关与公安机关因对部分涉罪问题、案件证据标准认识上存在分歧，在"两法衔接"中容易相互推诿，相关案

---

〔1〕 参见江西省赣州市中级人民法院（1999）赣中刑初字第103号刑事附带民事判决书，载http://www.lawyee.net/Case/Case_Display.asp? RID=129506，访问日期：2016年7月29日。

件往往是行政执法机关先行调查取证,但行政处罚案件对证据认定标准比较宽,而刑事案件的证据认定标准比较严格;行政执法机关由于取证手段受限、证据意识不强等问题,只注重收集行政处罚所需证据,对于其他该收集的证据未能及时收集,等司法机关介入时,已无法再收集,导致一些涉嫌犯罪的案件在移送司法机关后难以处理。2012 年修正的《刑事诉讼法》已经作出规定,行政执法机关收集的证据材料在刑事诉讼中可作为证据使用,在此背景下,如何规范行政执法机关收集证据的行为,提高其收集证据的能力,日显紧迫。[1]

2. 行政机关收集的证据转化为刑事证据的范围问题。2012 年修正的《刑事诉讼法》第 52 条第 2 款规定:"行政机关在行政执法和查办案件过程中收集的物证、书证、视听资料、电子数据等证据材料,在刑事诉讼中可以作为证据使用。"在此以列举的形式规定行政执法证据在刑事诉讼领域的应用范围,实则具有一定的模糊性,赋予了司法机关一定的解释空间。比如,有学者认为,此规定中的行政执法证据即"物证、书证、视听资料、电子数据等证据材料"是指"物证、书证、视听资料、电子数据以及勘验笔录和现场笔录,而不包括其他言词证据"。因为"与言词证据相比,实物证据受人的主观因素之影响较少,具有较强的客观性和稳定性。实物证据之外延,在行政执法及行政诉讼中,除了物证、书证、视听资料和电子数据外,还包括勘验笔录和现场笔录"。[2] 又如,有学者认为,该条款中的"物证、书证、视听资料、电子数据等证据材料"是指"客观证据,如视听资料、电子数据等,而不包括主观证

---

〔1〕 元明、张建忠:"注重机制建设 推动'两法衔接'规范开展——基于上海、福建两地实践调查研究的思考",载《人民检察》2013 年第 23 期。

〔2〕 李春雷、任韧:"我国食品药品犯罪防治回顾与前瞻",载《中国人民公安大学学报(社会科学版)》2015 年第 4 期。

据，如证人证言笔录、调查询问笔录等"。因为"在语义结构上，'等'字表达的是列举不尽之意，即'等'字所涵指的概念与'等'字前的物证、书证具有相同性质，应当是指客观证据，而不包括主观证据"[1]

笔者认为，此处关于行政执法证据种类的转化并未穷尽，不应局限于法条字面所列举的四种证据形式。首先，对于"物证、书证、视听资料、电子数据等证据材料"中的"等"字，一般来说，也表示列举未尽之意，应当在可预测的范围内作出正确合理的扩张解释。其次，2012 年最高人民检察院修订的《人民检察院刑事诉讼规则（试行）》第 64 条规定，行政机关在行政执法和查办案件过程中收集的物证、书证、视听资料、电子数据证据材料，可以作为证据使用。而对于收集的涉案人员供述或者相关人员的证言、陈述，原则上应当重新收集，例外情况下可以作为证据使用。最后，2011 年最高人民法院、最高人民检察院、公安部三机关联合出台的《关于办理侵犯知识产权刑事案件适用法律若干问题的意见》第 2 条第 1 款规定："行政执法部门依法收集、调取、制作的物证、书证、视听资料、检验报告、鉴定结论、勘验笔录、现场笔录，经公安机关、人民检察院审查，人民法院庭审质证确认，可以作为刑事证据使用。"在食药监管部门执法过程中，就体现为除上述四种证据外的证据，如鉴定意见、勘验、检查笔录，食药监管部门不清楚这些证据能否作为刑诉法上的证据使用。这导致某些食药监管部门把全部证据包括与定罪事实无关的证据一并移送给公安机关，从而加重公安机关的负担，浪费司法资源，增加司法成本；某些食药监管部门就只移送刑诉法上的四种证据，这样也可能会出现遗漏涉及部分定罪量刑证据的移送，不利于追诉行为人的犯罪行为。因此，

---

〔1〕 方志勇、林伟平："'两法'衔接证据转化问题研究——以修正后的《刑事诉讼法》第五十二条第二款为视角"，载《公安研究》2013 年第 4 期。

无论是从语义结构，还是从司法解释及相关法律规范的本意上来说，食品安全执法证据转化为刑事证据的证据种类还有待进一步明确。

3. 食品安全"行刑证据"的转化缺乏操作性规定。《刑事诉讼法》第 48 条明确规定了刑事证据的 8 个类型，即物证、书证、证人证言、被害人陈述、犯罪嫌疑人、被告人供述或辩解、鉴定意见和勘验、检查、辨认、侦查实验等笔录以及视听资料、电子数据。而根据《行政诉讼法》的规定，行政证据的种类有以下 8 种：书证；物证；视听资料；电子数据；证人证言；当事人的陈述；鉴定意见；勘验笔录、现场笔录。对于《刑事诉讼法》中没列举的证据种类能否转化为《刑事诉讼法》上的证据和不同种类的证据如何转化的问题，都没有得到明确。

在食药监管部门执法的过程中，主要存在以下证据：书证、物证、视听资料、当事人陈述和辩解、勘验笔录、现场笔录以及鉴定结论等。对于食药监管部门执法中的当事人陈述和辩解不是《刑事诉讼法》第 52 条第 2 款中明确列举的 4 种证据之一，其能否直接转化为刑诉法上的被告人供述或辩解，还有待商榷。食品安全执法的鉴定结论是根据自己的专业水平和多年的执法经验所作出的结论性材料，而刑诉法中的鉴定意见是由专门的机构如司法鉴定所或者行业专家按照严格的流程作出的结论。食药监管部门作出的鉴定结论能否以及如何转化成《刑事诉讼法》上的证据，也需要进一步明确。还有一些食药监管部门独有的证据如现场笔录，在刑诉法证据中是转化为勘验笔录还是书证，依然存在争议。

4. 证据的转化方式不统一。当前的证据转化的方式可分为直接转化、审查转化和重新收集转化三种。

（1）直接转化。根据《刑事诉讼法》第 52 条第 2 款之规定：行政机关在行政执法和查办案件过程中收集的物证、书证、视听资料、电子数据等证据材料，在刑事诉讼中可以作为证据使用。即行政执法中的证据可以直接转化为刑事诉讼法上的证据使用。《公安机关办理刑事案件程序规定》第 60 条规定："公安机关接受或者依法调取的行政机关在行政执法和查办案件过程中收集的物证、书证、视听资料、电子数据、检验报告、鉴定意见、勘验笔录、检查笔录等证据材料，可以作为证据使用。"由此可见，公安机关对行政机关的证据也是采取直接转化的方式。

（2）审查转化。《人民检察院刑事诉讼规则》第 64 条第 1、2 款规定："行政机关在行政执法和查办案件过程中收集的物证、书证、视听资料、电子数据证据材料，应当以该机关的名义移送，经人民检察院审查符合法定要求的，可以作为证据使用。行政机关在行政执法和查办案件过程中收集的鉴定意见、勘验、检查笔录，经人民检察院审查符合法定要求的，可以作为证据使用。"由此可以看出，人民检察院认为，行政机关在行政执法和查办案件过程中收集的物证、书证、视听资料、电子数据、鉴定意见、勘验、检查笔录在经过审查后，符合法定要求才能转化为刑诉法上的证据。

（3）重新收集转化。《人民检察院刑事诉讼规则》第 64 条第 3 款规定："人民检察院办理直接受理立案侦查的案件，对于有关机关在行政执法和查办案件过程中收集的涉案人员供述或者相关人员的证言、陈述，应当重新收集；确有证据证实涉案人员或者相关人员因路途遥远、死亡、失踪或者丧失作证能力，无法重新收集，但供述、证言或者陈述的来源、收集程序合法，并有其他证据相印证，经人民检察院审查符合法定要求的，可以作为证据使用。"检察机关认为，涉案人员供述或者相关人员的证言、陈述应当重新收集，只有出现法定事由，经严格审查并有其他证据相印证才能转化。

在食品安全执法过程中搜集的证据应当采取何种转换方式，目前是不明确的。而且当公安机关把食品安全执法部门的证据直接转化为刑诉法上的证据，到审查起诉阶段，人民检察院却不认可这部分证据而予以退回，这样不仅增加两机关之间的矛盾，而且浪费司法资源。

（三）行政执法与刑事司法的程序机制衔接的问题

1. 行政执法机关在案件移送上存在的问题。尽管 2014 年 3 月，广东省食药监管局又联合省公安厅、省检察院印发了《加强食品药品涉嫌犯罪案件移送和办理工作的意见》，进一步规范了移送和联合办案工作的程序、要求，明确了 29 类涉嫌犯罪食品药品案件的移送标准。但目前的"两法衔接"程序上还存在许多问题，一定程度上阻碍了对食品安全犯罪的打击。

（1）行政执法机关违法不移送案件的情形发现难。"两法衔接"要求行政执法机关在行政执法中发现涉嫌违法犯罪的情节应当移交公安机关，但从司法实践上看，由于以刑代罚现象仍然很严重，行政执法机关不移送案件给公安机关的情形，监督机关也很难发现。虽然当前有备案制度，也有信息共享平台的建设，但这都依赖于行政执法机关的自觉性，行政执法机关发现案件却不录入信息共享平台、不备案，这些监督机关都很难发现。

有学者指出，一方面，目前"两法衔接"相关部门之间的办案信息交流和协调配合还不够顺畅，监察、检察机关对有关办案情况不知情。另一方面，虽然相关规定要求公安机关受理行政执法机关移送涉嫌犯罪案件作出立案、不立案决定后，应向同级人民检察院备案，但是该备案制度没有强制性，对未报送备案的，缺乏相应的监督措施。因此，检察机关无法及时全面了解相关情况，监督线索少，违法情形发现难，监督相对滞后。[1]

从当前的广东省食品安全执法情形看，广东省食品安全执法的信息平台建设还不够完善，缺乏相关的规章制度支撑，食品领域的"两法衔接"还存在漏洞，如省食药监管局有数额要求的犯罪行为，

---

〔1〕 元明、张建忠："注重机制建设 推动'两法衔接'规范开展——基于上海、福建两地实践调查研究的思考"，载《人民检察》2013 年第 23 期。

可能会采取数次行政处罚方式，导致表面上审查每一次违法行为都达不到数额要求；这种情形从备案制度和信息共享平台上均看不出问题的存在。食药监管局与公安机关之间信息沟通不畅，检察机关无法及时了解食药监管局所查处的案件情况，也就无法对食药监管局不移送涉嫌犯罪案件的情况进行同步监督，加上检察机关监督手段有限，造成检察机关法律监督职能无法有效履行，存在监督盲点，无法发现食药监管局违法不移送案件的情况。

（2）移送案件的程序缺乏细化。有学者认为，当前的移送机制不明确，如关于移送的期限、不依法移送和不依法接受移送的法律责任等问题；与此对应，司法机关对案件的接收程序规定不明确，例如，检察机关内部应由何部门进行接收、接收的程序、反馈机制，以及接收后认为不应当接收等各种情况该如何处理，都没有明确的程序规定。[1]

还有学者指出，移送案件可能会出现以下三个问题：①行政机关在移送案件前已作出人身罚和财产罚的，可以依据《行政处罚法》第28条"违法行为构成犯罪，人民法院判处拘役或者有期徒刑时，行政机关已经给予当事人行政拘留的，应当依法折抵相应刑期。违法行为构成犯罪，人民法院判处罚金时，行政机关已经给予当事人罚款的，应当折抵相应罚金"之规定进行折抵，而行为罚和申诫罚则按照《行政执法机关移送涉嫌犯罪案件的规定》第11条第2款"行政执法机关向公安机关移送涉嫌犯罪案件前已经作出的警告，责令停产停业，暂扣或者吊销许可证、暂扣或者吊销执照的行政处罚决定，不停止执行"之规定办理。②行政机关在移送案件前未作出行政处罚的，案件经不起诉处分或作无罪、免诉、不受理、不交付审判的，行政机关可依法追究当事人的行政违法责任。

---

〔1〕 耿刚等："行政执法与刑事司法衔接问题研究——以程序衔接机制为视角"，载《行政与法》2011年第2期。

③行政机关在移送案件后、司法机关未作出最后司法判断前，是否可以作出行政处罚，这个问题应该区别对待。凡涉及人身权、财产权和政治权利的，行政机关不得作出行政处罚，而涉及行为罚和申诫罚的，如认为确有必要，可先行作出暂时处理，等待刑事处理结果，再对违法行为人的人身权、财产权和政治权利作出最终的处理决定。[1]

从广东省食品安全执法的情况来看，当前广东省食药监管局移送涉嫌犯罪的案件主要根据全国性"两法衔接"文件，如《行政执法机关移送涉嫌犯罪案件的规定》《关于在行政执法中及时移送涉嫌犯罪案件的意见》《关于加强行政执法与刑事司法衔接工作的意见》以及广东省关于《加强食品药品涉嫌犯罪案件移送和办理工作的意见》等。从上述文件来看，对涉及移送案件的期间有相应的规定，如《行政执法机关移送涉嫌犯罪案件的规定》第5条规定，行政执法机关对应当向公安机关移送的涉嫌犯罪案件，应当立即指定2名或者2名以上行政执法人员组成专案组专门负责，核实情况后提出移送涉嫌犯罪案件的书面报告，报经本机关正职负责人或者主持工作的负责人审批。行政执法机关正职负责人或者主持工作的负责人应当自接到报告之日起3日内作出批准移送或者不批准移送的决定。决定批准的，应当在24小时内向同级公安机关移送；决定不批准的，应当将不予批准的理由记录在案。但是，关于食药监管执法人员核实情况后提出移送涉嫌犯罪案件的书面报告的期限，却没有明确。司法实践中，有部分食药监管人员怠于行使自己的职责，而且食品安全执法的证据难以保存，很可能由于此种消极不作为而导致证据移送到公安机关手上时已经灭失，或者公安机关介入调查取证为时已晚。

---

[1] 杨科雄："行政责任与刑事责任竞合的处理"，载《人民司法》2014年第9期。

2. 检察院监督上存在的问题。检察院监督上的问题主要是现有的监督制度存在缺陷，使得检察院监督力还不够强，两法衔接机制还不能有效执行。虽然相关文件明确了监察机关、检察机关对衔接工作负有监督职责，但缺少具体监督权限的规定，导致目前的"两法衔接"工作缺少具有权威性的专门负责的责任部门实施监督，一些行政执法机关受部门利益的驱使，对移送涉嫌犯罪案件有抵触情绪，并持消极态度对待。检察机关也缺乏主动监督。检察机关受限于其监督者的角色定位，往往不能主动地启动衔接工作机制，只能被动地接受来自行政机关和公安机关的信息。

广东省在"两法衔接"制度上还处于探索阶段，暂时还没有统一的监督机制，比如当前《行政执法机关移送涉嫌犯罪案件的规定》也未规定检察机关在行政执法机关不将涉嫌犯罪案件移送公安机关时可采取的监督措施，导致检察机关对行政执法机关的监督缺乏强制力。

三、广东省食品安全"两法衔接"的对策研究

（一）加强我省食药监管部门与刑事司法机关间的有效协作

1. "两法衔接"相关部门应建立健全联动执法和协作配合机制，食药监管部门在查处重大疑难案件时，主动提请公安机关、检察机关提前介入，形成合力，有效打击犯罪。公安机关一旦当场确认已构成刑事犯罪，即可立案侦查，不必走食药监管部门先查处再移送的路径，提高执法效率。同时，公安机关办案中认为不构成犯罪的行政违法案件，也应当依法移交食药监管部门。

2. 建立专门机构或加强培训，统一案件移送的标准。建议由检察机关成立专门机构，统一负责移送前的预审查工作，由该机构对涉嫌犯罪案件是否达到移送标准进行认定，这既能提高"两法衔接"的工作效率，也有利于有效实施司法监督。该机构可以承担"两法衔接"执法培训任务，使两个部门统一案件移送标准。同时，

加强常见类型案件问题研讨，完善相关司法解释。[1]

食药监管部门可以与公安机关、检察机关开会研究食品执法中常见的刑事案件执法标准，统一案件移送标准。此外，需要明确案件移送的部门，如广东省食药监管局可以明确政策法规处为案件移送部门，因为政策法规处的工作人员具有专业的法律知识，能够较好地把握案件移送标准和移送的材料。

（二）完善证据的衔接问题

当前广东省两法衔接工作缺乏法律支撑，食药监管部门可以制定专门的法规、规章制度，完善食药监管部门的取证程序，做到移送司法机关案件中的证据和取证手段在形式上满足刑事诉讼的合法性要求。此外，还需明确食药监管部门依法获取证据材料在刑事诉讼中的转化和使用问题。

1. 食药监管部门依法获取的证据材料需符合客观性、关联性、合法性。刑事诉讼法上的证据具有三个基本属性：客观性、关联性、合法性。食品安全执法中获得的证据要想转化为刑诉法上的证据必须符合客观性、关联性、合法性。

（1）客观性是指证据所反映的内容必须是客观存在的事实，包括证据所反映的内容必须是真正发生过的事实，或者将来必然要发生的事实；证据的内容必须是客观的；证据的客观性表明案件事实的认定具有可靠性。

（2）关联性是指只有与案件事实有关的材料，才能作为证据使用。没有关联性的证据必然不具有证据能力。关联性对于实物证据或言词证据都有过滤功能。特别是对于行政活动中收集的实物证据，通过验真的方式进一步规范，具体的方式为食药监管部门若能证明此等证据依规定制作、保管链条完整未中断，则该行政证据即

---

[1] 元明、张建忠："注重机制建设 推动'两法衔接'规范开展——基于上海、福建两地实践调查研究的思考"，载《人民检察》2013 年第 23 期。

具有刑事证据的使用价值。

（3）合法性是指证据的表现形式，收集的方法要符合法定的要求，这也是两法衔接中证据转化的重要属性要求。实务中，食品安全执法人员比较注意证据的真实性、关联性，但常常忽略证据的合法性。从我国刑事诉讼法关于证据合法性的要求出发，食药监管部门在收集证据的过程中，需要注意以下两点：

第一，证据表现形式的合法性，指证据载体在记录证据收集过程和证据相关情况方面符合法定的要求。具体要求包括：证据收集的时间、地点的载明；主持证据收集活动的食品安全执法人员的签名，如笔录制作人、勘验人、讯问人、询问人、搜查人、扣押人、主持辨认人的签名；参与证据收集活动的被讯问人、被询问人、被搜查人、持有人以及见证人的签名；证据收集、制作、固定、保全的过程和情况；所收集的相关证据的具体情况，包括证据的原来方位、特征等内容。

第二，取证手段的合法性，指食品安全执法人员在调查取证的方法、手段、方式、步骤等方面符合法定的诉讼程序要求。对于那些违背法定的诉讼程序所获取的控方证据，一般被称为"非法证据"，在刑事诉讼中被绝对排除。当然，对于那些通过不规范的取证方法所获取的控方证据，刑事证据法有时也将其称为"瑕疵证据"。而对瑕疵证据，则可以适用可补正的排除规则（详细内容在后文予以阐述）。

2. 明确食药监管部门依法获取的证据在刑事诉讼中的转化范围。行政诉讼法规定8种证据类型：书证；物证；视听资料；电子数据；证人证言；当事人的陈述；鉴定意见；勘验笔录、现场笔录。当前的转化方式有三种，分别为直接使用、审查转化、重新收集转化。对于不同的证据，应当采取不同的转化方式。

（1）直接转化的证据种类：物证、书证、视听资料、电子数据。《刑事诉讼法》第52条第2款规定："行政机关在行政执法和查办案件过程中收集的物证、书证、视听资料、电子数据等证据材料,在刑事诉讼中可以作为证据使用。"该条文明确规定了四类证据可以直接转化,即物证、书证、视听资料、电子数据。再根据2012年《最高人民法院关于适用〈中华人民共和国刑事诉讼法〉的解释》第65条第1款之规定,行政机关在行政执法和查办案件过程中收集的物证、书证、视听资料、电子数据等证据材料,在刑事诉讼中可以作为证据使用;经法庭查证属实,且收集程序符合有关法律、行政法规规定的,可以作为定案的根据。

第一,对于食药监管部门在执法过程中所收集到的物证、书证具体的审查与认定。在食品安全执法中的物证,主要指有毒有害的非食品原料如硼砂、松香酸(工业松香)等。典型案例有:佛山顺德唐某某在粽子中添加非食品原料硼砂的有毒、有害食品案[1],河南镇平县秦某某用工业松香加工猪头、猪蹄的有毒有害食品案[2]。在各类证据中,物证更具有证明犯罪事实的直观性与客观性,物证的证明力在一般情况下高于书证、视听资料和证人证言。因此,食药监管部门对于物证应当妥善保管。对于鲜活物品或者其他不易保存的涉案物品,应当采取录像、拍照等必要措施留取证据。在食品安全执法中的书证,主要指被告人的户籍证明等。

书证、物证的具体审查要求:2012年《最高人民法院关于适用〈中华人民共和国刑事诉讼法〉的解释》明确规定,对物证书证的审查要求,具体包括以下几点:①物证、书证是否为原物、原件,是否经过辨认、鉴定;物证的照片、录像、复制品或者书证的

---

〔1〕 参见"广东省佛山市顺德区人民法院刑事判决书(2015)佛顺法刑初字第2177号",载北大法意 http://www.lawyee.org/Case/Case_ Display.asp? RID = 12080405&KeyWord = 生产销售有毒有害食品罪,访问日期:2015年12月1日。

〔2〕 参见"河南省镇平县人民法院刑事判决书(2015)镇刑初字第227号",载北大法意 http://www.lawyee.org/Case/Case_ Display.asp? RID = 12087551&KeyWord = 生产销售有毒有害食品罪 + ,访问日期:2015年12月1日。

副本、复制件是否与原物、原件相符；是否由二人以上制作，有无制作人关于制作过程以及原物、原件存放于何处的文字说明和签名；②物证、书证的收集程序、方式是否符合法律的有关规定；经勘验、检查、搜查提取、扣押的物证、书证，是否附有相关笔录、清单，笔录、清单是否经侦查人员、物品持有人、见证人签名，没有物品持有人签名的，是否注明原因；物品的名称、特征、数量、质量等是否注明清楚；③物证、书证在收集、保管、鉴定过程中是否受损或者改变；④物证、书证与案件事实有无关联；对现场遗留的与犯罪有关的具备鉴定条件的血迹、体液、毛发、指纹等生物样本、痕迹、物品，是否已作 DNA 鉴定、指纹鉴定等，并与被告人或者被害人的相应生物检材、生物特征、物品等比对；⑤与案件事实有关联的物证、书证是否收集全面。⑥据以定案的物证应当是原物；原物不便搬运、不易保存，依法应当由有关部门保管、处理，或者依法应当返还的，可以拍摄、制作足以反映原物外形和特征的照片、录像、复制品；⑦物证的照片、录像、复制品，不能反映原物的外形和特征的，不得作为定案的根据；⑧物证的照片、录像、复制品，经与原物核对无误、经鉴定为真实或者以其他方式确认为真实的，可以作为定案的根据；⑨在勘验、检查、搜查过程中提取、扣押的物证、书证，未附笔录或者清单，不能证明物证、书证来源的，不得作为定案的根据。

书证、物证的补正要求：根据 2012 年的《最高人民法院关于适用〈中华人民共和国刑事诉讼法〉的解释》的规定，对于物证、书证的收集程序、方式有瑕疵，经补正或者作出合理解释的，可以采用。对物证、书证的来源、收集程序有疑问，不能作出合理解释的，该物证、书证不得作为定案的根据。具体的瑕疵有以下几类：①勘验、检查、搜查、提取笔录或者扣押清单上没有侦查人员、物品持有人、见证人签名，或者对物品的名称、特征、数量、质量等注明不详的；②物证的照片、录像、复制品，书证的副本、复制件未注明与原件核对无异，无复制时间，或者无被收集、调取人签名、盖章的；③物证的照片、录像、复制品，书证的副本、复制件没有制作人关于制作过程和原物、原件存放地点的说明，或者说明中无签名的；④有其他瑕疵的。食药监管部门在收集证据的时候，应避免造成证据的瑕疵。

第二，对于食药监管部门在执法过程中所收集到的视听资料、电子数据具体的审查与认定。食药监管部门所收集到的视听资料，主要指是指以录音、照相、录像等工具保存的可以证明食品安全案件情况的资料。电子数据在食品安全执法中出现的比较少，在此不作赘述。

视听资料、电子数据的具体审查要求：根据 2012 年的《最高人民法院关于适用〈中华人民共和国刑事诉讼法〉的解释》规定，对视听资料的审查包括以下几点：①是否附有提取过程的说明，来源是否合法。②是否为原件，有无复制及复制份数；是复制件的，是否附有无法调取原件的原因、复制件制作过程和原件存放地点的说明，制作人、原视听资料持有人是否签名或者盖章。③制作过程中是否存在威胁、引诱当事人等违反法律、有关规定的情形。④是否写明制作人、持有人的身份，制作的时间、地点、条件和方法。⑤内容和制作过程是否真实，有无剪辑、增加、删改等情形。⑥内容与案件事实有无关联。对视听资料有疑问的，应当进行鉴定。

对电子数据的审查包括以下几点：①是否随原始存储介质移送；在原始存储介质无法封存、不便移动或者依法应当由有关部门保管、处理、返还时，提取、复制电子数据是否由 2 人以上进行，是否足以保证电子数据的完整性，有无提取、复制过程及原始存储介质存放地点的文字说明和签名。②收集程序、方式是否符合法律及有关技术规范；经勘验、检查、搜查等侦查活动收集的电子数据，是否附有笔录、清单，并经侦查人员、电子数据持有人、见证人签名；没有持有人签名的，是否注明原因；远程调取境外或者异地的电子数据的，是否注明相关情况；对电子数据的规格、类别、文件格式等注明是否清楚。③电子数据内容是否真实，有无删除、修改、增加等情形。④电子数据与案件事实有无关联。⑤与案件事实有关联的电子数据是否收集全面。对电子数据有疑问的，应当进行鉴定或者检验。

（2）审查转化的证据种类：鉴定意见、勘验笔录、现场笔录。鉴定意见、勘验笔录、现场笔录在食品安全执法中比较常见。所谓鉴定意见，是指专门机关或有关部门对案件问题作出的结论性材料，如化工研究院化工新材料检测中心出具的检测报告等。对于鉴定意见，应以鉴定意见的出具主体是否具备司法鉴定资格予以区别对待。对于具备司法鉴定资质的食药监管部门出具的行政鉴定意见，司法机关应向其出具鉴定委托书，经其重新制作形式严格的鉴定意见，并由鉴定人员在上面签名或者盖章后，才能调取转化为司法鉴定意见。对于不具备司法鉴定资质的食药监管部门出具的行政鉴定意见，则只能以书证对待。食品安全执法中的勘验笔录、现场笔录，是指食药监管人员对与案件有关的现场或有关物品进行勘验、检查所作的现场笔录，需由参加勘验、检查的执法人员和见证人签名或者盖章。

因此，鉴定意见、勘验笔录、现场笔录在性质上同样具有较强的客观性和稳定性，无须由刑事司法机关自行重新收集，但需由刑事司法机关依照《刑事诉讼法》关于刑事实物证据的收集要求，适用合法性审查的程序直接调取，以转化为刑事证据使用。形式审查未予通过的，要求食药监管部门依法予以补正或者作出合理解释后，再依法调取转化为刑事证据；不能补正或者作出合理解释的，对该行政证据予以排除，不予调取转化。

第一，鉴定意见的具体审查要求：根据2012年的《最高人民法院关于适用〈中华人民共和国刑事诉讼法〉的解释》的规定，对鉴定意见的审查包括以下几点：①鉴定机构和鉴定人是否具有法定资质；②鉴定人是否存在应当回避的情形；③检材的来源、取得、保管、送检是否符合法律有关规定，与相关提取笔录、扣押物品清单等记载的内容是否相符，检材是否充足、可靠；④鉴定意见的形式要件是否完备，是否注明提起鉴定的事由、鉴定委托人、鉴定机构、鉴定要求、鉴定过程、鉴定方法、鉴定日期等相关内容，是否由鉴定机构加盖司法鉴定专用章并由鉴定人签名、盖章；⑤鉴定程序是否符合法律有关规定；⑥鉴定的过程和方法是否符合相关专业的规范要求；⑦鉴定意见是否明确；⑧鉴定意见与案件待证事实有无关联；⑨鉴定意见与勘验、检查笔录及相关照片等其他证据是否矛盾；⑩鉴定意见是否依法及时告知相关人员，当事人对鉴定意见有无异议。

对鉴定意见的排除情形有以下几类：①鉴定机构不具备法定资质，或者鉴定事项超出该鉴定机构业务范围、技术条件的；②鉴定人不具备法定资质，不具有相关专业技术或者职称，或者违反回避规定的；③送检材料、样本来源不明，或者因污染不具备鉴定条件的；④鉴定对象与送检材料、样本不一致的；⑤鉴定程序违反规定的；⑥鉴定过程和方法不符合相关专业的规范要求的；⑦鉴定文书缺少签名、盖章的；⑧鉴定意见与案件待证事实没有关联的；⑨违反有关规定的其他情形。

第二，勘验笔录、现场笔录具体审查要求可以参照 2012 年的《最高人民法院关于适用〈中华人民共和国刑事诉讼法〉的解释》予以认定：①勘验、检查是否依法进行，笔录的制作是否符合法律有关规定，勘验、检查人员和见证人是否签名或者盖章。②勘验、检查笔录是否记录了提起勘验、检查的事由，勘验、检查的时间、地点，在场人员、现场方位、周围环境等，现场的物品等的位置、特征等情况，以及勘验、检查、搜查的过程；文字记录与实物或者绘图、照片、录像是否相符；现场、物品、痕迹等是否伪造、有无破坏；人身特征、伤害情况、生理状态有无伪装或者变化等。③补充进行勘验、检查的，是否说明了再次勘验、检查的缘由，前后勘验、检查的情况是否矛盾。④勘验、检查笔录存在明显不符合法律、有关规定的情形，不能作出合理解释或者说明的，不得作为定案的根据。

（3）重新收集转化的证据种类：证人证言、当事人的陈述。对于证人证言、当事人的陈述这两类言词证据，因取证人、取证时空环境的不同而有所差异，甚至大相径庭。由此决定，行政言词证据不能直接转化为刑事言词证据，只能作为刑事案件的证据线索，由刑事司法机关依照法定取证程序，采取法定取证方式重新制作收集，方能转化为刑事证据。但是如果存在不可抗力（如证人、陈述人死亡），经侦查机关查证与其他证据吻合，相互印证违法事实的，可以作为刑事诉讼的证据使用。

笔者认为，为使食药监管部门在收集证据的过程中更满足刑事诉讼证据的合法性要求。首先，食药监管部门在查办案件过程中，应当妥善保存已经获得的相关证据。其次，食药监管部门对需要进行检验、鉴定的涉案物品，应当依法委托法定机构检验、鉴定；在检验报告或者鉴定意见出具后，依法对上述物品进行处理，并将处理结果移送公安机关。最后，食药监管部门在移送涉嫌食品安全犯罪案件应当提交涉嫌犯罪案件移送书，并附有下列四类材料：①涉嫌犯罪案件情况的调查报告；②涉案物品清单；③有关检验报告或者鉴定意见；④其他有关涉嫌犯罪的材料。在紧急情况下，如发现违法行为明显涉嫌犯罪的，或者犯罪嫌疑人有可能逃匿、销毁证据、转移或者隐匿涉案财物的，食药监管部门应当立即口头通报公安机关，并可以依法采取必要的处理措施。公安机关应当立即派人进行调查，并依法作出立案或者不立案的决定。这种紧急情况下，食药监管部门与公安机关联动执法，就可以避免由于情况紧急而产生的证据收集不合法或者灭失的情况。

综上所述，食药监管部门收集的证据在《刑事诉讼法》上能否作为证据使用,应当区别对待:①直接转化的证据种类:物证、书证、视听资料、电子数据;②审查转化的证据种类:鉴定意见、勘验笔录、现场笔录;③重新收集转化的证据种类:证人证言、当事人的陈述。此处,对于证人证言、当事人的陈述,原则上需要重新收集,但存在不可抗力,无法重新收集,但来源、收集程序合法,并有其他证据相印证,经检察机关审查,也可以转化为《刑事诉讼法》上的证据使用。

(三)完善程序的衔接问题

1. 建立备案跟踪审查制度。行政执法机关向公安机关移送涉嫌犯罪案件时,应将案件向检察机关备案,并附案件移送意见书、案情摘要、主要证据复印件等材料。如广州市"两法衔接"工作要求行政执法机关移送案件需在向广州市人民检察院备案的基础上建立"备案材料跟踪审查机制",安排专人负责对备案材料进行认真审查并建立台账,并及时跟踪案件进展,才能使行政执法机关移送的案件是否达到立案标准得到有效的监督。[1]

广东省食品安全"两法衔接"工作可以设立移送案件备案机制,建立备案跟踪审查制度。明确要求食药监管部门移送案件时需向人民检察院备案,人民检察院需要指派人员进行审查以及跟踪案件的进展情况。

2. 强化检察机关的职能作用。

(1)检察机关依法进行立案监督。食药监管部门对于公安机关不接受所移送的案件或者对公安机关不予立案的决定有异议的,检察机关依法进行立案监督。检察机关认为公安机关不立案理由不成立的,应当通知公安机关立案。检察机关发现有证据证明涉嫌犯罪的案件,食药监管部门应当移送公安机关而未移送的,制作《移送

---

〔1〕 李春雷:"食药安全'两法衔接'若干重点问题探究",载《山东警察学院学报》2015 年第 1 期。

案件通知书》，通知食药监管部门移送案件。

（2）建立检察机关提前介入制度。对于食药监管部门查处可能涉嫌犯罪的案件，检察机关认为有必要时，可以主动派员提前介入，以引导食药监管部门围绕案件的定性进行收集、固定和保全证据，形成被动监督与主动监督相得益彰的局面。当然，检察机关的提前介入应符合一定的条件。对于一些重大、复杂、敏感的案件，检察机关可提前介入。提前介入权也是检察机关履行法律监督职能的一种重要手段。检察机关的检察权从刑事诉讼环节向行政执法环节拓展，可以增加对食药监管部门移送涉嫌犯罪案件的监督。同时，在食药监管部门查处相关的可能涉嫌犯罪的违法案件时，也可以主动邀请检察机关的工作人员参与食品安全执法工作，即进行联合执法，以实现对案件的正确定性，也能保证收集的证据的法律效力，大大提高案件的衔接效率。[1] 对于提前介入的案件范围、介入程序、监督效力等问题，应随着衔接机制立法的不断完善予以逐步确立。

检察机关提前介入机制可以作出如下规定：对于食品监管部门不移送涉嫌犯罪案件，有关单位、个人举报或者群众反映强烈的，检察机关可以向食药监管部门查询案件情况；经协商同意，还可以派员查阅有关案卷材料，食药监管部门应予配合。食药监管部门接到公安机关不予立案的通知书后，认为依法应当由公安机关决定立案的，可以自接到不予立案通知书之日起5日内，提请作出不予立案决定的公安机关复议，也可以建议人民检察院依法进行立案监督。

3. 完善行政处罚与刑罚的有效衔接。当前需要完善行政处罚与刑罚的衔接。行政处罚与刑罚作为两种公法上的责任，分别隶属

---

〔1〕 张小兵："论食品药品领域行政执法与刑事司法的衔接"，载《湘江法律评论》2015年第1期。

于两种性质不同的法律规范体系。行政处罚主要由行政法来调整，而刑罚则由刑事法律加以规制。然而两者在适用上并非格格不入，当然也不是"兼容并蓄"。就同一个违法行为而言，两者有时交替使用，有时又相互排斥，如何解决行政处罚与刑罚在适用上的关系，对于落实行政处罚法的目的与精神具有十分重要的意义。

《行政处罚法》第28条规定："违法行为构成犯罪，人民法院判处拘役或者有期徒刑时，行政机关已经给予当事人行政拘留的，应当依法折抵相应刑期。违法行为构成犯罪，人民法院判处罚金时，行政机关已经给予当事人罚款的，应当折抵相应罚金。"由此可见，《行政处罚法》对先作出行政处罚后作出刑罚处罚的情形采取的是同质罚相折抵的原则。笔者认为，合并适用原则在处理"两法衔接"机制中更为可取，但应根据具体情况，以择一适用原则作为例外和补充。对先作出行政处罚后作出刑罚处罚的情形，采用同质罚相折抵、不同罚各自适用的原则处理；对当事人已进入刑事司法程序并接受刑罚处罚，行政机关再针对同一行为追究行为人行政违法责任并给予行政处罚的，同质罚不得再次处罚，不同罚则可予再处罚。

4. 建立信息通报制度。建立信息通报制度，即食药监管部门向公安、检察机关通报查处案件情况以及向公安机关移送涉嫌犯罪案件情况；公安机关向食药监管部门、检察机关通报行政执法机关移送案件的受案、立案、追逃、强制措施适用、呈捕、移送起诉以及撤案情况；检察机关向食药监管部门、公安机关通报涉嫌犯罪案件的立案监督、批捕、起诉和判决情况。信息通报制度的设计无疑使食药监管部门、公安机关、检察机关的信息得以流转和共享，使各方行为处于其他两方的监督之下，但是信息通报制度的源头仍然来自于食品安全执法信息，因此，解决好诸如立法、制度设计等问题，信息通报制度将更加有效。可见，"两法衔接"机制的各项制度本身也是一个需要相互衔接的制度体系，只有每个制度都经得起考验，整个衔接机制才能有效运转。

5. 充分发挥信息共享平台的作用。

（1）应专门发布文件推动信息共享平台建设，将其作为各级政府的硬性任务，要求制定方案、列出计划，并把政府一把手列为第一责任人。已建成的平台，应重点抓好有效运行，建立健全信息录入、案件查询、个案预警、安全防范等管理机制，并将平台信息录入情况纳入行政执法机关绩效考核内容。对于省垂直管理的行政执法机关，协调省级管理部门将行政处罚信息录入情况一并纳入考核体系。录入信息时，采用数据自动交换技术全面代替当前的人工录入，使行政执法机关在自己数据库内录入的行政处罚信息能够同步进入信息共享平台，实现行政处罚终结案件的资源共享和结果监控。[1]

（2）必须完善信息共享平台，逐步实现各行政执法机关信息管理系统与公安机关、人民检察院的信息联网共享，做到信息共享、密切合作。信息共享平台应当具有基础数据、案件办理、网上移送、网上监督、流程跟踪等功能，不仅包括行政机关向刑事司法机关移送涉嫌犯罪案件，也应包括刑事司法机关向行政机关移送那些虽未给予刑事处罚但需要给予行政处罚的案件。通过"两法衔接信息共享平台"，有利于加强检察机关与行政执法机关的交流和沟通，有利于监督行政机关工作人员依法履职，及时移送涉嫌犯罪案件，避免"有案不送""以罚代刑"等问题。[2]

（3）统一信息内容标准和时间标准。统一信息内容标准包括两点：移送案件内容标准和行政处罚案件内容标准。①移送案件内容

---

〔1〕 元明、张建忠："注重机制建设 推动'两法衔接'规范开展——基于上海、福建两地实践调查研究的思考"，载《人民检察》2013 年第 23 期。

〔2〕 张小兵："论食品药品领域行政执法与刑事司法的衔接"，载《湘江法律评论》2015 年第 1 期。

标准：录入到信息共享平台的移送案件信息内容应当以刑事司法机关可以形成实质判断为标准。一般而言，移送案件信息内容应当包括：案由、基本案情、移送依据和理由、移送文书及其编号、案件调查报告、物品清单等。②行政处罚案件内容标准：录入到信息共享平台的行政处罚案件信息应当以刑事司法机关可以清楚地知悉该行政处罚的基本情况。其信息内容应当包括：案件名称、基本案情、案件调查报告、处罚依据、处罚结果等。建议信息技术部门加大数据交换技术开发力度，遵循不改动各联网单位信息化业务系统的原则，通过开发中间软件，实现不同系统间的数据自动交换，从而避免"二次录入"，减少工作量。

统一信息时间标准：①移送案件时间标准。移送案件信息录入贵在及时，因此，对于移送案件，行政执法机关应当在决定移送后24小时内录入信息共享平台；②行政处罚案件时间标准。行政处罚案件信息应当及时录入信息共享平台，以方便刑事司法机关对行政处罚案件及时进行审查。鉴于此，可以将行政处罚案件信息录入的时间设定为作出行政处罚决定后5日内。[1]

广东省食药监管部门应当制定相关规章制度，完善信息共享平台的建设：①明确每个案件都必须录入"国家食品药品监督管理总局系统""广东省食品药品监督管理局系统"和人民检察院"两法衔接信息共享平台"。②明确规定录入的时间，要求食药监管部门必须按时录入。③还需明确录入信息，大体包括案由、基本案情、移送依据和理由、移送文书及其编号、案件调查报告、物品清单等。

---

〔1〕 北京市大兴区人民检察院课题组："两法衔接机制中行政执法信息准入标准"，载《山西省政法管理干部学院学报》2013年6月15日。

参考文献

1. 李春雷、任韧："我国食品药品犯罪防治回顾与前瞻"，载《中国人民公安大学学报（社会科学版）》2015 年第 4 期。

2. 李宏梁主编：《食品添加剂安全与应用》，化学工业出版社 2011 年版，第 51 页。

3. 李春雷："食药安全'两法衔接'若干重点问题探究"，载《山东警察学院学报》2015 年第 1 期。

4. 张小兵："论食品药品领域行政执法与刑事司法的衔接"，载《湘江法律评论》2015 年第 1 期。

5. 秦前红、赵伟："论行政执法与刑事司法衔接的若干法律问题"，载《河南财经政法大学学报》2014 年第 5 期。

6. 练育强："人民检察院在'两法'衔接中职责之反思"，载《政法论坛》2014 年第 6 期。

7. 王传红、维英："行政执法机关移送涉嫌犯罪案件机制研究"，载《中国刑事法杂志》2012 年第 3 期。

8. 刘福谦："行政执法与刑事司法衔接工作的几个问题"，载《国家检察官学院学报》2012 年第 1 期。

9. 方志勇、林伟平："'两法'衔接证据转化问题研究——以修正后的《刑事诉讼法》第五十二条第二款为视角"，载《公安研究》2013 年第 4 期。

第二章
医药食品安全民事法律问题研究

论人体试验中受试者的知情同意权
——从"黄金大米"事件切入[*]

徐喜荣[**]

一、问题的提出——从"黄金大米"事件切入

2012 年 8 月 1 日,《美国临床营养学杂志》发表了一篇名为《黄金大米中的 β - 胡萝卜素与油胶囊中的 β - 胡萝卜素对儿童补充维生素 A 同样有效》的论文。[1] 论文透露,美国塔夫茨大学一科研机构 2008 年在湖南省一所小学进行过转基因大米(黄金大米)人体试验。论文称,为了比较儿童摄入"黄金大米"、菠菜和 β -

  [*] 本文曾发表于《河北法学》2013 年第 11 期(被中国社会科学文摘 2014 年第 2 期转载)。

  [**] 徐喜荣,1982 年 5 月生,男,广东揭阳人,广州医科大学法学系副教授、清华大学法学博士,研究方向:卫生法学。

  基金项目:2015 年度教育部人文社会科学研究青年基金项目:《医疗责任强制保险制度研究》(15YJCH193),广州市医学伦理学重点研究基地之阶段性成果。

  [1] See Guangwen Tang, Yuming Hu, Shi - an Yin, Yin Wang, Gerard E Dalla, Michael A Grusak, and Robert M Russell, "β - Carotene in Golden Rice is as good as β - carotene in oil at providing vitamin A to children", *Am J Clin Nutr*, 96 (2012), 658.

胡萝卜素油胶囊对补充维生素 A 有何不同，美国塔夫茨大学、湖南
疾病预防控制中心、中国疾控中心营养与食品安全所、浙江医学科
学院等工作机构的研究人员于 2008 年共同在湖南省的一所小学进
行试验，针对的是 6 ~ 8 岁健康的在校小学生。研究所用材料——
黄金大米和菠菜都是在美国生产、处理和蒸煮，然后冷藏运至中国
实验所就地加热后供小学生食用。国际环保组织"绿色和平"随即
谴责研究人员使用转基因大米对中国儿童进行人体试验，掀起轩然
大波。国内的《人民日报》[1]《新华每日电讯》[2] 等媒体都对
"黄金大米"事件进行了追踪报道。美国《科学》杂志于 2012 年 9
月 11 日在其官方网站上发表了《中国儿童转基因大米试验引起轩
然大波》[3] 的新闻，对这一事件进行了热点追踪与分析。英国
《自然》杂志于 2012 年 12 月 10 日以《中国解雇"黄金大米"试
验相关人员：中国家长未同意其孩子参加美方部分资助的转基因大
米试验》[4] 为题发表新闻，详细报道该事件的经过与最终处理。
这反映出国际、国内舆论与公众对"黄金大米"事件的高度关注及
该事件的广泛影响。虽然根据中国疾病预防控制中心、浙江省医学
科学院、湖南省疾病预防控制中心等于 2012 年 12 月 6 日的调查情

---

〔1〕 颜珂等："'黄金大米试验'疑云调查（求证·探寻喧哗背后的真相）"，载
《人民日报》2012 年 9 月 5 日；颜珂、王君平："湖南农业厅：从未批准转基因大米试验
（求证·后续）"，载《人民日报》2012 年 9 月 6 日。

〔2〕 胡浩："'黄金大米'种出的三声叹息"，载《新华每日电讯》2012 年 12 月
7 日。

〔3〕 Mara Hvistendahl, Martin Enserink, "Firestorm Erupts Over Transgenic Rice Study
in Chinese Children", http：//news. sciencemag. org/scienceinsider/2012/09/firestorm – e-
rupts – over – transgenic. html. 2013 – 01 – 10.

〔4〕 Jane Qiu, "China sacks officials over Golden Rice controversy Chinese families did
not give consent for children to consume genetically modified rice in the part US – funded study",
http：//www. nature. com/news/china – sacks – officials – over – golden – rice – controversy –
1. 11998. 2013 – 01 – 10.

况通报,[1]"黄金大米"事件被证实将健康儿童用来作为转基因大米的试验对象,3 名幕后当事人已被相关单位撤职,中国疾控中心等几家责任单位也公开道歉。但在道歉问责之余,该事件所折射的与人体试验相关的法律与伦理问题值得反思。

正如美国《科学》杂志主编布鲁斯·艾伯茨所言:"其实,每个科学家都希望通过自身努力让生活变得更好,但在这个过程中,科学家不能违背基本的行为准则和伦理准则。否则,再伟大的科学成果也会黯然失色。从纯科学角度看,科学家对转基因食品的研究富有成效。但我们都认为,美国研究者在这件事上犯了一个明显错误:不该对参与实验者及其家人隐瞒真相——孩子们在实验中将食用转基因大米。这么做是故意欺骗和隐瞒,是违背科学家精神的行为。无论是什么实验,参与者都有知情权,有权了解潜在风险。"[2] 据此,笔者拟对"黄金大米"事件中所折射的受试者的知情同意权问题进行反思与构建。

二、我国人体试验中受试者知情同意权制度的缺陷

所谓人体试验,也称为人体实验,是指以人体作受试对象,用人为的实验手段,有控制地对受试者进行研究和考察的行为过程。[3] 受试者的知情同意权是指受试者在获得及时、充分、有效信息的基础上,自主地决定是否同意参与人体试验的权利。我国没有制定统一的"人体试验法",其中最核心的受试者保护制度,即受试者的知情同意权分散规定于 2 部法律与 4 部规章之中,欠缺完

---

〔1〕 "关于《黄金大米中的 β-胡萝卜素与油胶囊中的 β-胡萝卜素对儿童补充维生素 A 同样有效》论文的调查情况通报",载 http://www.zjam.com.cn/20121207/2012120700002.html.

〔2〕 杨帆、张亦筑:"科学家不能隐瞒和欺骗,美国科学家在'黄金大米'事件中犯有错误!",载《重庆日报》2012 年 9 月 16 日。

〔3〕 魏英敏主编:《中国伦理学百科全书·职业伦理学卷》,吉林人民出版社 1993 年版,第 302 页。

善的整体规范。其中法律层面为：《执业医师法》第 26 条第 2 句：
"医师进行实验性临床医疗，应当经医院批准并征得患者本人或者
其家属同意。"《精神卫生法》第 43 条第 1 款："医疗机构对精神
障碍患者实施下列治疗措施，应当向患者或者其监护人告知医疗风
险、替代医疗方案等情况，并取得患者的书面同意；无法取得患者
意见的，应当取得其监护人的书面同意，并经本医疗机构伦理委员
会批准：……②与精神障碍治疗有关的实验性临床医疗。"规章层
面则为：《医疗机构从业人员行为规范》第 27 条："严格遵守药物
和医疗技术临床试验有关规定，进行实验性临床医疗，应充分保障
患者本人或其家属的知情同意权。"《涉及人的生物医学研究伦理审
查办法（试行）》于第 14 条第 1 项确立了尊重和保障受试者自主决
定权与履行知情同意的原则；第 17 条则规定应当向受试者以通俗
易懂的方式提供"必要信息"。《药物临床试验质量管理规范》第
14 条规定，研究者或其指定的代表必须向受试者说明有关临床试
验的详细情况；第 15 条则规定了充分和详细解释试验情况的要求。
《医疗器械临床试验质量管理规范》第 21 条规定了在受试者参与临
床试验前，研究者的告知义务；第 22 条规定了知情同意书一般应
当包括的内容；第 23 条规定了获得受试者的知情同意还应符合的
特别要求。深入分析上述法律与规章的相关规范，可以发现，我国
对人体试验中受试者的知情同意权的规定存在以下问题。

（一）研究者告知标准未确立，告知内容不统一

1. 法律层面的规定存在"没有知情，只有同意"与"告知对
象不明"的问题。《执业医师法》第 26 条第 2 句规定，医师进行实
验性临床医疗，应当经医院批准并征得患者本人或者其家属同意。
但是整部法律并未提及医师在实验性临床医疗中的告知义务，仅对
受试者的"同意权"进行了原则性规定，没有强调医师对实验性临
床医疗的告知义务，存在"没有知情，只有同意"的问题。《精神
卫生法》第 43 条第 1 款规定，医疗机构对精神障碍患者实施与精

神障碍治疗有关的实验性临床医疗，应当向患者或者其监护人告知医疗风险、替代医疗方案等情况，并取得患者的书面同意。确立了受试者的知情同意权，但对于"应当向患者或者其监护人告知"两者的关系如何？是择一告知即可，还是都要告知？患者意识清楚的情况下，可以不告知患者但只告知监护人吗？可能存在告知对象不明的问题。

2. 规章层面告知内容不统一。《涉及人的生物医学研究伦理审查办法（试行）》第 17 条规定，研究者必须告知受试者"必要信息"，但对于什么是"必要信息"没有解释，是研究者认为的必要信息？还是受试者认为的必要信息？存在解释困惑。《药物临床试验质量管理规范》第 14 条规定，研究者必须告知受试者"试验目的、试验的过程与期限、检查操作、受试者预期可能的受益和风险，告知受试者可能被分配到试验的不同组别，与试验相关的损害的补偿等内容"。《医疗器械临床试验质量管理规范》第 21 条则规定研究者应当告知的内容包括："①研究者的姓名以及相关信息；②临床试验机构的名称；③试验名称、目的、方法、内容；④试验过程、期限；⑤试验的资金来源、可能的利益冲突；⑥预期受试者可能的受益和已知的、可以预见的风险以及可能发生的不良事件；⑦受试者可以获得的替代诊疗方法以及其潜在受益和风险的信息；⑧需要时，说明受试者可能被分配到试验的不同组别；⑨受试者参加试验应当是自愿的，且在试验的任何阶段有权退出而不会受到歧视或者报复，其医疗待遇与权益不受影响；⑩告知受试者参加试验的个人资料属于保密，但伦理委员会、食品药品监督管理部门、卫生计生主管部门或者申办者在工作需要时按照规定程序可以查阅受试者参加试验的个人资料；⑪如发生与试验相关的伤害，受试者可以获得治疗和经济补偿；⑫受试者在试验期间可以随时了解与其有关的信息资料；⑬受试者在试验期间可能获得的免费诊疗项目和其他相关补助。"

（二）未成年受试者的知情同意权特别保护模式阙如

通观六部法律与规章，虽然都确立了受试者在各种不同的人体试验中的知情同意权，但基本都以具有完全行为能力的受试者为规范主体，对"黄金大米"试验中的"未成年人"受试者的知情同意权则基本没有太多着墨。采用的规范模式基本都是"监护人代理同意模式"，如《涉及人的生物医学研究伦理审查办法（试行）》第16条规定："……对于无行为能力、无法自己做出决定的受试者必须得到其监护人或者代理人的书面知情同意。"唯独《药物临床试验质量管理规范》第15条第3项规定："儿童作为受试者，必须征得其法定监护人的知情同意并签署知情同意书，当儿童能做出同意参加研究的决定时，还必须征得其本人同意。"确认了未成年受试者参与行使知情同意的制度。但是，对于如何判断儿童何时能做出同意决定？儿童的意见与监护人意见不一致时应如何处理？监护人的同意权是否应当有所限制？如何限制？这些与未成年受试者的"最大利益"密切相关的制度阙如，亟待完善。

（三）侵害受试者知情同意权的民事责任缺失

所有立法都无任何条文对侵害受试者知情同意权的民事责任进行规定，仅规定相应的行政责任或"依法追究刑事责任"。如《执业医师法》第37条规定："医师在执业活动中，违反本法规定，有下列行为之一的，由县级以上人民政府卫生行政部门给予警告或者责令暂停6个月以上1年以下执业活动；情节严重的，吊销其执业证书；构成犯罪的，依法追究刑事责任：……⑧未经患者或者其家属同意，对患者进行实验性临床医疗的。"在"黄金大米"事件中，官方给出的补偿方案为：未食用"黄金大米"的儿童，家属每户补偿误工费1万元；食用了"黄金大米"的儿童，家属每户补偿误工费、精神抚慰费8万元。衡阳市官员说，不存在赔偿的说法，只是考虑到家长因此事多次奔波，有的家长因孩子食用"黄金大米"心理负担较重，因此给予误工费和精神抚慰费[1]。从这一"实践"处理，也可看出我国对于侵害受试者知情同意权未确立独立的民事责任，而是附属于其他损害赔偿，这是否可以得出"仅侵害受试者的知情同意权，只要试验成功，没有造成受试者损害，那么研究者就不用承担民事责任"，而"没有规定法律责任的权利和义务，就没有法律的强制性。没有规定法律责任的义务就是软义务，相应的权利也得不到根本的保障"[2]。那么，这又如何体现对受试者自主权的尊重？如何让受试者的知情同意权成为一项"有救济的真正的权利"呢？

三、我国人体试验中受试者知情同意权制度的构建

（一）确立研究者之"理性受试者"的告知标准

研究者应当向受试者告知哪些事项？许多法律与伦理规范均采用了列举的方式。如《纽伦堡法典》第 1 条规定："进行人体试验必须取得受试者的同意，而受试者的同意必须基于对试验的性质、期间与目的、试验的方法、可合理预测的不便与风险、参与试验对身体健康或个人的影响等事项的充分的知悉与理解，使受试者得以做出明智的决定。"[3] 世界医学大会于 1964 年 6 月在芬兰赫尔辛基制定通过的《关于以人体为对象的生物医学研究国际伦理指导原则》（以下简称《赫尔辛基宣言》）[4] 第 24 条规定："应适当地告知潜在的受试者，关于试验的目的、试验的方法、资金的来源、任何可能的利益冲突、研究者之间的内部职务关系、可预期的研究利

---

[1] 老宋："'黄金大米'事件的未竟之问"，载《新金融观察》2012 年 12 月 10 日。

[2] 杨立新、袁雪石："论医疗机构违反告知义务的医疗侵权责任"，载《河北法学》2006 年第 12 期。

[3] The first principle of Nuremberg Code.

[4] World Medical Association, "Declaration of Helsinki (2008)", http://www.wma.net/en/30publications/10policies/b3/17c.pdf. 2013-01-12.

益与潜在风险、可能产生的不适，以及不参与试验或撤回同意的权利等事项。美国"共同规则"（Common Rule)[1] 列举的事项包括："①人体试验的陈述、试验目的与期间、试验程序；②合理可预期的风险与不适；③对受试者或他人的利益；④适当的替代医疗方式；⑤受试者资料的保密程度；⑥超过"最低风险"的试验，对于可能的伤害是否有补偿方案，以及是否提供医疗，补偿与医疗的内容如何，相关信息如何取得；⑦对试验疑问的查询途径；⑧受试者可以拒绝参与，参与后也可以随时撤回同意，无须承担任何赔偿责任，也不会损害受试者权益。"[2] 我国则于《药物临床试验质量管理规范》第 14 条、《医疗器械临床试验质量管理规范》第 21 条对研究者的告知内容进行了列举，包括：试验目的、试验的过程与期限、检查操作、受试者预期可能的受益和风险，告知受试者可能被分配到试验的不同组别，与试验相关的损害的补偿等。《精神卫生法》第 43 条第 1 款规定包括医疗风险、替代医疗方案等情况。

相比而言，我国列举的研究者应当告知的具体事项并不完善。仅《医疗器械临床试验质量管理规范》第 13 条规定："医疗器械临床试验应当遵循《世界医学大会赫尔辛基宣言》确定的伦理准则。"并作了与《赫尔辛基宣言》基本一致的要求。可是其他法律法规的规定则不尽完善。以《药物临床试验质量管理规范》第 14 条与《赫尔辛基宣言》第 24 条相比，我国至少缺乏对"资金的来源、任何可能的利益冲突"的规定。而如果受试者无法得知研究经费的来源，就无法得知研究机构背后的种种权利金钱关系，就无法确知人体试验的最终获利者是谁，亦无法评估与自身利益的冲突。

---

〔1〕 1991 年美国教育、医疗与福利部将 20 世纪 70 年代以来各联邦行政部门有关人体试验的规章编纂为《共同联邦政策》(*Common Federal Policy*)，使之成为《联邦行政法典》的一部分，其被称为"共同规则"（Common rule).

〔2〕 45 C. F. R. §46.116 (a).

而在人体试验中，研究者与受试者之间不可避免地存在利益冲突。[1] 因为人体试验不太可能"不伤害"受试者，人体试验计划也不可能完全只考虑"受试者的个人利益"，研究者所追求的试验利益，往往是由受试者承担风险与牺牲健康所换来的，两者存在利益冲突，因此，对任何可能的利益冲突的告知是非常必要的。研究者必须做出充分的告知，使受试者取得足以保护自己的信息。

但仅靠如此繁杂的列举，能否穷尽科技发展所带来的信息爆炸？能否全面地保护受试者的利益？由于现代科技的发展日新月异，且随着科技的发展，在未来的试验型态中会影响受试者自主权的事项，未必存在于今日的试验型态之中，所以，哪些信息对受试者具有重要性，难以一概而论，因此，对于研究者的告知内容应当具有一定的弹性，即不仅应当对一般应予以告知的信息加以列举，而且应同时确立一个抽象的研究者告知标准，以补充列举方式的不足。如我国《涉及人的生物医学研究伦理审查办法（试行）》第17条就确立了"必要信息"的抽象告知标准。但如上文所述，问题的关键在于以什么标准来确定"必要信息"。

第一，以研究者认为的"必要信息"为标准不可采。因为人体试验所追求的科技进步，往往是受试者承担风险或牺牲健康甚至生命所换来的，这两项价值与利益通常不是一致的，如果将保护受试者的知情同意告知标准交由研究者作取舍，是不适当的。也正因为两者利益的不一致，一个尊重自主权的研究者与受试者关系变得更为重要。人体试验的风险难以预测，只有受试者自身才能决定是否承担这些风险，研究者无论在何种情况下，都不能代替受试者作出承担风险的决定。面对未知的风险，受试者极可能忽略或无法想象

---

〔1〕 Richard Delgado, Helen Leskovac, "Informed Consent in Human Experimentation: Bridging the Gap between Ethical Thought and Current Practice", *UCLA L. Rev.*, 34（1986），69.

其影响，因此研究者必须说明关于风险的信息，作为受试者判断的基础，以避免发生意外或剥削的情形，以保障受试者的自主权。基于以上理由，人体试验需要一套严格的"研究者告知标准"。[1] 在人体试验中，只有专注于发展新科技的"研究专家"与效果不确定的试验，专业知识在此显得薄弱而不值得依赖。因此，是否参与人体试验这个问题，没有叫靠的专家意见，只有受试者才能作出最符合自己利益的决定。而试验信息的提供，包括一切的风险、"不确定"与"未知"的事项，都成为受试者作出决定的主要依据。

第二，以受试者认为的"必要信息"为标准比较合适。人体试验制度应当以保护受试者为优先，其次才考虑试验如何进行等问题，研究者有责任对受试者所希望知道的信息做出说明，以获得受试者的了解与认同。而且由于人体试验涉及尖端的科技知识，受试者却往往是对普通科技专业知识都不甚了解的外行人，因此，必须通过研究者的告知，方能保障受试者作出理性自主的决定的权利。反之，在欠缺妥善说明的情形下，受试者的"同意"只是徒具形式、完全没有任何保障自主权的实质意义。因此，为了保障受试者的自主权，研究者必须预先说明相关信息，使受试者对试验内容与过程充分理解，如此，受试者才能作出理性自主的决定。因此，研究者的说明义务是辅助取得合法同意的前提。当然，在人体试验领域，我们自然不能也不应苛求研究者作出万无一失的精准告知，但是，一种建立在受试者对研究者相对宽容理解基础上的"充分知情"诉求无疑是正当的。这种"宽容的充分知情"诉求并不是无理地要求研究者提供一个完整的知识世界图景，因此，"充分的信息"不等于提供给受试者的信息越多越好。简言之，"充分性"不

〔1〕 Richard Delgado, Helen Leskovac, "Informed Consent in Human Experimentation: Bridging the Gap between Ethical Thought and Current Practice", *UCLA L. Rev.*, 34 (1986), 88.

等于"大量"或者"海量";"充分"也不等于"无序"与"有意混淆"。"充分"必定与站在受试者立场上的"善意告知"及"有效告知"相联系。研究者负有在自身能力范围所及的情况下将专业信息翻译成日常语言,尽自己能力详细、耐心作出解释并倾听受试者反馈信息的义务与责任。从理论上说,合理的做法是摒除呆板的"标准模式",即研究者高高在上"颁布"与"宣读",受试者在下聆听与理解,切实重视每一个特定人体试验环境中的研究者与受试者双方的交流、互动过程,实现双方真实而有效的"对话"。这种建立在宽容与互动基础上的"充分知情",是抗衡研究者歧视受试者顽固传统的有效方式[1]。美国《贝尔蒙特报告》(*The Belmont Report*)[2]即采用了"理性志愿者标准"(reasonable volunteer standard),即研究者"所提供的信息,必须使一个明了整个试验过程对自己的健康无益或自己可能无法完全了解之人,足以决定是否参与发展新知识。至于对自己健康有益的情形,也必须理解风险的范围与自愿参与的本质"[3]。

对此,本文建议以《药物临床试验质量管理规范》第 14 条所列举的内容为基础,吸收《赫尔辛基宣言》第 24 条、美国《贝尔蒙特报告》所采用的"理性志愿者标准",将研究者须告知的内容规定为:"在人体试验中,研究者必须以受试者能理解的方式向受

---

〔1〕 李雪阳:"困境与策略——辨析医疗领域中的'知情同意'",载《哲学动态》2012 年第 8 期。

〔2〕 贝尔蒙特报告主要是因在美国田纳西州塔斯基吉(Tuskegee)所进行有关梅毒的研究而提出的。1932 年至 1972 年 40 年间,一群染有梅毒的黑人被招募参与了这个试验,虽然那时已经有了有效治疗梅毒的方法,但这些黑人却没有被有效治疗,这个试验曝光之后引起美国各界极大震撼,因此美国国会在 1974 年通过了国家研究法则,成立国家生物医学与行为研究之人体试验保护局。"See The National Commission for the Protection of Human Subjects of Biomedical and Behavioral Research, *The Belmont Report* (1979)", http://www.hhs.gov/ohrp/humansubjects/guidance/belmont.html , 2013 - 01 - 15.

〔3〕 *The Belmont Report*, 44 Fed. Reg. 23192, part III C. 1. (1979).

试者告知试验的目的、试验的方法、资金的来源、任何可能的利益冲突、受试者资料的保密程度、受试者可能被分配到试验的不同组别、研究者之间的内部职务关系、可预期的研究利益与潜在风险、可能产生的不适、不参与试验或撤回同意的权利、与试验相关的损害补偿以及一个理性的受试者所期望知道的其他事项。"

（二）建立未成年受试者知情同意权的"双重同意模式"

未成年人参与人体试验的知情同意模式可以分为三种模式：

第一，由未成年人的监护人代理知情同意模式。所谓的"监护人代理知情同意模式"，是指在以未成年人为受试者的人体试验中，无须考虑未成年人的意愿，仅仅依照监护人的代理知情同意即可决定未成年人受试者是否参与人体试验。如我国《涉及人的生物医学研究伦理审查办法（试行）》第 16 条规定："……对于无行为能力、无法自己做出决定的受试者必须得到其监护人或者代理人的书面知情同意。"《执业医师法》第 26 条规定："医师进行实验性临床医疗，应当经医院批准并征得患者本人或者其家属同意。"该条并未对未成年人作出特别规定，应当适用民法上的法定代理制度，完全由监护人加以决定。

第二，未成年人"知情愿意"加监护人知情许可模式。美国联邦法规采用了未成年人知情愿意加监护人知情许可的模式，构建了"双重同意制度"（dual consent）[1] 具体而言，该制度要求未成年人参与人体试验的前提，必须是未成年人愿意（assent）加上监护人的许可（permission），欠缺任一要件，未成年人即不可参与人体试验。依据美国联邦法规，"愿意（Assent）[2] 意味着未成年人肯定性的愿意参与研究。仅仅是未表示拒绝，而没有肯定性的回答，

---

[1] 45 C. F. R. §46. 404, §46. 405, §46. 406, and §46. 407.

[2] 45 C. F. R. §46. 402 (b).

则不能被视为愿意"。"许可（Permission）[1] 意味着父母或监护人同意他们的孩子或被监护人参与研究"。可见，父母的许可仅仅构成同意程序的一半，未成年人愿意参与人体试验，是未成年人人体试验中知情同意程序的另一组成部分。"未成年人愿意"是由于其无法深思熟虑地作出理性的决定而欠缺同意的能力，但仍然可以在其能力范围内表达个人的偏好，它的目的是尊重未成年人，给予未成年人在其有限的能力范围内表达个人偏好的机会，以免未成年人受制于父母的个人期望。[2]

第三，未成年人不拒绝加监护人知情许可模式。欧洲理事会制定的《人权与生物医学公约》[3] 即采取了此模式，该公约的第17（1）（v）条规定："欠缺同意能力的未成年人参与人体试验的前提，首先是这个研究的结果有可能对未成年人受试者产生真正的和直接的健康效益；并且这一效果不可能从其他具有知情同意能力的主体的试验中获得；除了监护人必须已经明确地以书面形式表示同意以外，还必须未成年人受试者本身未曾拒绝。"[4]《赫尔辛基宣言》第28条亦规定："当无能力的潜在受试者能够做出参加实验的表示时，试验者仍需寻求其法定代表的同意。潜在受试者所做出的拒绝试验的表示应当受到尊重。"

第一种模式采取了一元化的立法模式，简单地否定所有未成年人对实验参与与否的意愿表达能力，其既不利于未成年人自主决定

---

〔1〕　45 C. F. R. §46.402（c）.

〔2〕　Gerald P. Koocher. Different Lenses, "Psycho-Legal Perspectives on Children's Rights", *Nova L. Rev.* 16（1992）, 718.

〔3〕《人权与生物医学公约》是指欧洲理事会于1997年在西班牙奥维多签订的《关于保护与生物学和医学应用有关的人的权利和尊严的公约》。

〔4〕"Article 17（1）（v）of the Convention for the Protection of Human Rights and Dignity of the Human Being with regard to the Application of Biology and Medicine: Convention on Human Rights and Biomedicine", http: //conventions. coe. int/Treaty/Commun/QueVoulez-Vous. asp? NT = 164&CL = ENG, 2013 - 01 - 15.

权的合理保护，也不符合现实生活的实际和常理。未成年人受试者是一个非常脆弱的试验参与者。未成年人为自己而主张及辩护是其天性，父母、监护人或者进行该试验的人，可能是为了受到奖励而不是为了未成年人的最佳利益。[1] 本文认为，应当适度地尊重未成年人的意愿与喜好，因为参与人体实验所产生的损害只能由未成年受试者承担，虽然未成年受试者欠缺同意能力，需要父母代理作出理性的决定，但其意愿仍然值得重视。第二种模式与第三种模式最大的不同在于：研究者是否有向未成年人说明的义务。就"未成年人知情愿意加监护人知情许可模式"而言，由于该制度积极要求未成年人表达意愿，必须在未成年人表达"愿意"之后，才可以成为受试者，因此，研究者必须向未成年人说明试验的相关信息，并待其表达愿意与否，倘若其不为任何表达，亦不可成为受试者。而《人权与生物医学公约》仅消极地要求未成年人"不为拒绝"，未成年人若不为任何表达，亦可成为受试者。此乃这两种制度最大的不同之处。除此以外，两种制度对于父母子女意见相冲突的处理是没有差别的，亦即，若有任何一方反对，未成年人即不可参与试验。

相比而言，"未成年人知情愿意加监护人知情许可"的"双重同意模式"可以更全面地保护未成年受试者的利益。在涉及未成年人的人体试验中，不仅应当获得监护人的知情许可，亦应以未成年人所能理解的语言和方式告知未成年受试者，让其理解试验的相关信息，并获得其肯定性的意愿，表示"愿意"参与试验，方可以其为受试者进行试验。如此，方能达到尊重未成年人自主权的目的，避免未成年人受试者仅承担试验风险却毫无表达的机会。当然，考虑到未成年人的理解与表达意愿的能力是随着年龄与智力的发展而变化的，获得未成年人愿意的方法必须随着未成年人的年龄段与智

---

[1] Alexander M. Capron, "Legal Considerations Affecting Clinical Pharmacological Studies in Children", *Clinical Res.* 21 (1972), 141.

力发展水平而变化。例如，美国保护生物医学和社会科学人类受试者国家委员会即要求对于6周岁以上的未成年受试者，都必须获得其"愿意"。然而，获得6～18岁的未成年受试者同意的方法是不同的。美国国立卫生研究院（National Institutes of Health）提出了以下指导方针：①6～7周岁的未成年人。必须向该未成年受试者做一个简单的口头描述，并且获得口头的"愿意"。这个过程会被记录到知情同意表格，并且要求见证人签名。②8～13周岁的未成年人。必须以通俗易懂的方式向未成年受试者做一个更完整的口头描述，并获得其口头同意。这个过程会被记录到知情同意表格，并且要求见证人签名。③13周岁以上的未成年人。必须获得父母与未成年人的书面同意，并使用与未成年人年龄和背景相适应的文件格式。尽管年龄是确定获得同意的一个适当标准，但是未成年人的读写能力与心智发展也必须被考虑。获得未成年人"愿意"参与试验的方法应当具有灵活性，这是大家公认的。因为以单一的方法来获得"愿意"可能不适合所有潜在的参与者，研究者可能需要对不同的参与者准备使用不同的方法。在任何同意过程中，主要关注的是参与者能够理解研究者的解释。在口头同意中需要见证人，是由于研究的复杂性和参与者的风险。而且，父母或监护人不能作为未成年人口头"愿意"的见证人。[1]

我国《涉及人的生物医学研究伦理审查办法（试行）》第14条第6项规定："涉及人的生物医学研究伦理审查原则是：……⑥对于丧失或者缺乏能力维护自身权利和利益的受试者（脆弱人群），包括儿童……应当予以特别保护。"但整部"办法"却没有规定对儿童的任何特别保护制度。本文认为，知情同意作为保护受试者的重要制度，应当对未成年受试者作出特别的规定。首先，对

---

〔1〕 "Penn State University The Office for Research Protections", http://www.research.psu.edu/policies/research-protections/irb/documents/guide1.pdf. 2013-01-20.

6周岁以上的未成年受试者引入"未成年人知情愿意加监护人知情许可"的"双重同意模式",建立未成年受试者知情愿意的见证人制度,按年龄段与心智发展水平,分别采用与其理解能力相适应的方式对其进行说明,获得未成年受试者的肯定性回答,并同时获得监护人的知情许可,方可以其作为受试者参与人体试验。其次,对于未满6周岁的未成年人,由于其一般无法理解试验的相关信息,无法有效表达自己的意愿,因此可以采用"未成年人知情不拒绝加监护人许可"的模式,即应当以学前儿童所能理解的语言告知未成年受试者,并且未成年人"未为拒绝",并由见证人签名见证,同时获得监护人的许可,方构成有效的知情同意。最后,对于所有的未成年人同意参与的人体试验,都必须符合"未成年人的最佳利益"的标准。因为获得了"未成年人知情愿意(不拒绝)加监护人知情许可"的知情同意,并不意味着试验就获得完全的正当性,正如美国马里兰上诉法院就格兰姆斯诉肯尼迪·克里格研究所一案所述:"健康的孩子们不应该被唆使生活在可能导致污染的住房,并且,父母是否被不当的小饰品、食品券、金钱或其他物品所引诱,他们没有权利故意地、不必要地把儿童放在有潜在危险的非治疗性的研究环境中,研究者也一样没有这一权利。在这种情况下,父母的同意,无论如何告知,都是不够的。"[1] 很显然,儿童比起成人而言,身心、智力都不够成熟。他们看上去不具备如成人那样给予同意的能力,因为他们几乎不能掌握研究的本质和对他们可能造成的危害。另外,因为他们的能力还没有发育完全,让儿童承受可能使他们的生活恶化的风险似乎是错误的。他们处于相对依赖的位置,依靠成人为他们的生存和发展提供条件。允许儿童成为对他

---

[1] *Grimes v. Kennedy Krieger Inst.* , 782 A. 2d 807, 844 (Md. 2001).

们有潜在危害的治疗的对象，这几乎是一种对信任的背叛。[1]《最高人民法院关于贯彻执行〈中华人民共和国民法通则〉若干问题的意见（试行）》第 10 条规定："监护人的监护职责包括：保护被监护人的身体健康，照顾被监护人的生活，管理和保护被监护人的财产，代理被监护人进行民事活动，对被监护人进行管理和教育，在被监护人合法权益受到侵害或者与人发生争议时，代理其进行诉讼。"可见，监护人首要的监护职责就是保护被监护人的身体健康，而如果监护人许可未成年人参与一项并不"符合未成年人的最佳利益"，甚至对未成年人的身体健康没有任何利益的人体试验，这应当是违反监护人职责的。而《民法通则》第 18 条第 1 款规定："监护人应当履行监护职责，保护被监护人的人身、财产及其他合法权益，除为被监护人的利益外，不得处理被监护人的财产。"该条强调了"除了为被监护人的利益外，不得处理被监护人的财产"，对未成年人的财产权的保护尚且以"未成年人利益"为标准，那么，对于未成年人的健康权甚至生命权的保护是否应当高于（起码不低于）对财产权的保护？是否应当在《民法通则》第 18 条再加一句"除了为被监护人的利益外，不得许可被监护人参与人体试验"？"一个人可能有权利自己去冒险，但没有权利强迫他人去冒险"。[2]

（三）规定侵害受试者知情同意权的独立民事责任请求权

关于侵害受试者的知情同意权应当承担何种民事责任，如上文所述，我国的相关立法并未规定侵害受试者的知情同意权的民事责任。在我国立法和司法实践中，对侵犯知情同意原则承担责任的形式上，多关注行政责任，而少有民事赔偿责任的规定。[3]

---

〔1〕 ［美］罗纳德·蒙森：《干预与反思：医学伦理学基本问题（二）》，林侠译，首都师范大学出版社 2010 年版，第 734 页。

〔2〕 ［美］罗纳德·蒙森：《干预与反思：医学伦理学基本问题（二）》，林侠译，首都师范大学出版社 2010 年版，第 736 页。

〔3〕 艾尔肯："论医疗知情同意理论"，载《河北法学》2008 年第 8 期。

唯一相近的立法为《侵权责任法》第 55 条对于侵害患者知情同意权的规定:"医务人员在诊疗活动中应当向患者说明病情和医疗措施。需要实施手术、特殊检查、特殊治疗的,医务人员应当及时向患者说明医疗风险、替代医疗方案等情况,并取得其书面同意;不宜向患者说明的,应当向患者的近亲属说明,并取得其书面同意。医务人员未尽到前款义务,造成患者损害的,医疗机构应当承担赔偿责任。"可见,在侵害患者知情同意权领域,我国法律亦要求"侵害知情同意权加造成损害"方能获得赔偿,仅仅侵害知情同意权而没有造成损害或者"有好处"则无需赔偿。从司法实践的法律适用亦可看出这一趋向,如《北京市高级人民法院关于审理医疗损害赔偿纠纷案件若干问题的指导意见(试行)》(京高法发〔2010〕第 400 号)第 39 条规定:"未尽告知义务,损害患者生命权、健康权、身体权等人身及财产权利的,医疗机构应当承担侵权责任。未尽告知义务,仅损害患者知情同意权而未损害患者人身、财产权利的,医疗机构不承担赔偿责任。"但是,在人体试验中,或者说"研究"领域,知情同意的要求比起常规医疗的要求应当更严格,这一更严格的要求的理由是:①人体试验的风险是无法预知的,只有受试者可以决定是否参与试验;②在试验中,医学专家的意见缺乏证据支持;③受试者不太可能直接从研究中受益,不能推定受试者同意实验;④研究者和受试者常有利益冲突。[1] 因此,如果按照处理患者知情同意权的模式来处理受试者的知情同意权,是否足以保护受试者的知情同意权?是否能够体现对受试者自主权的尊重?知情同意权本身是否应当获得有效的救济?

康德认为人是具有自主权的、理性的观点,要求医学治疗和研

---

〔1〕 Richard Delgado, Helen Leskovac, "Informed Consent in Human Experimentation: Bridging the Gap between Ethical Thought and Current Practice", *UCLA L. Rev.* 34 (1986), 68 – 69.

究都需要获得知情同意。我们不能被强迫去接受对"我们自己有好处"的治疗，也不能为了"他人的好处"而使自己成为实验对象。我们必须总是被看作目的，而不仅仅被当作手段。被这样对待就要求其他人不能故意欺骗我们，不管他们的意图有多好。简言之，我们有权利知道我们将要做什么，从而我们可以决定我们是否想要参与[1]。科技的进步不能侵蚀个人的权利。受试者免于参与未经同意的人体试验是一项绝对的人权，不能受到任何的减损。科学家们不能在功利主义的阴影下，违背受试者的意愿而对其进行人体试验。即使国家有保护人民健康的基本义务，对知情同意权的破坏也是不能得到许可的。这样的公共卫生目标不能被用作开展违反受试者人权的实验的理由。德沃金有言："任何人，如果自称认真对待权利，并且称赞政府对于权利的尊重，他就必须理解那些目标。至少，他必须接受两个重要的观念，或者至少接受其中一个观念。第一个观念是人类尊严的观念。这个观念有些含糊，但是很有力量。这个观念是和康德联系在一起的，但是很多不同的学派都维护这个观念。这个观念认为，承认一个人是人类社会的完整的成员，同时又以与此不一致的方式来对待他，这样的对待是极不公正的。第二个观念是关于政治上的平等这个更为熟悉的观念。这个观念认为，政治社会中的弱者，有权利享有他们的政府的关心和尊重，社会中的强者可以自己保证自己得到这样的关心和尊重，因此，如果某些人享有作决定的自由，无论这个决定对社会的一般利益有什么影响，那么，所有的人都应该享有同样的自由。所以，如果说权利有什么意义，那么，侵犯一个相对重要的权利就是一个严重的问题。它意味着把一个人不当人来对待，或者给予他的关心少于对其他人

---

〔1〕 〔美〕罗纳德·蒙森：《干预与反思：医学伦理学基本问题（二）》，林侠译，首都师范大学出版社 2010 年版，第 750 页。

的关心。"[1] 知情同意权可以视为受试者自主权的体现，是一个把人当人对待的最基本要求，其基本精神正如美国大法官卡多佐于1914 年所言（即使手术对病人是有益的）："每一个心智健全之成年人都有权利决定其身体可以接受何种处置。一个外科医生在没有获得他的病人的同意即行手术，则属于非法侵犯，该外科医生即应承担损害赔偿责任。"[2]

本文认为，研究者未能获得有效的知情同意而进行人体试验是对受试者自我决定权的侵犯，只要研究者侵害了受试者的自主权，受试者即可要求赔偿。如果受试者在研究过程中遭受身体伤害，受试者当然可以以研究者的过失要求赔偿。但是，即使没有造成损害，受试者也可以提起侵害受试者知情同意权之诉而要求赔偿，因为受试者的知情同意是进行合法人体试验的前提，受试者的自我决定权应当是一个独立的受保护的权利。如果不对受试者的知情同意权进行独立的保护，受试者只能对知情同意权享有道德权利，但是，当这一权利被侵害时，却无法获得法律的救济。而在人体试验中，保护受试者的知情同意权却是道德性权利中最加以强调的，如《纽伦堡法典》第 1 条即开宗明义地强调"人类受试者的自愿同意是绝对必要的"，而事实上，纽伦堡法官宣判的根据是"自然法理论，源于普世的道德、伦理和法律理念"[3]《公民权利和政治权利国际公约》第 7 条亦规定："特别是对任何人，均不得未经其自由同意而施以医药或科学试验。"据此，我国应确认侵害受试者知情同意权的独立的诉讼请求，并规定侵犯受试者知情同意权的独立

---

〔1〕 ［美］罗纳德·德沃金：《认真对待权利》，信春鹰、吴玉章译，中国大百科全书出版社 1998 版，第 261～262 页。

〔2〕 *Schloendorff v. Soc'y of N. Y. Hosp.*, 211 N. Y. 125, 129 –30 (1914)（该案原告仅同意检查是否是肿瘤，而拒绝进行手术，但医生却为患者进行了手术）.

〔3〕 George J. Annas, "The Changing Landscape of Human Experimentation: Nuremberg, Helsinki and Beyond", *HEALTH MATRIX*, 2 (1992), 121.

的民事责任。例如，支持受试者的精神损害赔偿请求；当发现研究者故意或不计后果地漠视受试者的知情同意权，可以支持惩罚性赔偿；当研究者未告知人体试验可能获得的经济利益，法院可以按照与受试者最相关的领域相应地分配给受试者，让受试者的知情同意权成为"有救济的真正的权利"。

四、结语

"实验这个词在方法意义上最初是由自然科学确认的。在其古典形式上，这个词和无生命的对象有关，因此在道德上是中立的。但是，一旦有生命的、有感觉的生物成为试验对象，正如在生物科学特别是在医学研究中发生的情况那样，对知识的追求就失去这种纯洁性了，良心问题就出现了。拿人做实验必然使问题更加尖锐，因为它触及终极的人的神圣不可侵犯的问题。"[1] "人类实验，不论是为了什么目的，往往也是和主体之间进行一种负责任的、非实验的、真正合适的交往。"[2] 知情同意是这种交往中不可或缺的基本原则，但它在"黄金大米"事件中是缺失的。[3] "黄金大米"试验的研究者采用隐瞒欺骗手段，在受试儿童及其父母完全不知情或者不完全知情的情况下进行，违背科研诚信与伦理准则，让受试者稀里糊涂地成为试验的"小白鼠"。"无论是非自愿的参与，还是误解的参与，对于受试者个人而言是没有道德含义的。在大多数情

〔1〕〔德〕汉斯·约纳斯：《技术、医学与伦理学：责任原理的实践》，张荣译，上海译文出版社 2008 年版，第 82 页。

〔2〕〔德〕汉斯·约纳斯：《技术、医学与伦理学：责任原理的实践》，张荣译，上海译文出版社 2008 年版，第 84 页。

〔3〕试验前，课题组曾召开学生家长和监护人知情通报会，但未说明试验将使用转基因的"黄金大米"。现场仅仅放了知情同意书的最后一页让家长和监护人签字，而该页上没有提及"黄金大米"，更未告知食用的是转基因水稻。项目负责人在签署知情同意书时还故意使用"富含类胡萝卜素的大米"这一表述，刻意隐瞒了使用"黄金大米"的事实。参见朱晓萌："'黄金大米'事件真相大白 相关责任人受处罚"，载腾讯财经 http://finance.qq.com/a/20121211/004889.htm。

况中，自由地同意参与人体试验的满足，是唯一能与实验过程中的风险与不适保持平衡的。这一道德含义不能通过事后的解释来补足。"[1] "在社会体系的设计中，我们必须把人仅仅作为目的而绝非作为手段。"[2] "对试验角色的单纯形式上的'同意'还没有使这种物化真正伦理化。只有真正的、有充分理由的和认识的自愿才能纠正'物性'这一压制主体的状况。"[3] 正如以赛亚·柏林所言："我希望我的生活与决定取决于我自己，而不是取决于随便哪种外在的强制力。我希望成为我自己的而不是他人的意志活动的工具。我希望成为一个主体，而不是一个客体。"[4] 为避免受试者沦为研究者的工具，必须选择能够认同该试验之人作为受试者，让试验的目标同时成为受试者个人的目标。因此，在人体试验中，必须严格保护受试者的知情同意权，确立"理性受试者"的告知标准，以受试者所能理解的方式予以告知，对未成年受试者进行特别保护，采用"双重同意"模式，以"未成年人最佳利益"标准加以审查，同时确立侵害受试者知情同意权的独立请求权，不以侵害知情同意权并实际造成人身损害为要件，只要侵害受试者知情同意权，无论是否有人身损害（甚或可能是获得利益），都应予以民事救济，因为"无救济则无权利"，知情同意权作为人体试验中绝对必须的要求，不能仅是道德的提倡，更应有法律强制的保障。

---

〔1〕 Richard Delgado, Helen Leskovac, "Informed Consent in Human Experimentation: Bridging the Gap between Ethical Thought and Current Practice", *UCLA L. Rev*, 34 (1986), 97.

〔2〕 [美] 约翰·罗尔斯：《正义论》，何怀红、何包钢、廖申白译，中国社会科学出版社1988年版，第175页。

〔3〕 [德] 汉斯·约纳斯：《技术、医学与伦理学：责任原理的实践》，张荣译，上海译文出版社2008年版，第84页。

〔4〕 [英] 以赛亚·伯林：《自由论》，胡传胜译，凤凰出版传媒集团、译林出版社2011年版，第180页。

药害事故救济制度的构建

宋跃晋[*]

任何领域的科技发展都有极限，我们无法也很难预先了解所有可能发生的状况。例如药品，即使研发过程完全符合规定，包括人体临床试验的进行，仍然无法完全掌握一切可能在未来使用时发生的状况。从古至今，药品在治愈疾病的同时也伴有毒副作用。[1] 近年来发生了多起药害事件，2006 年以来，我国先后发生了"齐二药""欣弗""甲氨蝶呤""美国肝素钠""奥美定"等一系列重大药害事件。[2] 药品损害事件接踵而至，向世人敲响了警钟。[3] 随着药品研发加大，药品品种扩展，药品更新加速，药品的双刃剑效用也凸现出来，在给病患者带来福音的同时，也不可避免地给人类制造些灾害。对此，我们是否无能为力呢？

---

* 宋跃晋，女，1965 年 9 月，广东药科大学副教授，主要研究方向：社会法、药事法，广州大学城外环东路 280 号，510006。本文系广东省哲学社会科学"十二五"规划 2012 年度学科共建项目"医疗纠纷的实证分析"（项目编号 GD12XFX07）的阶段成果。

〔1〕 陈哲峰："为药害责任追究和救济制度呼吁"，载《中国医院院长》2009 年第 7 期。

〔2〕 方宇等："基于价值和权力视角的药品安全监管法学分析"，载《中国药业》2010 年第 18 期。

〔3〕 近年来一系列药害事件分别导致 13 人死亡、11 人死亡、200 人下肢瘫痪和运动性障碍、149 人死亡以及 183 人受害的严重后果。参见唐民皓："减少药害事件需要新思路"，载《健康报》2009 年 2 月 5 日。

在国外，药品损害补偿救济制度在一些发达国家发展比较成熟，其中德国、日本尤为突出。"反应停事件"证实民事法律体系不足以保护药品发展危险的受害者，于是德国对药品责任应予特别立法达成了共识，[1] 1978 年药事法修正案正式产生。日本则在仿德国立法而未成后，也另订药品受害者救济基金制度，1979 年颁布《医药品副作用被害救济基金法》，后经数度修订，现行法规为《医药品副作用救济、研究振兴与调查机构法》，日本偏重基金补偿制度。[2] 而在我国，由于人口、经济等其他社会原因，在这方面基本属于空白。

从德国、日本等国家的药害事故救济制度来看，亟须建立适合中国的药害事故救济制度，但任重道远。笔者就如何建立一套适应我国国情的药害事故救济制度进行了系统的分析。

一、药害事故救济制度的发展史

药品损害事故是我们不得不面对的事实，从来没有绝对安全的药品。[3] 根据世界卫生组织（WTO）的数据，世界各地住院病人药品不良反应比率为 10%～20%，更为严重的是有 5% 的患者因为严重的药品不良反应而死亡。[4] 有学者曾研究认为，很多病人死亡的肇因并非自身疾病，罪魁祸首乃是药品毒副作用，全世界每 3 个死亡的病人中，有一个死于用药不当，药品不良反应致死占社会人口死因的第四位。[5] 有数据统计，我国药品不良反应状况中不

---

〔1〕 陈文瑛等："国内外药品不良反应救济制度的探讨"，载《药品评价》2010 年第 16 期。

〔2〕 孙洲亮、许连城："浅谈药品不良反应救济制度的构建"，载《中国健康月刊：学术版》2010 年第 3 期。

〔3〕 宋跃晋："药品不良反应的理论分析"，载《广东药学院学报》2011 年第 4 期。

〔4〕 李玉衡、刘媛："药品不良反应监测任重道远——首届'药品安全性监测与再评价'论坛在京召开"，载《首都医药》2005 年第 18 期。

〔5〕 林庆丰："试论药品不良反应民事责任和救济制度"，载《河北法学》2004 年第 3 期。

合理用药占用药者的 11% ~ 26%，在我国，每年住院的 5000 多万人次中，与药品不良反应有关的可达 250 多万人，还有超过 500 万的患者在住院期间发生过药品不良反应。[1] 药品不良反应每年导致中国 24 万患者死亡，是目前 19 种主要传染病所致死亡人数的 11 倍。[2] 据我国媒体调查披露，在我国，还多很多孩子耳聋并非先天，而是生病时滥用抗生素造成的。据中国聋儿康复研究中心专家透露，我国 7 岁以下的儿童因为不合理使用抗生素造成耳聋的数量多达 30 万，占总体聋哑儿童的比例 30% ~ 40%。[3] 以上瞠目结舌的数据告诉我们一个现实：药品属于不可避免的危险商品，对其损害救济应当特殊考量。

此外，为供参考，笔者特意根据有关资料，以表格形式归纳了国外早期的严重药害事件：

表 1　国外药害事件

时间	事件	后果
20 世纪 30 年代	氨基比林致粒细胞缺乏	美国有 1981 人死于此病，欧洲死亡 200 余人
20 世纪 50 ~ 60 年代	反应停致"海豹肢"畸形	到 1963 年为止，全世界已出生 11 000 多例，近半数陆续死亡，很快引起了全世界的关注，立即停用了此药，9 个月之后，再无海豹肩胎儿出生

---

〔1〕 宋希梅："呼吁卫生行业重视药剂人员的工作"，载《中外医疗》2011 年第 31 期。

〔2〕 王永卫、尹爱群："药品经营企业应积极开展药品不良反应监测工作"，载《中国药事》2010 年第 1 期。

〔3〕 胡生梅："临床上滥用抗生素的危害及原因分析"，载《中国误诊学杂志》2008 年第 12 期。

续表

时间	事件	后果
1930～1960 年	醋酸铊中毒	各国一些患者用药后近半数慢性中毒，死亡万余人
1953 年以来	非那西丁致严重肾损害	欧洲许多国家发现用本品致肾损害 2000 余人，死亡 500 余人
1966～1969 年	己烯雌酚致少女阴道癌	美国波士顿妇科医院发现 99 例十几岁少女患阴道癌，原因是患者母亲曾因先兆流产而在孕期服用过己烯雌酚

药品损害事件带来了灾难，也促使各国在加强药品监管的同时，建立了对药品不良反应的受害人救济制度。"反应停事件"对德国药品法制建设起了极大的推动作用，虽最终厂商及政府协力以基金方式赔偿该事故的受害人，然而在 20 世纪 70 年代，德国尚无与美国相类似的商品无过失责任制度，所以，德国以特别立法形式规范药品责任，以保障药害受害者的权益。[1] 1973 年德国国会提出第一次草案，对药品损害救济采三阶结构：侵权过失责任、无过失责任、基金补偿制度。后因制药产业对其中无过失责任制度的反对，草案未能通过。二次草案改采二阶结构，侵权过失责任和无过失补偿基金并行。后来保险公司因担心业务流失而藉表达承保药品制造厂家无过失责任险的意愿，主张无过失责任呼声甚高。德国药害救济制度一再修改，现在药品损害采用无过失责任辅以保险机构或者金融机构介入赔偿基金制度。

日本药害救济制度的演进与德国颇为相近。日本与德国同为大

---

〔1〕 秦晴、田侃："药品不良反应救济法律制度比较"，载《南京医科大学学报（社会科学版）》2010 年第 1 期。

陆法系国家，所以面临大量药品损害事故时，原有法律体系如何调整，思考方向大致相同。二十世纪五六十年代"反应停事件"和亚急性脊椎视神经症等事故，对日本产生极大的冲击。药害事故救济制度与同期澎湃发展，1975 年日本提出《制造物责任要纲》草案。[1] 但与德国不同，因担心无过失责任影响企业生存及有碍经济发展，日本国会就无过失责任与基金制度比较，多方评量结果，采补偿基金方式。日本目前由国家及制药企业合资设立"医药安全研究组织"（OPSR，Organization for pharmaceutical Safety and Research），综合办理医药企业的研究发展与救济业务。[2] 另外，因疫苗注射受害人补偿性质的特殊性，预防注射多有国家强制行为介入，是否存在行政责任，以及行政责任与药品制造者责任、医疗机构责任如何划分，有时难以厘清，常常争议不断。所以，日本 1976 年专门制定《预防接种法》，对预防接种被害人给予特别的救济途径。

二、我国台湾地区的"药害事故救济法"

我国台湾地区于 2001 年 5 月 31 日颁布了"药害事故救济法"，并于 6 月 2 日起实施，以实现对药品不良反应受害人的保护。该规定是为了保护药品消费者的权益，希望在正当使用下，如果是因为药品不良反应而导致死亡、残障或严重疾病者，可以得到迅速救济。基于这样的考量，我国台湾地区制定了该法。

为了办理药害救济业务，我国台湾地区卫生主管机关设立药害救济基金。基金来源于向药品制造者及其销售者缴纳的征收金、滞纳金、代为求偿金或者社会人士捐赠收入。药害救济基金的收支、保管及运用办法，由台湾"行政院"决定。"药害事故救济法"规定，药品制造者及销售者应于主管机关规定期限内，依其前一年度

---

〔1〕 左雪梅、田侃、陆叶："我国药品不良反应规制现状与缺陷刍议"，载《中国药房》2008 年第 4 期。

〔2〕 齐晓霞："药害事故赔偿责任研究"，载《江淮论坛》2011 年第 2 期。

药品销售额，缴纳征收金至药害救济基金。征收金一定比率，于基金总额未达到新台币3亿元时，定为千分之一；基金总额达到新台币3亿元时，由主管机关视实际情形综合衡酌基金财务收支状况，于千分之零点二至千分之二范围内，调整其比率。药品制造者或销售者未依规定期限缴纳征收金，经书面催缴后仍未依限期缴纳者，每逾2日加征1%之滞纳金。

我国台湾地区卫生主管机关为办理药害救济及给付金额的审定，设立药害救济审议委员会。审议委员会有委员11~17人，由主管机关遴聘医学、药学、法学专家及社会公正人士担任，其中，法学专家及社会公正人士人数不得少于1/3。药害救济的请求权时效为3年。我国台湾地区"药害事故救济法"规定，自请求权人从知道有药害时起，请求权因3年不行使而消灭。审议委员会受理药害救济案件后，应于收受之日起3个月内作成审定；必要时，得延长之。但延长期限不得逾1个月。

我国台湾地区药害救济制度图示如图1：

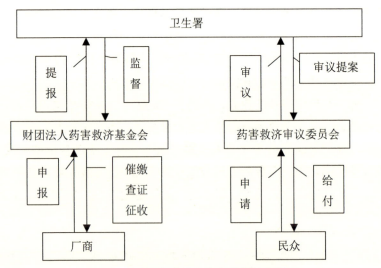

图1　我国台湾地区药害救济制度图

特别需要说明的是：并不是所有的药品损害都可以通过药害救济基金获得补偿。根据"药害事故救济法"的规定，不得申请药害救济情形有：有事实足以认定药害的产生应由药害受害人、药品制造者或销售者、医师或其他的人承担损害责任的；因接受预防接种而受害，可以依其他法令获得救济的；同一原因事实已获得赔偿或补偿的，但人身保险赔偿给付的除外；药品不良反应未达到死亡、残疾或严重疾病的程度的；因急救使用超量药物导致损害发生的；因使用试验用药物而受害的；未依药品许可证所载之适应症或效能而为药物之使用的；常见且可预期之药品不良反应。

三、制定我国药品救济制度的构想

"在现代社会，损害事故日益严重，单一制度不足以解决此项问题，故各国多采用混合体制，期能兼顾'个人自由及责任'与'社会安全'二个基本价值，因此产生多种会损害填补制度并存之现象。"[1] 药害事故的损害采用社会安全制度可适当平衡消费者与医药企业的利益。具体来说，就是可以建立药害事故的基金会或药品责任保险，以补偿药害事故的受害人。另一方面，这种制度分散了药品企业的风险，即使发生损害事件，药品企业也不会因负担损害赔偿而影响企业的生存和发展。

我国已于2004年制定并颁布《药品不良反应报告和监测管理办法》，建立了省级及省级以下药品不良反应监测中心、监测站，以加大对药品不良反应的监测力度；这仅规范了药品企业、医疗机构对药品不良反应报告的法定义务，没有涉及如何救济药品不良反应的受害人。药害事故严重侵犯了受害者的生命健康及人身财产安全，从法律角度也亟待建立我国药害事故救济制度。法制是任何一个先进文明国家的强国之本，同理，要使药品生产企业、药品经营

---

〔1〕 王泽鉴：《民法学说与判例研究第二册》，中国政法大学出版社2005年版，第125页。

企业能健康发展，药害受害者能维护自己合法权益，就必须由国家成立一部完整的专业的药害事故救济的法律，让药品企业、药品消费者有法可依。在笔者心里，一部清晰的药害事故救济法内容大体如下：

（一）法律定义药害事故的内容、范围

"药害事故救济法"第 1 条首先明确药害事故的法律定义，可以引用我国《药品不良反应报告和监测管理办法》第 63 条第 1 项的规定："药品不良反应，是指合格药品在正常用法用量下出现的与用药目的无关的有害反应。"并借鉴之前颁布的相关法律对药品不良反应的特征和构成药品不良反应的范围作出具有法律性质的解释。

（二）药害事故的构成要件

以我国台湾地区的"药害救济法"为蓝本，我国药害事故救济法应明确药害事故救济的要件，笔者认为可作如下规定：

1. 药害事故救济的主管机关是我国药品不良反应新设的药害事故救济委员会（详见下文），但委员会并不是针对所有的主体的指示用药都给付救济金。在此法律中必须明文规定：只有依照医药专业人员之指示或药物标示的说明书使用药物所造成的药害事故才能申请救济。具体可以分两种情况诠释：因服用处方药招致损害，必须是持拥有处方权的执业医师或者助理执业医师开具的处方到合法的药品经营单位购买，按医嘱服用药品才属于药害事故，可以申请药害救济金；非处方药，应当是从合法药品经营机构购买，依据药品说明书的指导用药属于药害事故。此外，药害救济申请的请求权人必须是受害人本人或其法定代理人，或者为药害事故救济者的法定继承人。

2. 药害事故的构成要件必须涵括药害行为的界定，主要包括以下几点：①药害事故是药品"正当使用"而发生的损害。由于药品使用的专业性，所谓"正当使用"，是依医药专业人员的指示或药品说明书的标示而使用药品，也就是说，在药物的使用上，应遵照医药专业人员的指示使用合法的药品。[1] 自行到药店购买医师处方用药时，不适用药害救济。②服用的药品必须是"合格药品"。"合格药品"是指经国家药品主管机关许可，拥有药品生产许可证、药品销售许可证等，依法制造、销售的药品。所以，对于因使用未经国家食品药品监督管理局批准而携带入境的药品而导致伤残或死亡的，不适用药害事故救济。

3. 救济是针对损害而言的，有损害才有救济，因此，在法律意义上，只有具备某种程度的损害才能引起药害救济，这称为结果要件。药品损害须达到一定的损害程度始有救济的必要。参照其他国家和地区的药品损害救济制度，笔者建议，申请药害救济必须达到因药品不良反应致死亡、伤残或严重疾病程度。假如未达到严重程度，不能申请药害救济。假如药品使用人在服药后，仅发生嗜睡、口干、皮肤轻微过敏等症状，由于伤害程度极轻，在疾病分类中不属于严重疾病，所以不得申请药害救济。

4. 法律讲究逻辑，而药害事故救济的因果要件就应该从科学上赋予药害事故救济的严谨性。药害救济的构成还需要行为与结果之间存在因果关系。正当使用合法药品的行为与药品使用者死亡、伤残或严重疾病的后果之间存在必然的、内在的联系，才能构成药害救济的责任。换句话说，受害者死亡、伤残或严重疾病必须是使用药品造成的损害后果。假如该损害结果并非药品不良反应导致的，而是由医务人员的故意或重、大过失造成的，这时就不在此法律范围内，也就没有资格申请药害事故救济了；或者，因为正当使用合法的 A 药，但是药害是由 B 药导致的，这时两者之间也不存在因果关系，用药者不能以这种因果关系主张申请药害救济。

---

[1] 李龙："台湾药害救济法简介"，载《海峡药学》2005 年第 3 期。

（三）药害事故救济委员会的职责及架构

一旦药害事故救济法颁布，现行的 ADR 机构在一定程度上不能匹配此法的实施，就有必要对此进行有效的改革，而笔者大胆创想在国家食品药品监督管理局下设药害事故救济国家委员会，法律授权其专项办理药害救济业务以及核实药害救济申请资格、给付救济金、征收救济金等其他药害救济业务相关事项。在层级上，实行2层直线制，在每座市级城市委托一家该市的重点医院设立药害事故救济市级委员会（其架构见图2）。

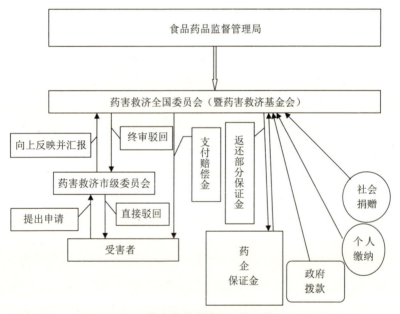

图2　药害事故救济委员会架构图

药害事故救济市级委员会负责本地区内所有有关药品不良反应的监测和接受药品不良反应受害者的救济金申请，并依据此法对受害者的情况进行初级审议，并于1周内如实向上一级药害事故救济国家委员会反映情况并汇报初级审议结果。药害事故救济国家委员会在1个月内对事件进行最终核实，并采取相应措施进行赔偿或者驳回申请。药害事故救济国家委员会的成员应按一定的比例由专业的医学、药学、法学等专家担任。而药害事故救济市级委员会可按一定的比例由该重点医院或者其他医院的医学、药学专家担任或者兼任。

（四）法定药害事故救济基金来源

在众多学者和社会人士眼中，药害事故发生后，以此盈利的药企必须要承担其中大部分责任，其实这是不公平的。众所周知，一种新药的研制和开发所要花费的企业财力和精力是非常巨大的，而未知科学的领域是无止境的，因此过于强调药企的责任是不明智的。纵然在市场经济中，盈利是企业追求的终极目标，但依据一定的风险投资才会有相对收益的市场经济定律来看，要是投资的风险超过药企的承受能力，对于药企的生存、新药的面世、未来人类的健康来说，其带来的后继影响是不可估计的。而作为药品税收的受益者——政府，药品使用的受益者——消费者来说，面对已发生的药害事故，是否也应该公平地对待，公平地承担自己那份责任呢？

在此文中，笔者的对救济基金的来源有几个设想：①药品生产企业在推出新药上市或者药品销售企业引进国外进口药品的时候，先缴纳一定额度的部分药害事故保证金，然后按每年的销售额再提取一个稳定百分比的金额作为其余部分保证金上交药害事故救济全国委员会。而为了不损害药企的利益和积极性，在规定的年限后，没有发生药害事故，就返还一定比例的保证金给药企。②税收取之于民，用之于民，在国家每年的财政预算中，拨一定额度的税收给药害事故救济委员会作救济基金之用也在理之中。③作为每一个现代公民，一生都难免接触到药品，这就要求每个公民都有义务也有责任为自己的生命安全和健康缴税，缴纳小数额的钱但对于可能受惠一生的药害救济来说，民众是能接受的。④接受社会团体或者个人的捐赠或其他慈善基金。当然，在这几种有效来源中，药企缴纳的药害事故保证金和政府一定的财政预算是长久的，因此长远来说，它们占药害事故救济基金的最重要部分，而剩下其他的一次性资金来源在短时间内在药害事故救济基金可能占比较重要地位（具体见图2）。

（五）药害事故救济申请的法定程序

药害事故怀疑受害者可通过到当地市级药害事故救济委员会申请救济，填写申请书并附送相关资料，向当地市级委员会说明大概情况，并回答市级委员会接待员的相关问题。药品受害人需要证明药品损害事实的存在和损害范围。申请时要提交的主要材料有：①证明药害事件的直接伤害人曾经的健康状况材料；②证明使用致人损害的药品的材料；③证明药害事件所造成损失范围的材料。如经市级委员会查证，申请人附送资料不合程序或不真实者，市级委员会应通知补正或者依据事实有权直接驳回，如申请人在规定期限（10天）内不补正所附送资料，逾期将不予受理此次申请。

经过药害事故救济市级委员会的初级审议，将符合申请资格和初级断定为药害事故的申请人资料1周内上报国家委员会，由国家委员会对其进行最终的审议，并在1个月内形成最终提案，反馈回市级委员会，并且由国家委员会直接拨出救济金到申请者账户（见图2）。

综观各国药害救济制度发展现状，对我国医药产业健康发展的战略的谋划，也是对弱者的救助，我们建议应尽快构建我国的药害救济制度。

医药生物技术领域知识产权保护
现状及对策

唐　珺[*]

医药生物是创新密集型行业，生物技术飞速发展使人类进入了一个前人无法想象的新时代，其中，医药卫生领域是现代生物技术最先登上的舞台，也是目前应用最广泛、成效最显著、发展最迅速、潜力也最大的领域。医药生物技术领域由于其自身的特点，已经成为对知识产权保护依赖性最高并关系国家经济和国计民生命脉的关键领域。特别是在 2015 年的 7 月，我国加入 WTO 的 15 年保护期届满，对于不少企业而言，可能要面临新一轮的洗牌。中国医药商业协会执行会长付明仲（2015）预测，中国生物医药产业未来有望形成 6000 亿 ~ 8000 亿元的市场。因此，医药生物技术领域知识产权保护的现状及发展趋势，日益受到业内外管理人员及技术人员的高度关注。

一、医药生物知识产权保护的法律现状

许多国际组织和国家对日益增加和日趋重要的生物技术知识产

* 唐珺（1976 ~ ），女，博士，广东金融学院品牌建设与创新战略研究中心主任，高级知识产权管理师，广东金融学院法律系副教授。研究方向：知识产权法、经济法和战略管理。项目来源：广东省知识产权局软科学研究计划项目"广东省创新型企业专利商用服务平台构建研究"（GDIP2014 – G01）。

权问题非常重视。从以下几个方面可以看出：联合国贸易和发展会议（UNCTAD）建立了生物技术和遗传工程国际中心，该中心章程规定，对生物技术发明创造要给予法律保护，1994 年，中心根据章程的有关规定正式成立并运行；经济发展与合作组织（OFCD）的部分成员国以及该组织的科学技术政策中心，提出了用专利保护生物技术成果的报告；[1] 保护植物新品种国际联盟（UPOV）实行了以专门方式保护植物品种的制度体系；1994 年通过的关贸总协定知识产权协议（TRIPS）中也对成员国明确提出应当采用专利，或采用专门有效的制度，或是上述两者结合来对植物品种进行相应保护。由于医药生物技术领域的发明具有投资大、难度高、周期长、市场广、意义重等特点，因此，该技术领域是对知识产权保护依存度最高的领域之一，也是知识产权的实施受到行政许可限制最多的领域之一。

为了妥善保护医药知识产权并处理好其与公共健康的关系，我国也有《专利法》《商标法》《著作权法》《反不正当竞争法》《植物新品种保护条例》《药品行政保护条例》《中药品种保护条例》《新药审批办法》《药品注册管理办法》等与医药知识产权相关的法律法规，对此进行相应的保护。其现状及特点如下：

（一）各种医药生物知识产权法律法规保护的重点不同

1995 年 7 月，我国加入"国际承认用于专利程序的微生物保存布达佩斯条约"，开始与国际生物技术知识产权制度接轨。《专利法》可以保护原料药、复方制剂、工艺、适应症、器械等技术创新和产品的新设计，其中，发明专利最多一次性保护 20 年，实用新型和外观设计最多一次性保护 10 年。特别是修改后的《专利法》，扩大了对生物技术的保护范围，加强了对其保护力度。《商标法》可

---

〔1〕 朱海峰："经济合作与发展组织 2007 年专利统计报告（Ⅱ）"，载《科学观察》2008 年第 5 期。

以保护药品和医疗器械等商品的品牌，每次保护 10 年，可无限次续展。《著作权法》可以保护医学理论研究和普及宣传等科技文化作品，至作者死亡后 50 年。《反不正当竞争法》可以保护中药祖传秘方等商业秘密，制止诋毁商誉等不正当竞争行为，无需办理任何手续，并且没有任何期限限制。《植物新品种保护条例》可以保护中草药等植物新品种，其中，木本植物保护 20 年，其他保护 15 年。《药品行政保护条例》可以保护 1986～1992 年曾经获得国外某些国家的专利并批准上市销售的药品，最长保护 7.5 年。《中药品种保护条例》可以保护国内生产销售、符合国家标准的优质中药，其中，一级保护 10～30 年，可以续展；二级保护 7 年，可以续展一次。《新药审批办法》曾经保护国内首次生产的药品，按类别分别保护 3～8 年或 6～12 年。《药品注册管理办法》可以对新药给予不超过 5 年的安全检测期，并对未披露的临床试验数据给予最长 6 年的保护。

（二）各种医药生物知识产权法律法规存在相互关联关系

专利与商标的组合保护：没有先进的专利技术作为基础与支撑，药品的疗效和品质就难以得到保证，再好的商标也难以持久；而没有驰名的商标产生品牌效应或是忠实效应，则质量和疗效再好的药品也难以被患者和客户所知晓，也难以在市场上得到畅销。

专利和著作权组合保护：著作权主要针对数据库（Database）的保护，如 DNA 序列与蛋白质序列的大量测定、对各种遗传性疾病的分析都会产生大量的数据，著作权可以为此提供一定的保护。1996 年 3 月，欧洲议会与欧盟理事会正式通过发布了《关于数据库法律保护的指令》，欧美以法律保护"在数据库内容的获取、检验核实或选用方面，经定性与定量证明作出实质性投入的数据库制作者"。数据库的整体版权归数据库的制作者，这里的"制作者"

并非作者，是指建立数据库的投资者，亦即以保护投资人利益为核心。[1] 保护好数据库才可以研究出更多的受专利保护的生物医药技术，如以美国旧金山为基地的数据库所有者 Dialog 信息服务公司（Dialog Information Services Inc.）提供的已为生物技术工业提出了强有力的新信息源和生物商业文摘，对于竞争性监视、投资跟踪以及发现新的商业机会是非常有利的。

专利保护与商业秘密组合保护：这是对技术保护的两条不同途径，其保护的手段和风险不同，因而效果和适用的范围也不同。专利保护的法律效力虽强，但必须以充分公开其技术内容作为代价；而商业秘密所保护的内容虽不必公开，却似乎比专利保护的条件优越。然而，为了能够保证老百姓的用药安全，但凡工业化生产的药品，必须符合国家的药品标准才能发给药品批准文号，从而使得药品的配方和工艺难以保密，且商业秘密一旦保密措施没有做好，其秘密性就容易遭到破坏；另外，如果其他人自行研究开发出了某厂家所保密生产的药品并申请了专利，则该厂家尽管可以享有专利的先用权，但会受到该药品专利权的限制，只能在其原有范围内生产，不能再扩大生产规模。

专利与植物新品种组合保护：专利可以保护用于治疗疾病的药品最终产品，植物新品种则只能保护某些植物药用的特殊原料。但两者相互补充，构成了植物药从天然原料到人工制品的完整保护。专利保护与数据保护的关系则是在药品开发过程中对不同阶段成果的保护。如果没有专利保护，新研发的药品就有可能被他人抢先申请注册，无法收回研发所投入的巨大成本；而如果没有数据保护，一旦药品注册上市后专利权到期，别人就可以随意仿制，其临床试验所投入的巨额投资也得不到回报。因此，两者也是前赴后继、相

---

〔1〕 "数据库的版权保护探"，载中律网 http：//www.148com.com/html/525/74877.html，访问日期：2008 年 2 月 22 日。

互补充的。

（三）某些医药生物知识产权法律法规的冲突需要不断协调

我国针对医药生物技术知识产权保护的特殊性，相继制定了一系列法律法规，如按保护区域对象划分，对内有新药监测期制度，对外有涉外药品行政保护条例；从保护类别上划分，既有化学药品、生物制品等散见于有关药品管理法律法规的知识产权保护规定，又有独具中国特色的中药品种保护规定。美国著名经济学家曼斯菲尔德研究分析得出结论：如果没有专利保护，60%的新药品就不会被发明出来。在新药的4种知识产权保护中，只有专利保护是国家以法的形式确定的保护，且由于专利保护的力度最强、范围最广、具有独占性、保护时间最长以及费用最低，专利保护是最全面、最高级别的保护，其他3种保护实质上是分别由国家药品监督管理局和国家中医药管理局给予的行政性保护措施，因此，这3种保护均要服从于专利保护，即当新药保护、中药品种保护和药品行政保护与专利保护发生冲突时，以专利保护为准。医药产业是一个特殊而重要的高技术领域，新药研发具有投资大、风险高、周期长的特点。每开发1种新的化学药物，动辄耗资8亿～10亿美元；而且，从最初的药物筛选到最终的产品上市，往往要花费长达10年甚至更长的时间。目前，全球上市的新药与其他行业的新产品相比，数量越来越少，开发难度越来越大。但1个新产品一旦成功开发，不仅可为人类战胜疾病、保证健康和延长生命做出贡献，还可为开发成功的科研院所和制药企业以及经销商带来巨额利润。这种巨额利润的回报，主要依靠知识产权制度的垄断保护。可见，这也正是国外医药企业十分重视知识产权保护战略的根本原因。

（四）"双轨制"的叠加保护

知识产权作为国际贸易的基本规则，正日益成为国际贸易竞争的战略武器和一国国际核心竞争力的重要标志。近年来，围绕世界生物资源的争夺愈演愈烈，发达国家通过知识产权手段在全球实施对医药生物技术产业链和价值链的控制，加速对发展中国家相关市场的占有和利益掠夺，形成生物育种垄断格局，这就导致对包括中国在内的发展中国家的种业安全构成严重威胁。例如，美国、德国、英国、荷兰等发达国家对生物新品种实行专门法与专利法的"双轨制"叠加保护；意大利、匈牙利、新西兰等对生物新品种实行专门的知识产权立法保护。发达国家凭借其生物技术优势，力图通过加强生物育种知识产权保护，圈占并垄断国际生物资源，从控制农业终端农产品向控制农业源头种子转变，争相构建本国在国际医药生物技术竞争中的核心优势，为赢得国际竞争夯实基础。

二、医药生物界领域存在的认识误区与风险

尽管我国在医药生物技术领域知识产权立法上基本上达到了国际水平——无论是专利、商标、数据保护等，立法都相当健全，但医药生物行业的知识产权保护意识还是有限，在认识上仍然存在某些误区，其主要表现有以下几个方面：

（一）仍然存在着意识中的销售和广告比专利和商标更重要

许多医药生物企业宁愿花费巨大的人力物力和资金进行产品推销，不惜投入巨资利用各种媒体作广告，但却不愿投资科研和申请专利及商标。他们认为，后者风险高，见效慢，不如销售和广告立竿见影。实际上，产品推销和广告虽然可以在短期内给企业带来一定的经济效益，但是如果没有受到专利保护的核心技术作为产品的质量保证，没有商标保护其优质产品的品牌，其产品随时都有被市场淘汰的可能，某些销售和广告都非常成功的知名企业难以持久的教训已经验证了这一点。

（二）认为行政保护可以代替专利保护

在医药生物行业，不少企业过分依赖行政保护的习惯和思维模式，不愿意主动寻求专利等法律手段的保护，而最青睐行政性质的保护。实际上，我国加入世贸组织后，已经不折不扣地实行完全的市场经济制度。在市场经济条件下，法律保护的效力远远高于行政保护。另外，政府的角色也在发生巨大的转变。入世后，政府的作用将是有限的，政府将逐渐变成透明、守信、负责和中立的政府，政府不再代替企业包打天下。相反，法律的作用将会加强，政府的所有决定都要接受司法监督。事实上，中国医药知识产权保护第一案——常州高新技术产业开发区三维工业技术研究所有限公司的医药知识产权保护案件，总涉金额达 10.1 亿，最终经最高人民法院再审裁定，维持第一阶段诉讼被告赔偿 8000 万元的生效判决，并已经开始执行。这是中国医药知识产权保护取得的进步，对目前法律环境下处理我国医药创新成果产业化发生的知识产权纠纷具有指导意义，彰显了国家法律对医药知识产权发挥的保驾护航作用。

（三）认为技术秘密保护优于专利保护

许多医药生物企业不愿意申请专利，主要是担心公开后泄漏其技术秘密，而优选采用保密方式保护其知识产权。然而，药品关系到公众健康，且公众对其所服用或使用的药品具有知情权，因此，申请药品生产许可时，需要公开其处方及工艺并符合药品注册审批的安全有效、质量可控等标准，从而难以保密；另外，即使采取了保密措施，一旦他人自发研制成功并申请了专利保护，保密厂家虽然具有先用权，但只能在原有范围内生产和使用，并不能授权许可他人生产和再扩大生产范围。

（四）认为发表论文比申请专利更重要

由于管理体制的原因，在大学和科研院所等接受国家资助的课题研究中，普遍存在重论文、轻专利的情况，尽管各级政府管理部门采取了下达专利申请指标等措施，但这种倾向并未从根本上得到改变。有些医药生物科研院所有时先发表论文，再把其科研成果转让给企业，由企业申请专利的案例，结果使得企业的专利申请因其论文先于专利申请日发表而丧失新颖性，从而失去了独占市场、获取较大经济利益的机会。其实，发表论文虽然能够得到业内同行的承认，对个人评职称、获奖有利，并有利于同行们共享其科研成果，但应当仅限于基础研究；对于有产业化前景的科研成果，如果仅仅抢先发表论文而不申请专利，就会造成智力成果权利的丧失，将国家或企业投资换来的科研成果白白送给别人，造成无形资产的流失，从而进一步影响企业乃至国家的经济发展和竞争力，因此，最好先申请专利。

（五）不了解中药生物技术[1]也适合知识产权保护

中国拥有 1 万多种中药资源和 4000 多种中药制剂。但在目前近 200 亿美元的国际中药市场上，中国仅有 3% 的占有率，而且其中约有 70% 来自中草药原料，附加值高的中成药出口微乎其微。我国已有 900 多种中药被国外企业抢先申请了专利。由于中药来源于天然原料，且目前还没有测定手段能够确切地鉴定其产品的最终组成，不像西药那样可以确切地表达其结构，因此有人认为专利保护不适合中药，从而不积极申请专利。实际上，专利制度保护的并不是成熟的理论和产品结构的确切表达，而是能够重复再现的技术方案，化学结构或组成不清楚的产品可以采用性能或制备方法等方式定义。中药就属于这种情况，虽然不能通过产品的化学结构或组成来确切地表达，但可以通过产品的性能如适应症或功能主治以及原料和制备方法来定义，从而以申请产品的方式获得专利保护。

（六）不明确中药复方与专利制度联系

由于中药复方是由多味中药材制成的产品，各味药的作用不同，但组合在一起综合起作用，如六味地黄丸获批产品有 703 种之多。因此，有人认为，由于增加或减少一味中药就有可能影响其总体药效，所以增减药味不侵权，专利实际上保护不了中药复方。其实，专利制度已经从理论和实践上都解决了如何防止变相侵权的问

---

[1] 中药生物技术（biotechnology of Chinese traditional medicine）是运用现代生命科学理论和工程技术研究中药有效成分、资源、鉴定和作用机制等的一门学科。贾景明主编：《中药生物技术》，化学工业出版社生物·医药出版分化 2008 年版，第 105 页。

题，这就是在专利审批时允许权利要求的合理概括和在专利侵权诉讼中可以采用等同原则进行判断。中药复方二次开发成果获得发明专利授权的关键在于：以中医药理论为指导，与临床实践相结合，充分收集、整理和利用各种文献资料，并针对专利法规定的"新颖性、创造性与实用性"的要求，综合考虑，在此基础上进行实验设计，用实验数据证明研究成果的可专利性。因此，一方面，申请专利时，可以对权利要求进行合理的概括，只将不可少的药味即必要组分写入独立权利要求，并对药味和其含量进行上位概念和尽可能宽范围的概括，以便得到较宽的保护范围；另一方面，在侵权诉讼时遇到药味加减时，还可以通过等同原则的运用制止变相的侵权行为。

（七）没有意识到国外市场与国内市场同样重要

医药领域是所有技术领域中，国内专利申请所占比例最高的领域，然而向国外申请专利保护的却很少，低于各技术领域的平均值。与此形成鲜明对比的是：国外企业尤其是跨国医药企业，为了占领我国的国内市场，充分享受我国入世后所给予的国民待遇，利用PCT等途径进入我国的专利申请日益增多，甚至将其锋芒扩展到我国国内申请一直占优势的中药领域，且大部分为从中药材中提取的活性成分，技术含量较高，这理应引起中药界的高度重视。实际上，入世为国内外企业同时提供了一个利用两个市场资源公平竞争的平台，可以促进企业更加经济快捷地发展。如果错失良机，主动放弃国外市场资源，其结果只能是举步维艰，使自己陷入越来越困难的境地。

三、医药生物知识产权保护的对策

我国在生物制药方面的创新能力与发达国家的差距正在不断缩小。在生物制药研究的最新领域，例如，在长效蛋白药物研发方面，国内企业已经成功开发出长效胰岛素、长效生长激素等重要重组蛋白药物；在单抗药物研发方面，一些具有自主知识产权的单抗药物已经上市销售，我国已成为世界上少数能够生产单抗药物的国家。我国历代国家领导人都将技术创新和知识产权保护作为促进我国经济社会发展的基本国策和基本方针，根据国际知识产权的新格局和我国知识产权制度的发展方向，可以大胆预测一下，医药生物领域的知识产权保护可能有如下发展趋势：

（一）生物药行业面临着国内外知识产权保护的严峻挑战

由于我国必须履行对外开放和 TRIPS 协议关于全面保护知识产权的最低义务，化学药原料及制剂行业面临着国外知识产权保护的重压，生物药行业面临着国内外知识产权保护的严峻挑战，中药企业也面临着越来越多的知识产权保护和"洋中药"的大举进攻，以前不少企业所习惯采用的跟踪仿制的空间已经越来越小甚至不复存在。近年来，医药生物领域越来越多的知识产权纠纷已经迫使越来越多的医药生物企业学会尊重他人的知识产权，懂得在药品开发和投产之前必须认真地进行专利文献的检索，否则就有可能面临被起诉侵权的危险，使企业的声誉和经济受到不同程度的损失。

（二）技术创新是企业唯一的出路

创新是一个民族的灵魂，知识产权的重要功能是激励和保护科技创新，促进企业更加重视科研和创新。在新的形势下，企业仿制新药受到限制，仅靠简单改剂型的做法越来越走不通，而生产非专利药利润又低微，要想在严峻的市场竞争中生存和发展，技术创新几乎是唯一的出路。而且，面对世界范围的金融危机，仿制型企业难以生存，而创新型企业却逆风成长，表现了强烈的抗风险能力。因此，预计更多的医药生物企业将逐渐加强自主创新。

（三）抓紧进行开发研究生物医药技术

科技开发将更加突出重点。在市场经济的条件下，每个医药生物企业在决定科研开发方向时都不得不认真地进行成本核算，根据自身的特点权衡利弊，扬长避短。例如，化学原料药开发耗资巨大、技术要求高，我国医药企业恐怕难以在该领域技术开发中有较大作为，但可以在剂型改进和新的适应症开发上做文章；中药是我国的传统优势领域，像青蒿素那样从天然药物中提取活性成分，既容易获得成功，又容易进入西方市场，无疑是实现"走出去战略"的捷径；而突击复方研究，进一步发扬中医药理论，则是传统中药的特色，其开发空间可能更大；另外，采用现代化制备方法及测试手段来实现中药现代化，更是中医药长远发展的根本途径；最后，生物医药技术的发展前景意义重大，而且我国与国外的差别不大，抓紧进行开发研究，也有望在未来的国际市场上占有一席之地。

（四）行政保护的作用将逐渐弱化

我国加入 WTO 后，政府的职能已经发生了转变，对市场的直接干涉将逐渐减少，反之，司法监督将逐渐加强。一方面，国家食品药品监督管理局已经于 2002 年取消了新药保护，《中药品种保护条例》的修改将趋向于不与专利法冲突、不保护落后和保护期限适中；另一方面，《药品注册管理办法》中也增加了申请药品注册必须保证不侵犯别人的专利权和符合申请信息公开的规定，使其更具有透明度和可操作性。随着国家知识产权战略的实施和国内外医药生物企业的强烈呼吁，知识产权配套政策的衔接也将日臻完善。

（五）企业将更加重视知识产权的法律保护

2013 年 1 月，国务院颁布的《生物产业发展规划》明确指出，2013～2015 年，生物医药产业产值年均增速将达到 20% 以上，推动一批拥有自主知识产权的新药投放市场，形成一批年产值超百亿元的企业。美国全球生物技术工业组织（BIO）高级副总裁约瑟夫·戴梦德先生认为："过去的 10 年，生物医药正在势不可挡地席卷全球医药市场，到 2014 年，排名前 100 的药物里预计有 50 种为生物药。"[1] 美国生物技术药物产业的成功归功于一系列因素，包括大量的企业研发投入和政策支持。在所有知识产权保护的现有形

---

〔1〕 李颖："中国生物药缺乏知识产权保护或是制约瓶颈"，载《科技日报》2013年2月7日。

式中，专利和商标等法律保护的效力最强，不但对市场具有独占权和垄断性，且属于对私人或法人财产的保护，在国家的最高法律——宪法中都可以找到依据；况且，随着知情权和透明度原则的加强，药品配方和生产工艺的保密越来越难以保证，靠祖传秘方或技术秘密保护的空间就更小了。因此，企业将更多地选择采用法律形式保护自己的知识产权。

（六）专利申请将更加科学化，保护的力度将不断加强

随着我国市场经济的不断发展和政府机构管理水平的不断提高，人们申请专利的盲目性将越来越小，专利等知识产权的评价体系将越来越科学；与此同时，随着国家知识产权战略的实施和一系列新的司法解释的出台以及知识产权保护行动的开展，专利等知识产权司法保护和行政调处的力度也将不断加强，从而为整个社会提供一种更加公平合理的知识产权保护和竞争环境。例如，修改后的《专利实施强制许可办法》规定，在国家出现紧急状态或者非常情况时，或者为了公共利益的目的，中国政府可向具备实施条件的公司颁发强制许可证，生产专利药品的仿制品。

（七）药品的专利保护期有可能适当延长

当前新药研发和审批过程往往需要消耗 12～15 年的时间，这造成了创新药上市后的"有效专利保护期"很短，加上市场准入的重重障碍，在其刚完成市场培育开始获利时，专利也就基本到期了，客观上消减了企业的利润，甚至影响到巨额研发成本的回收，也会大大影响企业创制新药的积极性。[1] 美国、日本、韩国、澳大利亚、以色列、新加坡等国家以及欧盟国家和我国台湾地区均补充设立了药品专利保护期的延长制度，并纷纷向我国提出了建立相

---

〔1〕 杨淼："丁列明代表：建议我国专利法适当延长创新药的有效专利保护期"，载中国经济网 http:///www. ce. cn/xwzx/gnsz/gdxw/201603/11/t20160311_ 9428931. shtml，访问日期：2016 年 3 月 11 日。

应制度的建议。2009 年，美国参议院以 16∶7 的比例通过了延长生物药专利期的提案——新的专利期延长至 12 年，意味着生物药的市场独占期平均为 12 年。虽然专利法第三次修改没有将此议题纳入修改范围，但随着药品专利期满及保护不充分案例的增加，国内创新型医药生物企业也将越来越多地提出这方面的需求，当时机成熟时，药品专利保护期的延长问题有可能重新成为我国修改专利法热论的议题。

（八）在专利保护与公众利益之间寻求平衡

药品是一种特殊的商品，既需要激励机制，又需要加以限制。专利保护一方面可以促进药品的创新和开发，为社会提供更多更好的新药，因此 TRIPS 规定了最低的保护标准；但专利保护另一方面也会造成药品价格偏高，增加患者经济负担，所以 WTO 还发表了《公共健康宣言》，同意在一定的条件下可以对药品专利颁布强制许可并将其权利扩展到向最不发达国家出口。我国已经加入 WTO，必须承担 WTO 成员所应当承担的一切义务，尤其是加强知识产权保护，对药品及生物技术发明给予合理的保护。为了保护公共健康，我国《专利法》第 50 条规定："为了公共健康目的，对取得专利权的药品，国务院专利行政部门可以给予制造并将其出口到符合中华人民共和国参加的有关国际条约规定的国家或者地区的强制许可。"考虑到当今世界已经进入知识经济时代，知识产权保护已经成为强制性的国际规则，因此，可以大胆地预测，在一般情况下，在今后调整医药生物知识产权保护政策时，平衡点应当向加强保护的方向转移。

医药生物技术领域知识产权保护不力还导致我国相关资源严重外流，跨国企业凭借强大的知识产权保护纷纷进入我国并控制许多关键领域，医药生物技术危机日渐逼近，进而威胁到国家的医药行业甚至农业的安全。我国医药生物技术领域知识产权保护的首要任务，就是要构建完善的科技创新体系，激励和保护技术创新，促进研发与生产一体化，培育自主的知识产权和开发商业化潜力。

四、结语

医药生物技术及其产业的发展和应用，将对整个人类社会的进步起到不可估量的促进作用。世界各发达国家都极为重视医药生物技术的研究与开发，在国际上展开了全方位的激烈竞争和角逐。我国医药生物技术发展态势迅猛，特别是 2012～2020 年，一些重要生物技术产品专利在欧美将纷纷到期，这为我国生物技术药物发展提供了难得的发展机遇。"十三五"期间是我国医药产业做大做强的重要时期，也是我国制药企业转型升级的重要阶段。知识产权保护是保持生物技术持续发展的根本保证，在全球经济一体化的进程中，加强其知识产权保护和研究是发展的必然趋势。

关于医疗产品责任的几点思考

邓　娟*

　　在当前经济转型和社会转轨的背景下，药品安全已成为影响颇为广泛的社会问题，如何有效破解药品安全问题，是社会关注的热点和亟待解决的重要课题。为加强药品监管，《药品管理法》多次被修订，2010 年出台的《中华人民共和国侵权责任法》（以下简称《侵权责任法》）为因医疗产品缺陷或输入不合格血液遭受损害的受害人请求相关责任主体承担损害赔偿责任提供了法律依据，《侵权责任法》第 59 条规定："因药品、消毒药剂、医疗器械的缺陷，或者输入不合格的血液造成患者损害的，患者可以向生产者或者血液提供机构请求赔偿，也可以向医疗机构请求赔偿。患者向医疗机构请求赔偿的，医疗机构赔偿后，有权向负有责任的生产者或者血液提供机构追偿。"首次确立了医疗产品责任在法律体系中的独立地位。然而，关于输入不合格血液致害是否属于产品责任、医疗机构应否承担医疗产品销售者责任等争论并未因《侵权责任法》的出台而尘埃落定。《侵权责任法》对医疗产品责任的相关规定并非尽善尽美，如缺陷产品销售者的责任、向第三人追偿的权利、医疗机构的免责事由等内容并未予以明确规定。基于此，笔者拟就医疗产

---

　　* 邓娟，法学博士，广州市人民检察院民事行政检察处助理检察员。

品责任中存在的问题提出几点思考。

一、构成医疗产品责任的情形

《侵权责任法》第 59 条规定的医疗产品责任包括两个方面：一是因药品、消毒药剂、医疗器械的缺陷造成患者损害的侵权责任；二是因输入不合格的血液造成患者损害的侵权责任。

（一）缺陷医疗产品致害责任

依据《侵权责任法》第 59 条的规定，医疗产品包括药品、消毒药剂和医疗器械三类。《药品管理法》第 100 条对"药品"的定义，是指用于预防、治疗、诊断人的疾病，有目的地调节人的生理机能并规定有适应症或者功能主治、用法和用量的物质，包括中药材、中药饮片、中成药、化学原料药及其制剂、抗生素、生化药品、放射性药品、血清、疫苗、血液制品和诊断药品等。消毒药剂一般是指用于消毒、灭菌或洗涤消毒的制剂。医疗器械在《医疗器械监督管理条例》中则被定义为单独或者组合使用于人体的仪器、设备、器具、材料或者其他物品，包括所需要的软件。

构成医疗产品责任，需要满足医疗产品具有缺陷这一要素。根据《产品质量法》第 46 条的规定，缺陷是指产品存在危及人身、他人财产安全的不合理的危险。判断缺陷的标准包括一般标准即一个善良人在正常情况下对产品应具备安全性的期望，以及法定标准即保障人体健康和人身、财产安全的国家标准、行业标准。具体到医疗产品，其缺陷可分为设计缺陷、制造缺陷、警示说明不充分的缺陷和跟踪观察缺陷四种。[1]

（二）输入不合格血液致害责任

依据《血站管理办法》第 65 条的规定，血液是指全血、血液成分和特殊血液成分。立法之所以将不合格血液与缺陷药品、消毒药剂和医疗器械区别规定，是因为学界对血液是否属于产品是存在

---

[1] 杨立新："论医疗产品损害责任"，载《政法论丛》2009 年第 2 期。

争论的。肯定者认为，血液作为人体组织，与人体分离之后就成为特殊的物，且血液的所有权属于血液提供机构，将其出卖于医院，医院又将其出卖给患者，完全具有产品的特征，应当视为产品[1]。否定者认为，血液不属于《产品质量法》上的产品，不适用产品责任[2]。笔者认为，《产品质量法》中规定的产品是指经过加工、制作，用于销售的产品，需满足经过加工、制造和用于流通两个条件，而血液虽经过血站采集和初步处理，但并未进行加工或制造，故不满足产品的条件。但由于不合格血液输入人体造成的损害与缺陷医疗产品责任具有类似的表现形式，产生同样的法律后果，故将血液视为准产品未尝不可。为最大限度地保护输血者这一相对弱势群体的身体健康权，[3]《侵权责任法》将不合格血液和缺陷医疗产品在同一条中规定，是将医疗产品责任准用于输入不合格血液致害的情形，是较为巧妙的处理，蕴含了立法者的法政策考量[4]。

对于血液不合格的判断，应当结合《献血法》的相关规定。根据该法，血站采集血液必须严格遵守有关操作规程和制度；临床用血的包装、储存、运输，必须符合国家规定的卫生标准和要求；医疗机构对临床用血必须进行核查。不得将不符合国家规定标准的血液用于临床。可见，确定血液合格与否，应考虑血液的采集、储存、运输、使用、核查等各方面，相关机构应尽最大的注意义务。

二、医疗产品责任的归责原则

医疗产品责任既是医疗损害责任，也是产品责任，是兼有两种

---

〔1〕 杨立新主编：《民法物格制度研究》，法律出版社 2008 年版，第 79 页。

〔2〕 梁慧星："论《侵权责任法》中的医疗损害责任"，载《法商研究》2010 年第 6 期。

〔3〕 奚晓明主编：《〈中华人民共和国侵权责任法〉条文理解与适用》，人民法院出版社 2010 年版，第 416 页。

〔4〕 王竹："论医疗产品责任规则及其准用——以《中华人民共和国侵权责任法》第 59 条为中心"，载《法商研究》2013 年第 3 期。

性质的侵权行为类型，是医疗损害责任中的一个基本类型。[1] 医疗损害责任的归责原则一般情况下为过错原则，特殊情况下可依法律规定采过错推定原则。而产品责任的归责原则一般情况下为无过错原则，在不真正连带责任主体内部，生产者承担严格责任，销售者一般承担过错原则，特殊情况下承担严格责任。[2] 医疗产品责任兼具医疗损害责任、产品责任两种性质，二者可以说是一般规定与特别规定的关系。基于产品责任的性质以及《侵权责任法》将医疗产品责任中各主体之间的责任规定为不真正连带责任，医疗产品责任的归责原则分两个层面：对外相对于患者而言，适用无过错责任；对内相对于其他责任主体而言，适用过错责任。

（一）医疗产品责任的对外归责原则

产品责任针对缺陷产品所造成的损害，适用无过错责任原则。确定产品责任适用无过错原则合理性的理论基础是使用有缺陷产品所致损害的责任应由有能力控制危险或在损害确实发生后可平均分摊损失的人来承担。[3] 从诉讼的角度而言，规定无过错责任，将较大程度地减轻产品侵权诉讼中受害人的举证责任，从而提高对受害人的保护和救济力度。这种无过错，不仅体现在对生产者的要求上，也体现在对消费者的要求上。《侵权责任法》第 41 条规定了生产者的无过错责任："因产品存在缺陷造成他人损失的，生产者应当承担侵权责任。"根据《产品质量法》第 41 条第 2 款的规定，生产者只有在以下情形时予以免责：一是未将产品投入流通的；二是产品投入流通时，引起损害的缺陷尚不存在的；三是将产品投入流通时的科学技术水平尚不能发现缺陷的存在的。《侵权责任法》第 43 条第 1 款规定："因产品存在缺陷造成损害的，被侵权人可以向

---

〔1〕 杨立新：《医疗损害责任法》，法律出版社 2012 年版，第 326 页。

〔2〕 刘静：《产品责任论》，中国政法大学出版社 2000 年版，第 98~101 页。

〔3〕 王泽鉴：《产品制造人责任与消费者保护》，正中书局 1982 年版，第 112 页。

产品的生产者请求赔偿，也可以向产品的销售者请求赔偿。"此时销售者对被侵权人承担的是一种无过错责任。

《侵权责任法》第 59 条规定的医疗产品责任确定了缺陷药品、消毒药剂、医疗器械的生产者或者不合格血液的血液提供机构的无过错责任，同时也规定对医疗机构适用无过错责任。至于销售者是否承担责任，医疗机构在医疗产品责任中的定位以及过错第三人的责任，该条并未明确。从整体来看，医疗产品责任属于产品责任的类型，故《侵权责任法》第 59 条虽确立了医疗产品责任的独立法律地位，但这并非医疗产品责任规则的全部，医疗产品责任在体系上是一个"一般规则 + 二维准用"的结构，"一般规则"要求医疗产品责任原则上适用产品责任的一般规则；"二维准用"是指医疗机构在主体意义上准用销售者责任规则和不合格血液在致害物意义上准用缺陷产品责任规则。[1] 具体而言，《侵权责任法》第 41～47 条关于产品责任的规定都应适用医疗产品责任。

（二）医疗产品责任的对内归责原则

医疗产品责任的对内归责，主要解决的是各责任主体之间的追偿问题。《侵权责任法》第 59 条规定，医疗机构赔偿后，有权向负有责任的生产者或者血液提供机构追偿。《产品质量法》第 43 条规定了产品的生产者和销售者之间的追偿责任：属于产品生产者责任的，产品的销售者赔偿的，产品的销售者有权向产品的生产者追偿。属于产品销售者责任的，产品的生产者赔偿的，产品的生产者有权向产品的销售者追偿。

前已述及，产品责任的一般规则应适用于医疗产品责任，因此，尽管《侵权责任法》第 59 条规定的主体仅涉及医疗机构、医疗产品的生产商和血液的提供机构，未明确销售者，但医疗产品的

---

〔1〕 王竹："论医疗产品责任规则及其准用——以《中华人民共和国侵权责任法》第 59 条为中心"，载《法商研究》2013 年第 3 期。

经营者或销售者仍属于医疗产品责任主体的范畴。

各责任主体之间对内承担责任的归责原则是过错责任。产品缺陷由生产者造成的，销售者赔偿后有权向生产者追偿。因销售者的过错使产品存在缺陷的，生产者赔偿后有权向销售者追偿。销售者因过错使产品存在缺陷从而造成他人损害，应承担侵权责任的情形包括：①销售者因其过错造成产品存在缺陷而致人损害；②销售者不能指明缺陷产品的生产者和供货者，在此种情形下，销售者未保证正常的进货渠道而不能指明缺陷产品的生产者和供货者，即是一种过错。

由于医疗产品责任是一种不真正连带责任，当被侵权人从一个或数个责任主体处获得完全赔偿后，全体责任主体对被侵权人的责任则归于消灭，随之产生的是中间责任主体向终局责任主体追偿的问题。《北京市高级人民法院关于审理医疗损害赔偿纠纷案件若干问题的指导意见（试行）》（京高法发［2010］第400号）第32条规定："对于医疗产品损害赔偿纠纷案件，患者一方同时起诉缺陷产品的生产者、销售者和医疗机构时，如果患者一方的赔偿请求得到支持，人民法院可以判决缺陷产品的生产者、销售者和医疗机构对患者一方承担连带赔偿责任。不负最终责任的当事人在承担了赔偿责任之后，可以依法向承担最终责任的其他当事人进行追偿。"

三、医疗机构在医疗产品责任中的地位

《侵权责任法》第59条规定，医疗机构在医疗产品责任中对外承担无过错责任，其基础在于将医疗机构放在了销售者的主体地位。医疗机构是否具有销售者身份，是否应对外承担无过错责任，这在学界尚有争论。

一种观点认为，医疗机构应被视为药品销售者，是责任主体之

一，承担的是不真正连带责任。[1] 鉴于医疗机构确实不同于一般药品销售者，而"以药养医"的医疗体制尚未发生根本性变化，故医疗机构在医疗产品责任对外责任的承担上，应参照销售者的责任主体地位，适用不真正连带责任，在对内责任分担上适用特殊规定。

另一种观点认为，医疗机构不是或者主要不是药品的销售者，其理由在于：药品在多数情况下虽通过医疗机构最终到达患者，但医疗机构不是药品销售者，医疗机构的主要功能在于提供各种专业诊疗服务以竭力恢复患者的健康，最终起到治疗效果，提供药品或者医疗设备只是辅助行为。而且，"我国《侵权责任法》第54条规定了医疗损害的过错归责原则。过错的认定既是《侵权责任法》中医疗损害侵权的结构主线，也是医疗损害侵权责任的核心问题。医疗机构就药品缺陷承担的也应仅限于过错责任"。[2]

笔者赞同第一种观点。首先，《侵权责任法》第54条规定的是医疗损害赔偿责任的一般规则，医疗损害赔偿责任包括医疗技术损害责任、医疗伦理损害责任和医疗产品损害责任，而作为其类型之一的医疗产品损害责任又具有产品责任的属性，因此二者形成一般与特殊的关系，并不矛盾冲突。其次，医疗机构虽然是在为患者提供医疗服务，对其用药是辅助实现医疗效果的必经途径，但在目前我国"以药补医"的机制下，医疗机构通过对药品加价销售的方式获得收益，已具有销售者的主体地位。且在实践中，患者往往与医疗机构直接面对和接触，并不清楚医疗产品的生产者和销售者，由医疗机构对诊疗活动中因缺陷产品导致的损害、对患者承担无过错责任，更有利于维护受害患者的合法权益。

〔1〕 奚晓明主编：《〈中华人民共和国侵权责任法〉条文理解与适用》，人民法院出版社2010年版，第414~419页。
〔2〕 廖焕国："医疗机构连带承担药品缺陷责任之质疑"，载《法学评论》2011年第4期。

四、医疗产品责任诉讼中当事人的诉讼地位

在医疗产品责任纠纷中，患者可以向医疗机构请求赔偿，也可以向缺陷医疗产品的生产者、销售者或者不合格血液的提供机构请求赔偿。患者如果选择上述全部主体为起诉对象请求赔偿，则医疗机构和缺陷医疗产品的生产者、销售者或者不合格血液的提供机构均为被告，这并无疑义。但患者如果仅起诉部分主体，则产生如何确定各方主体的诉讼地位问题，此情况下，被起诉主体能否申请或由法院依职权追加其他责任主体为诉讼参与人？追加诉讼参与人是否需要经过原告的同意？被追加的诉讼参与人享有什么样的诉讼地位？是诉讼案件的被告还是第三人身份？

在《侵权责任法》出台前，由于没有明确缺陷医疗产品或不合格血液致害责任的性质和法律地位，导致上述问题成为诉讼焦点，这在"齐二药"假药案中表现得尤为突出。在该案中，几乎所有的患者及其家属仅以涉案医院为被告而提起诉讼，医院则申请法院追加药品生产企业和药品经营企业为被告，在原告极力反对的情况下，法院决定追加三被告。对此，有学者认为，假药案属必要的共同诉讼；已参诉之被告具有申请追加其他当事人的诉讼权利；对于必要的共同诉讼，法院追加未参诉的其他被告不需要经过原告的同意；追加必要共同诉讼的被告的基础，在于依法公开审判案件。[1]

确定各责任主体在医疗产品责任纠纷中的诉讼地位，与医疗产品责任的性质是密切相关的。《侵权责任法》确定了在医疗产品责任中，医疗机构与缺陷医疗产品的生产者、销售者或不合格血液的提供机构之间承担的是不真正连带责任。不真正连带债务乃多数人就同一内容之给付，各负全部履行之义务，而任一债务人履行，则

---

〔1〕 蔡彦敏："'齐二药'假药案民事审判之反思"，载《法学评论》2010年第4期。

全体债务消灭之债务。[1] 其法律特征在于：①数个债务基于不同的原因而发生；②债权人对数个债务人分别享有独立的请求权；③数个不同债务是偶然而联系在一起的；④不同债务的给付内容是同一的，且债务的清偿不分比例、份额；⑤不真正连带债务在多数情况下存在终局责任人。可见，在不真正连带责任中，各债务人的债务给付内容是同一的，各自可成为独立的被告，也表明，在医疗产品责任中，患者对每一个责任主体分别享有独立的请求权，各个责任主体之间并不构成必要的共同诉讼，选择部分主体或者全部主体为起诉对象，是患者的诉讼权利，应当得到法律的尊重，未经其同意，不能追加其他责任主体为共同被告。当患者选择全部责任主体时，上述主体均为被告；当患者仅选择一部分责任主体起诉时，该部分责任主体为被告。当然，这不是说不能追加其他责任主体为诉讼参与人。由于在医疗产品责任中涉及侵权损害赔偿法律关系，缺陷医疗产品致人损害，在患者使用之前经过了药品生产企业——药品经营或销售主体——医院等流通环节，而各主体均具有保障药品质量的责任和注意义务，追加未被诉的责任主体到诉讼中，有利于诉讼便利，也有利于全面地查明事实和确定法律责任。尤其在医疗产品责任这样具有较强专业性的纠纷中，生产商对免责事由等方面具有更强的举证能力，更有利于发现案件事实。[2] 由于不真正连带责任所产生的诉讼并非必要共同诉讼，故被追加的责任主体应当作为第三人而非共同被告加入已进行的诉讼中。对此，广东省高级人民法院2012年发布的《全省民事审判工作会议纪要》第52条规定："因医疗机构使用的药品、消毒药剂、医疗器械存在缺陷或输入不合格血液造成患者损害的，患方同时起诉药品、消毒药剂、

---

〔1〕 郑玉波：《民商法问题研究》，三民书局1984年版，第201页。
〔2〕 唐小侠："医疗物品致人损害责任的举证制度研究"，载《证据科学》2011年第3期。

医疗器械的生产者、销售者，血液提供机构以及医疗机构请求赔偿的，人民法院应予准许；患方仅起诉其中部分责任主体，人民法院向患方释明后，患方明确表示不起诉其他责任主体的，人民法院可以根据案件审理需要通知其他主体作为第三人参加诉讼。"被诉方可以申请追加。

关于适用《食品安全法》惩罚性
赔偿制度相关问题探讨

印 强 彭 穗*

一、现行司法之分析

惩罚性赔偿不同于民法中的一般损害赔偿原则,一般性的损害赔偿在于填补受害人的损失,而惩罚性赔偿具有制裁性质,我国《食品安全法》第 148 条第 2 款规定了 10 倍价款或者 3 倍损失的赔偿金以及保底 1000 元的惩罚性赔偿规定,体现了以最严谨的标准、最严格的监管、最严厉的处罚、最严肃的问责来适用《食品安全法》的理念。

(一)案件增长较快

广州中院近几年受理的涉及适用《食品安全法》惩罚性赔偿的二审案件情况:2011~2013 年在 500 件左右,2014、2015 年接近 2000 件。早在 2009 年实施的《食品安全法》第 96 条就规定了惩罚性赔偿制度,但直至 2014 年之后,该类案件数量开始激增,主要原因在于 2014 年实施的《最高人民法院关于审理食品药品纠纷案件适用法律若干问题的规定》对于消费者"知假买假"主张惩

---

* 印强,广州市中级人民法院助理审判员。彭穗,广东省河源市人民检察院检察官助理。

罚性赔偿的，一般都予以支持，导致特定人群对该类案件提起诉讼的案件数量激增。

（二）原告多为多次诉讼经历者

在该类案件中，原告多为有过多次诉讼经历的人士。以 1 年内有过 5 次以上诉讼经历的人员为例，2012～2015 年的广州二审案件中，该类人员作为原告提起诉讼的案件为 3836 件，占案件总数的82.44%。仅吴某 2014 年在花都区人民法院作为原告提起诉讼的案件为 104 件。近几年，广州市两级法院涉及张某的案件高达 742 件。

（三）被告多为本地销售企业及电商企业

与原告多为有过多次诉讼经历的人相对应，被告多为本地的大型超市、商场等销售企业和电商企业。由于大型超市、网络交易平台的商品种类繁多、购物凭证齐备、判决自动履行率高的特点，成为特定人士诉讼的首先对象。以 2014 年为例，某超市作为被告的案件有 374 件。

（四）食品问题多集中在标签和保健食品、进口食品

在 2014 年公布修订的《食品安全法》之前，消费者主张食品违反食品安全标准主要集中在标签标识上；在 2014 年公布《食品安全法》修正案之后，消费者主张违反食品安全标准的领域主要集中在保健食品和进口食品。而保健食品和进口食品的问题体现在以下两方面：一是普通食品和保健食品的原料管理；二是食品添加剂、营养强化剂的超范围添加。

二、惩罚性赔偿的性质分析

完全赔偿是损害赔偿的共同基础，无论是在合同责任领域，还是在侵权责任领域，各国民法的共同出发点都是对财产上的损害和非财产上的损害予以全面的赔偿。[1] 损害赔偿以填补受害人所遭

---

〔1〕 ［德］U. 马格鲁斯："比较报告"，载 U. 马格普斯主编：《侵权法的统一：损害与损害赔偿》，谢鸿飞译，法律出版社 2009 年版，第 272 页。

受的全部损害为主要目的，完全赔偿乃是该目的的反映。完全赔偿原则，是指行为人应向受害人赔偿因侵害事实造成的一切损害，又称为全部赔偿原则（Totalreparaption）。[1] 依照完全赔偿原则之文义，惩罚性赔偿与其格格不入。因为，惩罚性赔偿已超出了传统的以完全赔偿为特征的损害赔偿范畴，成为具有制裁性质的救济手段，同时也成为部分特定人群的牟利工具。因此，有学者也将惩罚性赔偿称为"法制史上的蜥蜴"，应加以必要的驯服，不使其无节制地扩张，成为损害赔偿法上难以驾驭的怪兽。[2]

在《最高人民法院关于审理食品药品纠纷案件适用法律若干问题的规定》实施之前，司法界有一种普遍观点认为，惩罚性赔偿是侵权责任的一种，应以人身损害、财产损害作为适用条件，而对于特定诉讼人群，由于其没有证据证明人身、财产受有损害，因此，对其提出的惩罚性赔偿不予支持。但有学者认为，惩罚性赔偿制度在食品安全责任中可以构成责任竞合，既能体现在合同责任中，也可以体现在侵权责任中，在构成竞合的情况下，在合同责任内部，惩罚性赔偿应为特别法；在侵权责任内部，应当允许受害人根据个案选择适用《食品安全法》或者《侵权责任法》第49条。[3] 因此，笔者认为，食品安全责任中的惩罚性赔偿是一种独立于合同责任和侵权责任的法定责任，只要符合惩罚性赔偿的构成要件，就可以依法适用。

---

〔1〕 梁展欣：《民法与民事诉讼法的协同》，人民法院出版社 2015 年版，第 111 页。

〔2〕 王泽鉴："损害赔偿法之目的：损害填补、损害预防、惩罚制裁"，载《月旦法学杂志》2005 年第 7 期。

〔3〕 姚辉、刘艳阳："论食品安全责任中的惩罚性赔偿"，载《河南财经政法大学学报》2013 年第 1 期。

三、惩罚性赔偿的构成要件分析

(一) 不符合食品安全标准的认定

《食品安全法》第148条适用的前提之一即食品须不符合食品安全标准，但何为"不符合食品安全标准"的食品，如何认定食品不符合食品安全标准，是司法实务中的难点。

1. 食品安全的应有之义。《食品安全法》第150条第3款规定："食品安全，指食品无毒、无害，符合应当有的营养要求，对人体健康不造成任何急性、亚急性或者慢性危害。"由此可见，食品安全分为生物性安全、化学性安全和物理性安全。生物性危害主要是指细菌、病菌、真菌等能产生毒素的微生物组织；化学性危害主要是指农药、兽药残留、生产促进剂和污染物，违规或违法添加的添加剂；物理性危害主要是指金属、碎屑等各种各样的外来杂质。按照风险分类，可以分为质量风险（影响食品外观和内在品质的危险）、卫生风险（影响食品安全性和适用性的风险）、营养风险（食品营养安全）、生物风险。

2. 不合格食品与不安全食品的区分。由于食品的销售者与消费者之间亦存在合同关系，因此，在消费者与销售者之间也有可能适用合同责任。如果不涉及食品内在品质的安全性能，如销售者出售的食品不符合企业标准但却符合该类食品的国家标准和地方标准时，不宜认定食品是不安全的食品。因此，不安全食品肯定是不合格食品，可以适用10倍价款赔偿等惩罚性赔偿，但不合格食品不一定是不安全食品，不能直接以食品不合格就直接适用惩罚性赔偿。如某企业生产的冬虫夏草胶囊（保健食品），在标签中标明的冬虫夏草含量为30%，但经检验证明，冬虫夏草的含量仅有20%，如果在食品安全标准中未对冬虫夏草作出明确规定，那该食品可以被认定为不合格的食品，但不能被认定为不安全的食品，不能适用《食品安全法》中的惩罚性赔偿。

3. 不符合食品安全标准仅限于国家标准和地方标准，不包括企业标准。2009 年发布的《食品安全法》第 25 条规定："企业生产的食品没有食品安全国家标准或者地方标准的，应当制定企业标准，作为组织生产的依据。国家鼓励食品生产企业制定严于食品安全国家标准或者地方标准的企业标准。企业标准应当报省级卫生行政部门备案，在本企业内部适用。"在 2015 年修订的《食品安全法》修改为第 30 条："国家鼓励食品生产企业制定严于食品安全国家标准或者地方标准的企业标准，在本企业适用，并报省、自治区、直辖市人民政府卫生行政部门备案。"修订时删除了"企业生产的食品没有食品安全国家标准或者地方标准的，应当制定企业标准，作为组织生产的依据"。对于企业标准，由于技术指数高于国家标准和地方标准，根据《标准化法》的规定，法律是鼓励并非强制性规定，因此，当企业采用企业标准生产食品时，如果经鉴定不符合安全标准，应该适用《食品安全法》第 148 条规定，如果符合国家安全标准和地方安全标准但不符合企业标准，则不宜适用《食品安全法》第 148 条规定的惩罚性赔偿，但可基于《消费者权益保护法》中关于欺诈的规定来认定生产者是否需承担欺诈的民事责任。

（二）经营者"明知"的认定

《食品安全法》第 148 条第 2 款规定的惩罚性赔偿，对生产者而言是严格责任，对经营者而言是过错责任。

1. 从立法体系上分析，销售者一旦销售了不符合食品安全标准的食品，就可以直接认定销售者承担惩罚性赔偿，则无需在立法上区分生产者和经营者的严格责任和过错责任，只需要规定"生产、经营不符合食品安全标准的食品的，消费者可要求价款 10 倍赔偿"，无须规定"生产不符合食品安全标准的食品或者经营者明知是不符合食品安全标准的食品"。

2. 从食品安全的作用力上分析。生产者作为食品是否符合安全标准的直接控制者，理应实施最严格的责任，即严格责任，只要食品不符合安全标准，就应承担严格责任。而作为销售者而言，作用力是轻于生产者的。因此，应将生产者的责任和经营者的责任予以区分。

3. 经营者过错的判断标准。判断经营者是否有过错，可从以下两方面考虑：一是行为是否违法，经营者是否违反了法律义务；二是经营者主观上是否有过错，即明知故犯，已经受过相应的处罚还进行销售，或者仍在销售国家明文禁止销售的产品。

通常认为，有下列情形之一的，可以认定销售者的"明知"[1]：①销售法律法规明令禁止的食品，如禁止销售的鱼肝油食品；②更改食品生产日期的；③同一批食品经有关部门检测确定为不符合食品安全标准并被责令停止经营仍销售的，如被行政部门进行处罚的；④从未依法取得食品生产许可的食品生产者处进货的；⑤未按照《食品安全法》的规定履行进货查验记录义务的；⑥未按照《食品安全法》的要求运输、储存食品的。

"明知"应当包括"推定知道"，例如，超市出售过期食品存在四种可能：一是生产者在生产时就虚假标注；二是生产者生产时正常标注，但在出售给销售者时已经过了保质期；三是销售者在销售过程中自己更改保质期标签；四是销售者进货时在保质期内，却在保质期外销售。因实践中对销售者的主观过错很难区分，为保护消费者的权益，只要销售超过保质期的食品，就应当适用惩罚性赔偿。

从上述例子可以推定出"表面推定"规则，即消费者根据食品的标签标识、广告，主张食品为不符合食品安全标准的，应推定销售者是明知食品不符合食品安全标准。

---

〔1〕 杜万华主编：《民事审判指导与参考（第60辑）》，人民法院出版社2015年版，第255~256页。

（三）食品标签瑕疵与惩罚性赔偿的适用

在 2015 年修订的《食品安全法》中，关于惩罚性赔偿，新增了一类不适用惩罚性赔偿的情形，即标签、说明书不影响食品安全且不会造成误解的瑕疵，不支持惩罚性赔偿。

在司法实践中，与标签相关的标准通常会涉及 GB7718《预包装食品标签通则》、GB13432《预包装特殊膳食用食品标签》、GB29924《食品添加剂标签通则》、GB14880《食品营养强化剂使用标准》、GB28050《预包装食品营养标签通则》，这也是职业打假人士等特殊群体经常提及的食品标签不符合食品安全标准的情形。

食品作为产品的一类，自然也适用产品警示缺陷理论。警示缺陷，又称为警示与说明缺陷，或者营销缺陷，是指当产品投入流通之前，生产者或销售者疏于以适当的方式向消费者说明产品在使用方法指导以及危险防止方面应予注意的事项，因而导致产品发生不合理的危险。[1] 警示缺陷包含有警告缺陷和指示缺陷。警告缺陷是生产者未对消费者履行警告义务而导致的缺陷状态，未告知消费者产品存在的风险和性质。指示缺陷是指生产者未对消费者说明产品应该如何安全使用的欠缺状态。[2] 警告的目的在于提醒消费者注意危险，指示的目的在于向消费者描述有效、合理使用安全产品的过程。

如食品标签不符合《产品质量法》第 27 条即存在指示缺陷，如不符合《产品质量法》第 28 条即存在警告缺陷。除此之外，食品标签存在的不法行为，则应认定为标签瑕疵，因此，标签瑕疵应仅指打印符号、符号等非实质内容的，并不涉及产品所存在的不合

---

〔1〕 冉克平：《产品责任理论与判例研究》，北京大学出版社 2014 年版，第 112 页。

〔2〕 冉克平：《产品责任理论与判例研究》，北京大学出版社 2014 年版，第 113 页。

理危险，标签瑕疵并不会导致食品存在缺陷。

具体而言，食品警示缺陷与食品标签瑕疵存在以下区别：①从标签内容的完整性上分析，食品警示缺陷是指标签缺少《产品质量法》《食品安全法》等法律规定的需标注的必要事项或者并未指出食品可能存在的危害性（如对特殊群体可能造成的不良反应等）；食品标签瑕疵则是指标注的信息已包含法律要求的必要事项，只是在其他方面存在瑕疵。②从标签内容的真实性上分析，标签内容不实属于警示缺陷；食品标签瑕疵是指信息真实无误，但是在字体、印刷上不符合规定。

食品标签不法行为既包括警示缺陷，也包括标签瑕疵，并非所有的食品标签不法行为均应适用惩罚性赔偿，要根据具体情形来判断适用。惩罚性赔偿从本质上是对生产经营不安全食品的行为进行惩罚。而不安全食品具有不合理危险，不符合普通消费者的合理期待标准，属于缺陷产品，因此，当食品的标签出现警示缺陷时，将被视为是有缺陷的产品。

对于保质期这一类法律明确规定必须标注的基本信息，如果未能标注或虚假标注，则构成警示缺陷，应承担惩罚性赔偿责任。食品在保质期内食用对消费者而言是安全的应有之义，如生产者未在食品上标注生产日期或保质期，或虚假标注，导致消费者食用过期食品，发生了重大的人身损害后果，此时导致责任竞合。消费者可以依据《食品安全法》第 148 条第 1 款，适用《侵权责任法》第 47 条规定，也可以直接适用《食品安全法》第 148 条第 2 款规定请求惩罚性赔偿。

对于《产品质量法》《食品安全法》规定基本信息以外的其他信息标识不符的，是否适用《食品安全法》规定的惩罚性赔偿，则需视具体情况而定。以食品标签所含的营养性信息为例，对于《食品安全法》第 34 条第 5 项规定的专供婴幼儿和其他特定人群的主辅食品，如果食品标签的营养信息不符合食品安全标准，则食品生产经营者应承担惩罚性赔偿责任。而如果某一普通食品的安全标准对食品的营养含量并没有做出要求，即该普通食品标签上的营养信息并不影响食品安全，如该普通食品营养信息标注不实，该行为可能构成欺诈，影响了消费者的消费目的，应承担《消费者权益保护法》第 55 条规定的关于欺诈的责任，而并非适用《食品安全法》第 148 条规定的惩罚性赔偿。

医疗鉴定问题探析

曹 军*

　　近年来，医疗损害赔偿纠纷呈逐年增长态势。以北京为例，据统计，2008 年，全市法院共受理一审医疗事故损害赔偿纠纷案件715 件，审结 483 件。2009 年，全市法院共受理一审医疗事故损害赔偿纠纷案件 885 件，审结 677 件。2010 年，全市法院共受理一审医疗事故损害赔偿纠纷案件 1004 件，审结 945 件。[1] 众所周知，医疗具有很强的专业性、复杂性和技术性，由于法官认知的缺陷，其对医疗的认识必然不强。因此，法官在裁判案件时往往依赖医疗鉴定。从某种意义上讲，医疗鉴定的结果直接关系法律的公平正义与医患双方的权利义务。而我国现阶段的"二元"制医疗鉴定模式客观上造成了"多头鉴定""重复鉴定"，这既浪费了诉讼资源，损害了诉讼效率，又严重影响案件事实的查明和侵权纠纷的解决，甚至影响当事人对司法的信任。基于此，笔者试图对我国现阶段的医疗鉴定制度进行分析，拟提出相应的改进措施。

---

　　* 曹军（1972～），男，湖南汉寿人，广州市人民检察院民事行政监督检查处检察官，法律硕士，主要从事检察实务研究。
　　〔1〕 北京市高级人民法院课题组："新形势下医疗损害赔偿纠纷案件的审理情况、问题与对策"，载《法律适用》2011 年第 6 期。

一、我国医疗鉴定制度的现状

《中华人民共和国侵权责任法》（以下简称《侵权责任法》）颁布之前，我国医疗鉴定有两种模式，俗称"二元制"鉴定模式：一种是医学会组织的医疗事故技术鉴定；另一种是司法鉴定所进行的医疗过失鉴定或医疗过错鉴定。《侵权责任法》在第七章中对医疗损害责任作了专章规定。有学者断言，《侵权责任法》的出台意味着医疗损害责任首次在法律层面上得到统一。[1]《侵权责任法》规定医疗损害责任，统一案由、统一适用人身损害赔偿标准，能彻底改变三个双轨制构成的二元化结构的医疗损害责任体制，构成一个比较完善、科学的医疗损害责任制度。[2] 因此，有人说，我国医疗鉴定机制由"二元制"变为了"一元制"，即《侵权责任法》之后，医疗损害鉴定代替了医疗事故和医疗过失鉴定。笔者对此不予认可，因为：①《侵权责任法》并没有规定《医疗事故处理条例》（以下简称《条例》）当然失效。之前全国人大常委会法工委副主任王胜明认为《侵权责任法》与《条例》所指概念不同，因此《条例》肯定有效。②《侵权责任法》为《条例》的适用预留了空间。2010 年 6 月 30 日最高人民法院发布的《关于适用〈中华人民共和国侵权责任法〉若干问题的通知》第 3 条规定："人民法院适用侵权责任法审理民事纠纷案件，根据当事人的申请或者依职权决定进行医疗损害鉴定的，按照《全国人民代表大会常务委员会关于司法鉴定管理问题的决定》《人民法院对外委托司法鉴定管理规定》及国家有关部门的规定组织鉴定。"其中，国家有关部门的规定中并没有排除《条例》。③实践中，法院并没有完全采纳《侵权

[1] 谢青松："《侵权责任法》：开启医疗损害新纪元"，载《医学与哲学（人文社会医学版）》2010 年第 7 期。

[2] 杨立新："侵权责任法的成功与不足"，载 http://wenku.baidu.com/view/f0a341ce0508763231121211.html，访问日期：2010 年 5 月 17 日。

责任法》的意见，以江苏为例，江苏省明确发文，规定主要医疗损害鉴定由医学会组织专家进行，双方同意时，可委托社会鉴定机构进行鉴定。[1] 这种做法势必会导致医疗鉴定的双轨制在实践中将继续存在。由此，如果《条例》未被废止，医疗鉴定制度"二元化"仍没有从实质上发生根本性改变。

（一）医疗事故技术鉴定制度

医疗事故技术鉴定，是指由医学会组织有关临床医学专家或与法医学专家组成的专家组，运用医学、法医学等科学知识和技术，对涉及医疗事故行政处理的有关专家性问题进行检验、鉴别和判断并提供鉴定结论的活动。现行的《医疗事故处理条例》规定，医疗事故技术鉴定由省、市两级医学会组织实施，首次鉴定由市级医学会组织，医患双方任何一方不服首次鉴定结论，可向当地卫生行政部门或法院提出再次鉴定申请，经卫生行政部门移交或经人民法院委托交省级医学会进行再次鉴定。一般而言，省级鉴定是最终的医疗事故技术鉴定结论，对一些"疑难、复杂并在全国有重大影响"的医疗事故技术鉴定，必要时可由省卫生厅或省高级人民法院商请中华医学会组织再次鉴定。医学会建立专家库，每次鉴定由医患双方从专家库随机抽取专家进行。医患双方也可从异地医学会专家库中抽取人员进行鉴定。现行医疗事故技术鉴定制度还建立了医学会专家回避、在鉴定结论上注明不同专家意见、专家的任职资格等相关制度，具有一定的科学性，保障了医疗事故技术鉴定的有序、健康运行，对法官审判案件具有积极意义。据统计，到 2010 年，中华医学会和各地医学会共组织了 8 万例次医疗事故技术鉴定，首次鉴定的平均事故率为 35% ~ 37%，再次鉴定平均事故率为 51% ~ 53%，两次鉴定结论的基本符合率在 75% 以上；其中，人民法院委

---

〔1〕 查曼、杨芳、丁镭："《侵权责任法》解决医疗纠纷司法'二元化'的创新与不足"，载《医学与哲学（人文社会医学版）》2011 年第 6 期。

托的鉴定案例不低于2/3，鉴定公信力得到了群众和司法机关的基本肯定。[1]

（二）医疗过错鉴定制度

医疗过错鉴定，是指具有资质的司法鉴定人通过审查病历资料、检查患者或复阅医学影像、病理等资料，结合临床诊疗护理规范、常规等医学知识和经验，对医疗行为是否存在过失、患者的损害后果，以及医疗过失与损害后果之间的因果关系进行科学、客观的分析判断，并出具有效的司法鉴定意见的过程。其鉴定的重点是明确医疗机构的诊疗活动与损害后果的因果关系，为法官裁判案件提供科学依据。我国对司法鉴定实行的是行政许可准入制度，成立司法鉴定机构必须取得司法行政部门许可，符合成立条件的才能登记造册，接收鉴定业务。鉴定人员应符合以下条件：具有与所申请从事的司法鉴定业务相关的高级专业技术职称；具有与所申请从事的司法鉴定业务相关的专业执业资格或者高等院校相关专业本科以上学历，从事相关工作5年以上；具有与所申请从事的司法鉴定业务相关工作10年以上经历，具有较强的专业技能；因故意犯罪或职务过失犯罪受过刑事处罚的，受过开除公职处分的，以及被撤销鉴定人登记的人员，不能从事司法鉴定业务。司法鉴定实行鉴定人负责制，独立进行鉴定，并在鉴定书上签名或者盖章，多人参加鉴定，有不同意者应当注明。诉讼中，当事人对鉴定意见有异议的，经人民法院依法通知，鉴定人应当出庭作证。目前，我国司法鉴定机构如雨后春笋般涌现，为法官裁判医疗纠纷案件提供了强有力的组织保障。根据司法部司法鉴定情况统计：2009年，全国登记注册的司法鉴定机构共2150家。按发起单位分类，其中，卫生部门设立的司法鉴定机构有1505个，占总数的70%；25个省卫生部门

---

〔1〕 张灿灿："医疗事故技术鉴定8年达8万例次"，载《健康报》2010年7月5日。

设立的司法鉴定机构占当地设立司法鉴定机构数的 50% 以上。按照司法鉴定机构的执业类别分类，其中，法医临床类鉴定机构所占比例最高，约为总数的 80%，法医临床类鉴定案件数量为 624 458 件。[1] 2010 年，全国登记注册的司法鉴定机构增长至 2254 家，其中，70% 来自卫生部门；2010 年，全国法医临床类鉴定案件数量达 711 362 件，同期法医临床鉴定人为 18 213 人，平均每位法医负责的临床类鉴定案件数量约为 39 件。截至 2011 年 4 月，我国经司法行政机关核准登记的司法鉴定机构达 4900 余家，鉴定人约为 5.3 万名。[2]

二、我国医疗鉴定制度存在的问题及分析

两种医疗鉴定制度无疑都有其优越性，医疗事故技术鉴定的专业性和科学性比医疗过错鉴定要高，而医疗过错鉴定的中立性是医疗事故技术鉴定无法比拟的。目前，司法实务中，社会对两种鉴定制度态度较为明确，对于医方而言，喜欢由医学会进行医疗事故技术鉴定，以此为定分止争提供依据；而对于患者而言，医疗事故鉴定被视为一个"陷阱"，千方百计地予以规避，争取做司法鉴定。[3] 2010 年 7 月 8 日，上海市徐汇区人民法院开庭审理崔红喜、高称心诉上海复旦大学附属儿科医院医疗纠纷案，决定将案件送交北京一家司法鉴定机构鉴定时，"旁听席上响起了掌声和叫好声"。[4] 事实表明，医学会进行的医疗事故技术鉴定的公信力正逐渐减弱。

---

〔1〕 李禹、王奕森："2009 年度全国'三大类'司法鉴定情况统计分析"，载《中国司法鉴定》2010 年第 4 期。

〔2〕 李禹、陈璐："2010 年度全国法医类、物证类、声像资料类司法鉴定情况统计分析"，载《中国司法鉴定》2011 年第 4 期。

〔3〕 柴会群："《医疗事故处理条例》当休矣"，载《南方周末》2010 年 8 月 19 日。

〔4〕 柴会群："《医疗事故处理条例》当休矣"，载《南方周末》2010 年 8 月 19 日。

（一）医疗事故技术鉴定缺乏中立性，患者普遍不接受

医学会的专业性毋庸置疑。以广东省医学会为例，该学会目前已有 72 个专科分会。[1] 医学会分工如此之细，有利于更好地适应鉴定需要，且从事医疗损害司法鉴定工作的鉴定人员具有丰富的经验与知识，但医学会鉴定的中立性一直受社会的诟病。

1. 医学会与当地卫生行政部门存在着千丝万缕的关系，难以确保中立性。各地的医学会虽然是由当地医务工作者自愿联合发起成立，经当地社会团体行政主管机关核准注册登记的社会团体法人，但从其章程来看，医学会要接受卫生行政部门的领导，接受社会团体行政主管机关的监督、检查和指导，其经费来源主要是卫生行政部门拨款、会费和收取医疗事故技术鉴定费。以山东省医学会为例，《山东省医学会章程》第 5 条规定："本会接受业务主管单位山东省科学技术协会、社团登记管理机关山东省民政厅的业务指导和监督管理，办事机构挂靠在山东省卫生厅。"由于医学会和医疗机构同受卫生行政部门的管理和指导，医学会的经费主要靠卫生行政部门支持，医疗事故技术鉴定委员会所进行的医疗事故技术鉴定很容易受到卫生行政部门的影响。

2. 医学会及医疗事故技术鉴定委员会与医疗机构、医生间利益相关。《山东省医学会章程》第 3 条规定："……本会依法维护医学科学技术工作者的合法权益，为会员和医学科学技术工作者服务，为全省人民健康服务，为社会主义现代化建设服务。"通过该条规定可以看出，医学会是为了维护医疗工作者的合法权益而设立的机构，作为医学会内部的医疗事故技术鉴定委员会及其聘任的医疗专家，其具有双重身份，与医疗机构和医生具有利益相关性，医学会和医疗机构类似兄弟关系，由医方权益的维护者对医方的医疗

---

〔1〕"广东省医学会简介"，载 http：//www. gdma. cc/artlistshow. do? id = 992，访问日期：2010 年 7 月 25 日。

过错进行评判，显然违背了中立性原则。[1]

3. 当地医学专业人员优先进入医疗事故技术鉴定专家库的设计缺欠。根据《医疗事故处理条例》第23、24条的规定，医学会进行医疗事故技术鉴定应当建立专家库，符合条件的医疗卫生专业技术人员和法医，有义务受聘进入专家库。《医疗事故技术鉴定暂行办法》第6条第3、4款规定："负责首次医疗事故技术鉴定工作的医学会原则上聘请本行政区域内的专家建立专家库；当本行政区域内的专家不能满足建立专家库需要时，可以聘请本省、自治区、直辖市范围内的专家进入本专家库。负责再次医疗事故技术鉴定工作的医学会原则上聘请本省、自治区、直辖市范围内的专家建立专家库；当本省、自治区、直辖市范围内的专家不能满足建立专家库需要时，可以聘请其他省、自治区、直辖市的专家进入本专家库。"本行政区域的专家优先进入专家库虽能节约鉴定成本，提高效率，具有方便交流、开展工作的可操作性，却没有考虑到人际关系因素，极易造成患方对医疗事故技术鉴定的不信任。[2] 因为大部分患者认为，同一地区的医生由于业务或其他方面的因素都彼此熟悉，同一专业医生之间往往有学术上的交流，鉴定人易受其影响，从而作出不利于患者的结论。

（二）医疗过错鉴定缺乏专业性，很难令人信服

司法鉴定的本质是鉴定人在诉讼活动中运用科学技术或者专门知识对诉讼涉及的专门性问题进行鉴别和判断并提供鉴定意见的活动。[3] 之所以需要司法鉴定，是法官无法对一些专门性问题进行判断，他们必须借助于鉴定人提供的鉴定意见才能作出审判。因此，

---

〔1〕 许宁："试论我国现行医疗事故处理制度的缺陷"，载《延边党校学报》2006年第2期。

〔2〕 丁文、王洪礼："完善我国医疗事故技术鉴定的法律思考"，载《山东审判（山东法官培训学院学报）》2006年第6期。

〔3〕 参见《全国人大常委会关于司法鉴定管理问题的决定》第1条。

无论是鉴定人的专门知识还是专门技术，都必须具有相应的专业能力，否则根本无法完成司法鉴定的本质任务。医疗纠纷司法鉴定人员来源包括两类：①法医专业的毕业生通过司法鉴定资格考试从而具备司法鉴定资格；②临床医生出身，通过司法鉴定人考试而取得司法鉴定资格。不可否认，他们都对基础医学、临床医学、法学及法医学基本理论有较深入的了解，接受过医学及法医学基本技能的训练，具有一定的法医学检案鉴定能力，但医学分支众多且精细，仅掌握基础理论知识和技能的法医专业毕业生不一定有能力对某一医学分支内的专业性问题进行鉴定；临床医生出身的司法鉴定人也只能是某些领域的专家，不可能对所有的医学问题都有深入的研究。因此，司法鉴定人员对某一专业性很强的问题进行鉴定时易出现偏差。[1] 实践中，遇到专业性强的问题时，司法鉴定人往往咨询临床经验丰富的医生，并根据其建议作出鉴定结论。这种"咨询—鉴定"方式的结论是否具有科学性，很值得讨论。

（三）医疗事故技术鉴定与医疗过错鉴定并行导致重复鉴定

医疗事故技术鉴定与医疗过错鉴定并行导致重复鉴定、多头鉴定，影响了诉讼效率和鉴定结论的权威性，使法官裁判案件无所适从。《最高人民法院关于参照〈医疗事故处理条例〉审理医疗纠纷民事案件的通知》（现已失效）第2条第1款规定："人民法院在民事审判中，根据当事人的申请或者依职权决定进行医疗事故司法鉴定的，交由条例（《医疗事故处理条例》）所规定的医学会鉴定组织鉴定。因医疗事故以外的原因引起的其他医疗赔偿纠纷需要进行司法鉴定的，按照《人民法院对外委托司法鉴定管理规定》组织鉴定。"全国人大常委会法工委复字［2005］29号《关于对法医类鉴定与医疗事故技术鉴定关系问题的意见》指出："医疗事故技术

---

〔1〕 宋洪章、李国红："谈医疗事故的异地鉴定"，载《中国卫生法制》2006年第3期。

鉴定的组织方式与一般的法医类鉴定有很大区别，医疗事故技术鉴定的内容也不都属于法医类鉴定。但医疗事故技术鉴定中涉及的有关问题，如尸检、伤残鉴定等，属于法医类鉴定范围。对此类鉴定事项，在进行医疗事故技术鉴定时，由已列入鉴定人名册的法医参加鉴定为宜。"换言之，两种医疗鉴定所承担的任务不同，医疗事故由医学会鉴定，医疗事故以外的医疗过错由司法鉴定机构鉴定。依据《医疗事故技术鉴定暂行办法》之规定，经医疗事故技术鉴定委员会鉴定，构成医疗事故的，鉴定报告将载明构成医疗事故的结论、医方责任比例的说明及其理由。在经医疗事故技术鉴定不构成医疗事故的情况下，当事人不得不再次申请进行司法鉴定，以确定具体的赔偿比例，这样就造成了重复鉴定的情况。[1] 制度的设计使原本可以合并的医疗过错鉴定被一分为二，浪费了司法资源，造成了多头鉴定和鉴定结果的不确定性。众所周知，进行司法鉴定必须取得鉴定资格，而医学会专家库中的人员并没有取得相应的司法鉴定资质，尽管医学会的专家完全有能力胜任医疗过错鉴定。

三、国外医疗损害鉴定制度及对我国的启示

世界各国的法律都对医疗损害鉴定制度作了相关规定，主要有两种，一种是英美法系中的专家证人制度，另一种是大陆法系中的司法鉴定人制度。两种制度各有其优劣。

（一）英美法系的专家证人制度

专家证人必须具有专业性，即其专业技能为其他一般人所不具备，且在该领域有一定的知名度、认可度。专家证人制度中的专家要比我国医疗过错司法鉴定中的鉴定人及医疗事故技术鉴定中所指的专家概念的外延大得多。[2] 英美法系的专家证人完全由当事人

---

〔1〕 睢素利："论医疗事故技术鉴定机制的完善"，载《法律与医学杂志》2007 年第 3 期。

〔2〕 赵林："医疗事故鉴定制度研究"，山东大学 2007 年硕士学位论文。

自行聘请，是当事人的助手而不是法官的助手。专家证人的个人素质，如专业学识、经验技术等因素是司法机关采信鉴定意见的重要因素之一。法庭一般会考虑该意见得出的专业知识理论依据、所采用的科学技术、仪器是否得到业内人士认同、错误率及正确率大小等。专家证人为获得丰厚的报酬，自然倾向于提供对当事人有利的鉴定意见，鉴定的客观真实性因此大打折扣。[1] 尽管专家证人证言因为缺乏中立性而可信性不足，但这种专家证言与英美法系的对抗制度诉讼模式相适应，双方当事人在法庭上展开"专家大战"，通过交叉询问揭示事实真相，英美法系的专家证人制度因此才会有长盛不衰的生命力。[2]

（二）大陆法系的司法鉴定人制度

在大陆法系国家，司法鉴定人往往被学者认为是法官辅助人。法官根据案件情况的需要可以聘请鉴定人，也可以指定鉴定人进行鉴定，以期通过鉴定人对案件涉及的专业性问题有正确的认识。在日本，鉴定人要根据法院或法官的需要并接收其委托或指派，才能成为司法鉴定人。德国也不例外，鉴定人根据法院的委托对案件中涉及的某一专业问题作出鉴定。《德意志联邦共和国民事诉讼法》第404条规定，法院决定鉴定人的人选以及鉴定人的人数。[3] 因此，为保证司法鉴定结论的正确性，大陆法系国家往往采取由国家有关机关确定鉴定人资格，或采取资格认证授予鉴定权。例如：德国的司法鉴定人的鉴定资格由法官认证；日本则由专业团体在其专业领域内推荐以供司法机关选任。与鉴定人的角色以及鉴定结论正

---

〔1〕 范跃如："中立抑或对立——对我国民事诉讼中鉴定人选任制度的思考"，载《中国司法鉴定》2002年第3期。

〔2〕 ［美］米尔建·R.达马斯卡：《漂移的证据法》，李学军等译，中国政法大学出版社2003年版，第211页。

〔3〕 《德意志联邦共和国民事诉讼法》，谢怀栻译，中国法制出版社2001年版，第99页。

确性相适应，大陆法系国家规定鉴定人必须保持中立、实行回避、宣誓等制度。在德国、法国、日本等大陆法系国家，鉴定或者由法官依职权启动，或者依当事人申请由法官决定。[1] 这种制度设计与大陆法系职权主义的诉讼模式相适应，有利于避免鉴定人受当事人的干扰或操控，能保证鉴定的客观性、真实性。因此，相比英美法系的专家证人的鉴定意见，司法鉴定人作出的鉴定意见效力更高，更容易被法官采信。

鉴定程序的启动与民事诉讼模式密切相连。现阶段，我国民事诉讼模式是当事人主义与职权主义相结合的模式，在总结近年来的司法实践经验、吸收司法解释规定，借鉴国外有益做法的基础上，2012 年《民事诉讼法》按照当事人主义与职权主义有机结合的指导思想，对鉴定程序的启动作出了全面规定，形成了以当事人主义为主、以法院职权主义为辅的鉴定模式。[2] 但我国现行的法律制度无法与这一新型的鉴定模式相适应。《民事诉讼法》第 76 条第 1 款规定了当事人可以启动鉴定模式，但这种情形讲的是"双方都同意"鉴定的情形。而一方当事人对另一方当事人的鉴定不认可的情形，却赋予法院对当事人再次鉴定的决定权，严格限制当事人的重新鉴定，明显与英美法系的当事人主义鉴定模式相违背。《最高人民法院关于民事诉讼证据的若干规定》第 27 条规定："当事人对人民法院委托的鉴定部门作出的鉴定结论有异议申请重新鉴定，提出证据证明存在下列情形之一的，人民法院应予准许：①鉴定机构或者鉴定人员不具备相关的鉴定资格的；②鉴定程序严重违法的；③鉴定结论明显依据不足的；④经过质证认定不能作为证据使用的

---

〔1〕 范跃如："中立抑或对立——对我国民事诉讼中鉴定人选任制度的思考"，载《中国司法鉴定》2002 年第 3 期。

〔2〕 奚晓明主编：《〈中华人民共和国民事诉讼法〉修改条文理解与适用》，人民法院出版社 2012 年版，第 156～159 页。

其他情形。对有缺陷的鉴定结论，可以通过补充鉴定、重新质证或者补充质证等方法解决的，不予重新鉴定。"第 28 条规定："一方当事人自行委托有关部门作出的鉴定结论，另一方当事人有证据足以反驳并申请重新鉴定的，人民法院应予准许。"试问面对专业性极强的医疗鉴定，一名普通患者如何能发现鉴定结论明显依据不足，如何提供证据反驳。而当事人主义的鉴定模式下，法官并不限制另一方当事人举证，也就是说，法官并不会拒绝另一方当事人的鉴定申请，法官所做的只是对双方的鉴定结论进行充分的质证，最终采信最具权威、最可信的鉴定结论。此其一。职权主义的鉴定模式要求鉴定人必须取得鉴定资格，必须具备较强的专业水准，必须保持中立性。而我国的鉴定模式对鉴定人的要求只针对"司法鉴定"相关业务。众所周知，医疗鉴定必须具备丰富的医学知识与经验。显然，我国鉴定模式对鉴定人的要求并不高。另外，我国鉴定模式对司法鉴定机构准入门槛要求低。总体而言，我国司法鉴定机构不符合鉴定人的"专业性"要求；医学会进行的医疗事故技术鉴定专家，虽然拥有高级专业技术水准，但他们并不具备司法部《司法鉴定人登记管理办法》规定的鉴定资质，且医学会与卫生行政部门、医院之间有着千丝万缕的关系，其中立性又不符合职权主义鉴定模式的要求。此其二。《民事诉讼法》第 78 条规定，当事人对鉴定意见有异议或者人民法院认为鉴定人有必要出庭的，鉴定人应当出庭作证。经人民法院通知，鉴定人拒不出庭作证的，鉴定意见不得作为认定事实的根据；支付鉴定费用的当事人可以要求返还鉴定费用。直接言词原则是现代民事诉讼的基本原则，它要求法庭开庭审判时，当事人以及其他诉讼参与人必须亲自到庭出席审判。《民事诉讼法》关于鉴定人出庭作证的规定略显遗憾，即鉴定人出庭应有一定的前提：当事人有异议或法院认为有必要。此其三。

四、完善我国医疗鉴定制度的几点思考

医疗鉴定"二元化"模式，在近期内无法得到根本纠正。对医疗鉴定应采取何种模式，理论界与实务界有不同的观点：有人认为应采用医学会的医疗事故技术鉴定；有人认为应采用司法鉴定机构的医疗过错鉴定；有人认为这两种模式都不宜采用，应采用一种新的鉴定模式；有人认为应保持原有模式并稍作修改。笔者认为最后一种较为可取。"二元化"鉴定模式本身并无对错，之所以造成当前医疗鉴定出现"重复鉴定"、"多头鉴定"、权威性下降、社会不满意的局面，是因为医疗事故技术鉴定虽有很强的专业性，但中立性不强，患者无法接受；而医疗过错鉴定虽然克服了中立性不强的弊端，但专业性不足，偏离了医疗鉴定的本质特性。因此，只需将医疗事故技术鉴定与医疗过错鉴定的优点充分发挥出来，克服不足，就能起到"四两拨千斤"的效果。

（一）健全完善现行医疗鉴定模式

首先，打造具有专业技术水准的中立化的司法鉴定机构。事实上，绝大多数从事医疗事故鉴定的医学专家拥有高级职称且经验丰富，完全符合司法部《司法鉴定人登记管理办法》规定的鉴定人申请条件，他们可以轻易获得《司法鉴定人执业证》，成为执业的司法鉴定人。为了更好地将现有的医疗鉴定专家吸收到司法鉴定队伍中来，可以由司法行政管理部门会同卫生行政管理部门对各地医学会专家库进行全方位考核，赋予符合条件的专家以执业鉴定人资格，并进行登记注册，统一管理。同时，要进一步完善医疗损害鉴定人员的组成，最好由大部分医学专家、部分法医学专家、少数法学专家组成，甚至还可吸收伦理学专家、消费者代表参与其中，以弥补各自专业上的局限性。[1] 其次，加强医疗鉴定机构建设。目前，医学会公益性强，但收费标准低，无政策资金支持，难以完全发挥其鉴定专业性的优点。对此，建议加大国家财政对医学会的资金投入。而对司法鉴定机构社会公益性和专业性不强，易被利益诱

---

[1] 张新宝："人身损害鉴定制度的重构"，载《中国法学》2011 年第 4 期。

惑、偏离公正的现实，笔者建议：①提高鉴定人员和鉴定机构的资格准入门槛，让真正德才兼备的优秀专业人才和实力雄厚口碑极佳的团体，进入群众视线，为社会服务；②强化对鉴定人员的考核，对于考核不佳、违法乱纪的鉴定人，及时清除出鉴定队伍。

（二）建立医疗机构行业协会管理模式

建立医疗机构行业协会管理模式，卫生行政部门仅发挥监督功能。在我国，卫生行政部门不仅是医疗机构的监督机关，还是其主管机关，这样的关系决定了其无法作为一个中立的第三方来处理医疗纠纷。因此，笔者认为，我国应考虑建立医疗机构行业协会管理模式，将卫生行政部门摆在一个监督者的角色上，以剪断医疗机构与卫生行政部门之间的直接利益联系，从而消除卫生行政部门对司法鉴定的阻力。

（三）完善鉴定结论采信机制

考虑到审判人员医疗知识的欠缺，以及各种可能存在的干扰因素，我国应吸取英美法系国家的经验，建立健全一套鉴定结论采信机制，可包括三个部分：其一，鉴定人出庭接受质询。只有在鉴定人出庭接受询问的情况下，法官才有可能充分了解与理解鉴定结论的内容，为其是否采纳鉴定结论提供依据。其二，专家陪审员帮助当事人和法官进行质询。医疗问题涉及的专业性很强，不具有专业知识的人一般不容易理解。其三，建立证据采信规则，指导法官进行鉴定结论的采信。此方面可借鉴美国设立的采信规则，美国认定医疗过失方面广泛应用 Daubert 规则，须具备四因素：①这项理论或技术能否被验证；②这项技术或方法是否接受过同行的评论并发表过；③这项技术或方法的出错率是否确定，是否具有相关程序和操作标准；④在相关领域是否得到了普遍接受。

职业打假人的价值研究
——基于 G 市 Y 法院案件的实证分析

邹海媚[*]

  现今的消费市场状况已经令消费者日渐失望，他们每天看着新闻曝光一个个知名商家、一种种经常食用的食品竟存在各种不符合标准、生产环境脏乱差的情形，都感到心寒与恐惧，久而久之，消费水平较高的群体便逐渐转移消费市场，转战海外，"国货"被遗弃甚至是杜绝。这样一个产品质量堪忧的市场，都不禁让人感叹，法律何时才能改造这个让人忧心忡忡、诚惶诚恐的消费市场，塑造一个让人安心放心、舒心称心的产品质量环境，这是一个值得我们思考的重要课题。这让人联想到有一个致力于打击制假售假的群体，他们以揭露商品在外包装、产品信息、产品标准的适用等方面存在的各种问题为职业，他们行走于各大超市、商场，甚至购物痕迹遍布各大知名网站，为的就是对商品质量吹毛求疵，发现每一处不符合标准的地方，然后起诉至法院要求赔偿，他们就是"职业打假人"。仿佛这个偌大的市场就只有他们坚定地走在消费者维权的道路上，以他们作为推动消费市场整治、构建放心产品环境的主力

---

  * 邹海媚，广东省广州市越秀区人民法院民一庭书记员。

军，是否真的能起到足够的作用呢?[1] 下面以 G 市 Y 法院在 2013 年修正的《消费者权益保护法》（以下简称新消法）实施 1 年后的消费者诉讼案件数量等数据加以分析。

一、职业打假人于现今市场、法院案件数量的现状分析

（一）打假人与一般消费者的对比——基于 G 市 Y 法院在新消法实施一年后的消费者诉讼案件数量分析

1. 打假人提起的诉讼数量所占比例。截至 2015 年 5 月，Y 法院共收产品责任纠纷 456 件、买卖合同纠纷 344 件[2]，合共 800 件，其中，一般消费者提起的诉讼仅占 15 件，换言之，打假人提起的诉讼数量占消费者纠纷总数的 98% 以上。

2. 新消法实施以来产品质量案件以及打假人的增长速度。与同期相比，该院消费者纠纷的数量为 345 件，其中一般消费者提起的诉讼占 14 件，可见这一年以来，消费纠纷案件呈井喷之势，增长了 32%，但一般消费者提起的诉讼却基本持平，没有因新消法的实施有明显变化，究其原因，就是新法实施催生了更多的职业打假人，据统计，在这近 14 个月里，几乎每个月新增一名打假人。

3. 打假人与一般消费者提起诉讼的理由、依据对比分析。现在消费市场上的打假人提起产品质量诉讼的理由大致分为以下几种：①添加了不能用于普通食品的原料。②能量计算不符合规定。③夸大宣传，欺诈消费者。④不符合产品分类标准。⑤每百克营养成分总和超过 100 克。⑥违反关于保质期标准的规定。⑦其他。每种理由所占比例详见图 1：

---

[1] 本文讨论的消费者维权诉讼仅包括消费者对普通食品、保健品、日用品等产品提起的诉讼，药品及服务类消费诉讼均不在其中。

[2] 据该法院统计，消费者提起诉讼的纠纷主要是产品责任纠纷、买卖合同纠纷这两类。

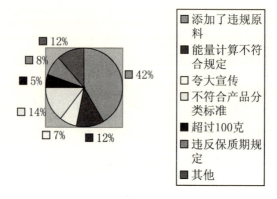

图1　提起诉讼的理由

而一般消费者提起诉讼的原因主要为产品功能上的缺陷导致无法使用，而这些产品的价值较高，消费者认为自己的权益大大受损才决定起诉，却没有一个案例是因为上述原因而提起产品质量纠纷。

4. 打假人与一般消费者提起诉讼的涉案产品对比分析。一般消费者提起诉讼的涉案产品多为价值较高的奢侈品和家用电器，而职业打假人的涉案产品主要是食品、日用品、保健品等价值相对不大的商品，详见图2：

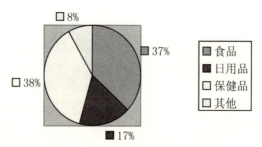

图2　职业打假人的涉案产品

5. 打假人与一般消费者的胜诉率、调解撤诉率对比分析。在新消法实施的 1 年多以来，打假人与一般消费者的胜诉率[1]、调撤率粗略统计如表 1：

表 1　胜诉、调撤率对比

	打假人	一般消费者
胜诉数量	515	5 件
胜诉率	92%	50%
调解、撤诉数量	560 件	4 件
调撤率	79.21%	40%

通过分析对比上述数据，可以得出如下结论：①现今消费市场中，积极利用消费者的地位和权利进行维权的群体以打假人为主。②因新消法的实施，打假人队伍愈发壮大，一般消费者却没有因新法赋予了更多的权利而增加提起诉讼的数量。③一般消费者只有遭受重大损失时才会拿起法律武器维权，而打假人基于对各方面信息掌握的完整，能更有利地在诉讼中胜出，这是一般消费者均无法比拟的优势。④打假人提起的涉案产品以普通食品、保健品居多，理由偏向于能量计算不符合标准、违规添加食品原料等。

（二）催生出越来越多的职业打假人的原因

分析上述 Y 法院的数据可知，随着新消法等保障消费者权益的法律出台实施，打假人的数量迅速增长，分析其原因，主要是以下四个方面：①首先也是最重要的原因为惩罚性赔偿条款的修订与实施。《消费者权益保护法》第 55 条第 2 款规定："经营者明知商品或者服务存在缺陷，仍然向消费者提供，造成消费者或者其他受害

---

[1]　这里的胜诉率和调撤率均以结案数量为基数。职业打假人在诉讼中通常有多项请求，这里的胜诉是指法院支持了原告一项以上的请求。

人死亡或者健康严重损害的，受害人有权要求经营者依照本法第49条、第51条等法律规定赔偿损失，并有权要求所受损失2倍以下的惩罚性赔偿。"2015年修订的《食品安全法》第148条第2款规定："生产不符合食品安全标准的食品或者经营明知是不符合食品安全标准的食品，消费者除要求赔偿损失外，还可以向生产者或者经营者要求支付价款10倍或者损失3倍的赔偿金……"《侵权责任法》第47条规定："明知产品存在缺陷仍然生产、销售，造成他人死亡或者健康严重损害的，被侵权人有权请求相应的惩罚性赔偿。"因此，退一赔三、赔十的赔偿标准确实成为滋生打假人最为吸引的原因。②团队式的发展令维权成本越来越低。通过比较不同打假人因何种产品、何种缺陷提起诉讼以及起诉状的格式和陈述，不难发现，他们都分为好几个团队进行打假，产品信息等资源也在团队内共享，有的则成立打假公司，旗下员工如跑业务般完成工作。③普通消费者的维权成本高。普通消费者有着自己的职业和收入，不能经常往法院处理诉讼事务，尽管退一赔十，也吸引不了他们来法院"折腾"。④现今市场产品质量状况堪忧，缺陷明显。没有有缺陷的产品，就不会有产品质量诉讼的提起，因此，市场产品质量差、制假售假泛滥，是打假人增多的根本原因。

二、打假人不能成为主力军的原因分析

（一）职业打假人对现今产品市场的正面作用

正所谓"存在就是合理的"，笔者认为，职业打假人这个群体有其存在的必要性和作用。首先，作用最为明显的一点是，加强了对生产者、销售者的监督作用，推动产品市场良性健康发展。新消法从2014年3月15日实施至今已有一个年头，该法放宽了对"消费者"的认定范围，同时对知假买假的行为也有了进一步的保障，因此催生了大量的职业打假人，他们对产品外包装上的宣传语字斟句酌、对政府部门的答复时刻关注、对行业标准了如指掌、对产品各项指标的计算也了然于胸，因此任何不符合标准、违规添加、保质期过期、等级划分有误等细微的问题，他们都能找出并提起诉讼，这对厂家、销售商都无疑是一种不可忽视的威胁，从而迫使他们提高产品质量，在每一环节中做好检验、筛选工作，促使市场产品环境形成良性循环。其次，他们敦促着政府相关部门及时对有可能存在产品质量隐患的情况予以答复。中央电视台每年一度的"3.15 晚会"已经成为消费者（更多是职业打假人）的风向标，对于广大消费者而言，可能只对曝光的产品不再购买，但对于打假人而言，他们会要求政府相关部门予以答复，以书面形式明确相关产品成分的性质，能否用于食品等范畴，从而将得到的答复铺开应用于所有产品，对市场上的相关产品进行"起底"搜索，有违反者则告上法庭。最后，他们推动着法律法规、行业标准的细化与规范。屡屡被提上法庭的同类涉案产品在无形中也会对相关行业造成一定程度的冲击，再加上媒体的曝光，更会间接推动相关法律法规和行业标准的重整，正如食品安全法对食品违规的惩罚力度加大、新消法对消费者保障的加强都是日积月累的结果，职业打假人对此的间接推动作用是不言而喻的。

但是，单凭打假人这股势力，恐怕不能使产品市场达到良好的动态平衡，这股力量也受到一定的制约。

（二）打假人"热情高涨"的现状带来的弊端

1. 产品违规信息影响力不够，沦为打假人牟利的手段。从上述数据分析可知，案件数量的井喷和打假人在诉讼中的高胜诉率均表明了，市场上大多数产品均存在违规生产、销售的情况，有的产品甚至多次作为涉案产品、以同一违规理由起诉至法院，同类型的产品也存在同样的问题，却没有引起市场的波动，消费者也并没有因为产品有质量方面的问题而减少购买，其他销售商也没有因此而下架涉案产品或同类存在问题的产品，政府部门也不会根据一纸判决去查处有关厂家和商场，唯一得益的是因问题产品而获得 3 倍、10 倍不等的惩罚性赔偿的打假人，他们从此也多了一件产品能获得法院的支持，可以继续在各大商场内"搜索"此类产品。

2. 对生产、销售者打击力度不够，利润远高于违法成本。尽管法院判决生产、销售方退货赔偿，金额大者可达数万元，但于生产者而言，他们却没有因此而采取及时补救措施——停产或改良相关的产品，而是放任问题产品在市场上继续销售，甚至还一直大张旗鼓地进行广告宣传；于销售者而言，他们也没有下架相关问题产品，而是继续让其在市场上流通，因为判决退货大不了不赚这笔交易，还有其他消费者会购买，而判决赔偿则很多时候可以向生产者追偿，因此，在他们眼里，除了诉讼费用外根本没有什么额外损失，更不用说惩罚性赔偿。只要商品还能在市场上占据一定的销售份额，则所获取的销售利润就远大于这些打假人每天去法院起诉索要的赔偿，打假人的威力对其而言可谓不痛不痒。

3. 增加了一般消费者的厌讼情绪，不愿与打假人为伍。在打假人逐渐职业化、行业化的今天，社会对于他们评价也是褒贬不一，但是在众多消费者眼里，由于他们提起诉讼的产品问题多为无关重要的瑕疵，比如能量计算不符合标准、营养成分相加超过100克、某成分含量标示不明确等消费者认为不影响使用、纯属打假人为牟利而"找茬"的缺陷，因此一般消费者也不屑与他们为伍，不愿意花大量的时间精力起诉一件稍有瑕疵的产品，否则自己也会被贴上为了获得赔偿而故意购买瑕疵产品的打假人的标签，丧失自己在社会上有正当职业的地位。

4. 打假人只能起诉细微的产品违规情况，却未能揭发重大的产品质量隐患。根据 Y 法院的相关数据分析可知，打假人找出的产品缺陷均停留在表面，只是某种成分的添加不符合规定、某类商品制作过程不符合标准、特定商品应使用特定的保质期限等，这些瑕疵尽管得到法院的支持，最多只能是对某种特定商品的小修小补，远远未能撼动整个行业、整个产业销售链、甚至整个市场，比如黑心棉作坊、地沟油等重大危害消费者生命安全的事件，都只能靠媒体曝光，打假人在这方面起不到任何作用。

因此，倘若以他们作为推动消费市场整治、构建放心产品环境的主力军，显然未能起到构建诚信市场、净化产品质量堪忧的环境之用，必定要辅以其他手段，方能解决如今消费市场存在的问题。

三、国外法律对产品市场规管的相关做法——以日本的保健品立法监管经验为参考

所谓"他山之石，可以攻玉"。目前我国对保健品的界定、实施标准模糊，难以管理数量庞大的保健品市场，这也是我国产品市场质量堪忧的重要方面之一（从上述 Y 法院的案件数量数据可知，因保健品和普通食品而提起的纠纷占一定数量，且提起的原因中，以普通食品、保健品中添加了违规物质占多数），正因如此，研究借鉴日本对保健食品的立法以及有效监管经验，对于我国完善保健食品立法，甚至推广至食品、非食用产品的安全监管体制具有尤其重要的意义。

（一）选择日本为借鉴学习国家的原因

因为中日两国在保健食品监管方面有较多的相似性，表现在以下几个方面：

1. 养生文化与保健食品市场的相似性。中日两国是一衣带水的邻邦，日本传统饮食文化受中国影响比较大，医食同源的观念在日本也根深蒂固，随着日本社会经济发展水平的提高，养生保健观念也就越发影响到日常食品的消费行为。截至 2010 年，日本特定保健用食品的市场规模达到 5500 亿日元，营养功能食品和所谓的健康食品的市场规模达到 1 兆 1800 亿日元，形成了非常巨大的食品消费市场[1]。我国近年来保健食品市场规模也逐渐扩大，并呈现稳步增长的良好发展态势。根据中国社会科学院编写的《中国保

----

[1] "食品标识课. 健康食品的标识制度概要"，载日本消费者厅官网，http：//www. caa. go. jp/foods/pdf/syokuhin616_ 01. pdf#search，访问日期：2015 年 1 月 10 日。

健食品产业发展报告》进行分析推算，2013 年我国保健食品的产业规模超过 3000 亿元。[1] 而且这一数字只是经过批准的保健食品产业规模，我国也有一些未经批准的所谓健康食品，实际上占有不小的市场份额。尊重和继承传统养生文化，规范和保护规模巨大的保健食品市场是两国监管当局都面临的共同任务。

2. 保健食品的共同特点决定了两国面临共同的监管难题。保健食品监管不仅要确保其作为食品的安全性，还必须确保其声称的保健功能的有效性。因此，保健食品的监管必然与普通食品有所不同，对功能声称的有效性进行监管增加了保健食品的监管难度。保健食品或者其他健康食品的法律定位是食品而不是药品，但又具有一定的保健功能或者有利于健康的因素，应当允许其在食品包装或广告上作怎样的标识，应当如何有针对性地实施分类管理，这是两国在监管中面临的共同难题。

（二）日本对保健品的立法监管办法

邻国日本是如何对保健食品或者说健康食品进行有效监管的呢？现在看来，日本比较成功的一条重要经验是从法律上理清概念，对健康食品有针对性地实施分类监管。

早在 1947 年制定《食品卫生法》之初，日本法律中的食品是广义概念，指的是"除医药品之外所有的饮食物"。后来随着 1960 年《药事法》的颁布，《食品卫生法》将食品定义修改为"除《药事法》规定的医药品及准医药品之外所有的饮食物"[2]，进一步确立了日本人心目中入口物品"非药即食"的观念。可以认为，日本法律体系或者社会观念都是将健康食品作为食品管理的，"健康食

---

〔1〕 工业和信息化部消费品工业司编：《食品工业发展报告（2013 年度）》，中国轻工业出版社 2014 年版，第 92 页。

〔2〕 比较研究日本 1947 年《食品卫生法》第 2 条第 1 款和 2013 年《食品卫生法》第 4 条第 1 款，发现不同年份的法律版本关于"食品"的定义都是通过排除法进行广义界定的。

品"是个宽泛的约定俗成概念，但法律上进一步将健康食品区分为：得到官方功能标识许可的"保健功能食品"（需依法严格进行标识管理）、未经官方功能标识许可的"所谓健康食品"（按照一般食品管理，不允许进行功能标识）。因此，在日本，保健功能食品介于一般食品和医药品之间，三者关系如表2[1]所示：

表2　保健功能食品与医药品、一般食品的关系

医药品	保健功能食品		一般食品
（包括医药部外品）	特定保健用食品	营养功能食品	（包括"所谓健康食品"）

日本对保健食品的监管具体手段如下：其一，依据专门法确立特定保健用食品制度。从确立特定保健用食品制度开始，日本通过将特定保健用食品纳入《营养改善法》（2002年修改为《健康增进法》）规定的"特殊用途食品"进行管理。虽然日本《食品卫生法》也是保健功能食品监管的法律依据，但是后来的《健康增进法》可以说是凸显了保健食品监管特殊性的重大法律依据，例如对于特定保健用食品的许可程序、营养功能食品的标识管理都作出了制度性规定。其二，建立严格的行业标准，细化分类监管保健食品。早在1986年，日本健康营养食品协会就开始制定所谓健康食品的规格标准，并发行JHFA（认定健康食品）标识。日本政府从2001年正式创设保健功能食品标识制度开始，又将保健功能食品独立于所谓的健康食品，分为特定保健用食品、营养功能食品两类进行管理。所以，日本实际是将健康食品所声称的健康促进效果分为三类标识细化管理：①特定保健用食品允许且只允许标识特定保

---

〔1〕　田森："中日保健食品安全监管问题的比较法研究"，载《日本研究》2015年第1期。

健功能；②营养功能食品允许且只允许标识所含特定营养素及其营养功能；③所谓健康食品则和普通食品一样，不得标识保健或营养功能（尽管默许其以"体验者说"的形式宣传所谓健康促进效果）。而且 2005 年后，日本对于特定保健用食品的标识管理进一步细化分类，创新出"附带条件的特定保健用食品标识""规格标准型特定保健用食品标识""降低疾病风险的特定保健用食品标识"三种。其三，以诚实信用为支撑，企业责任自负为原则，以严格申报程序为例外。日本虽然也有"附带条件的特定保健用食品标识""规格标准型特定保健用食品标识""降低疾病风险的特定保健用食品标识"，但从数量上来看非常少；特定保健用食品主要还是以个别审查为主的注册制管理，需要经过严格的申报许可程序。营养功能食品的营养成分的种类及每日服用量符合规格标准的上下限范围的，法律允许企业自负其责，按照规格标准声称所含特定营养素及其营养功能，不需要事先申报以及审批。所谓健康食品，则是采取了行业自律和市场自觉的办法，政府部门仅仅予以指导，法律上并没有规定履行申报许可程序的要求。[1]

日本对保健品的立法监管纵然有值得我们学习的地方，但由于基本国情、法律制度等多方面的不同，我们不能一味照搬照抄，应取其精华，选择适合我国产品市场现状的方法加以运用。

四、推动消费市场整治、构建放心产品环境之对策

综上所述，要整治现今标准模糊、制假售假泛滥、诚信缺失的消费市场，单靠一方面的力量是不足以遏制这股不正之风的，笔者认为，应利用好打假人这股力量，同时又不单凭这份力量，从调动一般消费者的积极性、增加政府信息公开度、借鉴国外对产品的分类管理等方面构建放心的产品质量环境，方为上策。

---

〔1〕 田森："中日保健食品安全监管问题的比较法研究"，载《日本研究》2015 年第 1 期。

（一）调动一般消费者的积极性——建立有奖举报制度

法律建立惩罚性赔偿机制，目的是弥补政府监管之不足，调动消费者的积极性，以对政府的监督进行补充，但现行法律的设定并不能导致"全民打假"，全民打假也是不符合现实的，但现在只有打假人进行"监督"也是不足够的，笔者认为，应建立奖励制度，让一般消费者真正成为"上帝"，决定市场产品品质的高低。

无论是惩罚性赔偿还是有奖举报制度，其主要目的都是弥补政府监管之不足，其副产品是惩罚制售假冒伪劣商品的经营者或缺陷产品的制售者。在弥补政府监管不足方面，之所以要利用奖励制度充分发挥举报者（包括消费者）抑制假冒伪劣商品的制衡作用，是因为消费者是假冒伪劣产品或缺陷产品的直接受害者，具有打击假冒伪劣商品或缺陷产品的内在动力，也有获取奖励的外在激励。在假冒伪劣商品制售者十分隐蔽、社会危害性大、国家监管机构难以发现的情况下，可以坚持重赏之下必有勇夫的理念。但是，必须注意的是，充分发挥消费者的制衡作用并不能代替政府监管。政府监管始终是第一位的，消费者制衡只能起补充作用。[1]

上文提到，生产者和销售者的违法成本低导致产品质量问题频发，有奖举报制度的奖金奖励可来源于对生产者和销售者的罚款，奖励制度的金额可依情况而增减，通过建立此制度增大违法成本。

（二）借鉴国外经验——精细立法、明确定义、细化分类、严格标识

《中共中央关于全面推进依法治国若干重大问题的决定》提出，"建设中国特色社会主义法治体系，必须坚持立法先行，发挥立法的引领和推动作用，抓住提高立法质量这个关键"，并要致力于"推进立法精细化"。立法精细化是对社会分工的尊重，是提高依法

---

〔1〕 孙效敏、张炳："惩罚性赔偿制度质疑——兼评《侵权责任法》第47条"，载《法学论坛》2015年第2期。

行政和有效监管的必然要求，也是提高立法质量最直接具体的表现。[1] 例如，对保健食品的立法应进一步精细。在这方面，可以借鉴日本的经验。

日本的经验是对产品进行细化分类，以个别审查的注册制管理为主，政府制定规格标准、企业自负其责按照规格标准声称的自行认证制管理模式为辅的模式实行管理。此外，日本政府还指导行业协会制定相关规格标准，鼓励行业协会实行自律管理，发放行业协会的认定标识。这种分类管理、多种监管方法综合运用的精细化监管模式代表着一种追求实现社会共治、有效监管的理念，我国应注重产品的分类并严格标识的发放管理，改变目前标准模糊、标识单一的旧模式，使所有同种类的产品生产出来后均有规可依。

（三）增大政府信息公开力度——建立与法院判决联动机制

无论是商品经营者，还是消费者，其所掌握的信息都是不完全的，即信息绝对不完全。在商品信息绝对不完全中，商品经营者或上家毕竟比消费者或下家掌握更多的信息，即信息相对不完全。[2] 正是因为商品经营者或上家掌握相对较多的信息，消费者或下家掌握相对较少的信息，决定了消费者或下家总是处于信息劣势地位，且有时消费者或下家也很难准确判断产品的品质。经营者为了在激烈的市场竞争中立于不败之地，以及其出于对利益的无限贪婪，既有提供劣质产品的内在动力，也有利用其所掌握的信息优势制售缺陷产品或假冒伪劣商品的外部条件，即市场调节失灵。而市场调节失灵，需要通过政府这只无形的手将信息公开化、透明化，既然法律已认定相关产品有瑕疵，则政府可以建立与法院的联动，定期在

---

〔1〕 田森："中日保健食品安全监管问题的比较法研究"，载《日本研究》2015 年第 1 期。

〔2〕 孙效敏、张炳："惩罚性赔偿制度质疑——兼评《侵权责任法》第 47 条"，载《法学论坛》2015 年第 2 期。

各大媒体上公开一批问题产品供消费者查阅，消费者在潜移默化中也会抵制相关问题产品，与此同时，相关部门应采取系列措施对问题产品进行跟踪追查，责令下架或改进，如此一来，打假人的"打假成果"便得以最大限度地普及，整个产品市场便不会陷入制假售假、知假买假、知假不打的死循环。

此外，政府应公开的信息还应包括对消费者作出的答复，通常此类答复是对消费者对某一具体产品成分是否符合标准提出的问题之答复，这类答复不应仅限于申请人可以查阅，还应公之于众，这样做还可以削减打假人经常作为申请人而掌握更多政府答复信息的优势，应让一般消费者都知道政府作为裁判者的立场，普遍获知相关产品信息。

综上所述，目前的产品消费市场出现了畸形发展的现状——几乎只有职业打假人在致力打假，而他们的动力在于获取赔偿金，这种手段不足以解决整个产品市场的质量问题，需要立法对这种现状进行改善，借鉴国外先进的分类立法经验，建立有奖举报制度，充分调动消费者的热情，建立政府与法院联动机制，扩大打假效果，方为改善产品质量之良策。

论缺陷药品致害案件中的惩罚性赔偿

成志强[*]

一、问题的提出

2012 年 4 月 15 日，央视《每周质量报告》以"胶囊里的秘密"为题，曝光了在我国医药界广为流行的"毒胶囊事件"，修正药业等 9 家药厂 13 个批次药品所用胶囊重金属铬含量超标。药品安全问题再度引发社会关注。尽管国务院印发的《国家药品安全"十二五"规划》（以下简称《"十二五"规划》）指出，国家通过一系列的举措，药品安全状况得到明显改善，药品安全保障能力明显提高，成绩斐然。然而，国家药监局发布的《2012 年药品不良反应监测年度报告》数据显示，2012 年，国家药品不良反应监测网络共收到药品不良反应或事件报告 120 万余份。其中，新的和严重的药品不良反应或事件报告 24 万份。这一数据表明，药品安全状况虽然明显改善，但我国的药品安全并非简单的个案问题。

在我国，由于学者们对惩罚性赔偿的期望甚高，因此，几乎只要有故意或重大过错侵权状况发生，就有学者提出适用惩罚性赔偿

---

* 成志强，广东财经大学民商法学硕士研究生，深圳市市场和质量监督管理委员会工作人员。

的建议。[1] 面对当前的药品质量现状，国内医学界和法学界部分学者频频呼吁引入惩罚性赔偿制度，药品侵权频繁发生之事实成为学者们主张构建惩罚性赔偿条款的重要事由和现实根据。[2] 一些学者还大篇幅地论证了药品侵权引入惩罚性赔偿的合理性和必要性。[3]

在笔者看来，我国药品缺陷致害案件中的惩罚性赔偿并非缺乏法律依据，现行法律已有适用于缺陷药品侵权的惩罚性赔偿规定，《侵权责任法》第 47 条和《食品安全法》第 148 条规定了恶意产品侵权的惩罚性赔偿责任制度，2013 年修订的《消费者权益保护法》（以下简称《消法》）第 55 条规定了适用于商品欺诈和服务欺诈的违约责任惩罚性赔偿和侵权性质的惩罚性赔偿，这些规定在药品安全领域均可能适用。因此，所谓在药品侵权中引入惩罚性赔偿，很大程度上是一个伪命题。

在讨论药品缺陷侵权惩罚性赔偿之前，有必要对药品缺陷侵权责任与医疗损害赔偿责任进行区分。药品质量问题属于产品缺陷，引发的是产品责任，采取严格责任的归责原则，"医疗产品缺陷致损，虽然构成侵权，但应当适用产品质量法的规定"，[4] 而依据《侵权责任法》，如果是用药不当引发的责任则属于医疗损害责任，此时应适用过错责任原则。因此，本文讨论药品缺陷致损的惩罚性赔偿问题，不包括医疗损害赔偿。

---

〔1〕 鲁晓明："论惩罚性赔偿在我国侵权责任法上的适用"，载《法学杂志》2009年第 9 期。

〔2〕 全国人大常委会法制工作委员会民法室：《侵权责任法立法背景与观点全集》，法律出版社 2010 年版，第 504 页。

〔3〕 许丹丹、邵蓉："论药品侵权中建立惩罚性赔偿制度的合理性"，载《中国药业》2011 年第 6 期。

〔4〕 梁慧星："医疗损害赔偿案件的法律适用问题（上）"，载《人民法院报》2005 年 7 月 6 日。

二、惩罚性赔偿的责任主体范围

（一）药品生产者与销售者

药品从生产到流向市场，最后到达患者（消费者），经过药品流通企业、医疗机构、药房以及药品仓储、运输等一系列的环节，任何一个环节都可能导致药品质量的变化，因此，在药品侵权的责任承担方面可能涉及广泛的主体。然而，惩罚性赔偿"公权"性质及其补偿原则相违背的特征，决定了在适用此种赔偿规则时应谨慎。责任主体的严格限制就是惩罚性赔偿慎用的体现，必须属于法律明确规定的主体范围方可适用。《侵权责任法》第47条与《食品安全法》第148条规定的惩罚性赔偿责任主体都限定在产品或者食品的生产者以及销售者的范围内，而缺陷药品致害属于产品致害之一种，因此，其惩罚性赔偿责任主体也应仅仅包括药品生产者以及销售者，即药品生产企业、药品批发商和零售商（市场上的药房等）。至于医疗机构能否认定为责任主体，此问题稍显复杂，后面将详细论述。

《消法》第55条第1、2款分别把惩罚性赔偿规定为合同性质和侵权性质两方面，消费者购买缺陷药品导致受损的，该法规定的惩罚性赔偿完全可能在药品致害案件中予以适用，只不过两者的责任构成要件不同。《消法》把惩罚性赔偿的责任主体界定在"经营者"的范围，比《侵权责任法》和《食品安全法》规定范围要广，包括一切具有经营性质的生产者与销售者。可见，在药品侵权领域，惩罚性赔偿的责任主体主要限制在"药品生产者与经营者"的范围之内，而不包括药品仓储者和运输者。

（二）医疗机构的地位问题

药品致害的惩罚性赔偿只适用于生产者与销售者这一主体范围，那么，医疗机构是否处于药品生产者或者销售者的地位，直接涉及惩罚性赔偿能否适用于医疗机构的问题，必须予以明确。医疗机构是否处于药品生产者或销售者地位，一直存在争论。笔者认为，医疗机构可以认定为销售者，有些情况下可认定为药品生产者。

由于产品责任主要发生于商品流通领域，部分学者以"营利性"作为医疗机构是否承担药品侵权责任的依据。笔者认为，该观点有失偏颇。首先，按照消费流通领域通行的"谁销售谁负责"原则，[1] 患者向医疗机构购买药品或者医疗机构在治疗中直接提供有偿的药品，此时，医疗机构实际上处于销售者地位，应承担销售者的责任；其次，我国《侵权责任法》第59条规定："因药品、消毒药剂、医疗器械的缺陷，或者输入不合格的血液造成患者损害的，患者可以向生产者或者血液提供机构请求赔偿，也可以向医疗机构请求赔偿。……"该规定实际上承认了医疗机构作为产品责任主体的合法性；最后，医疗机构以销售者的身份承担药品侵权责任在我国司法实务中已经被承认。在"齐二药厂假药事件"中，被侵权人将药品提供者广州中大附属第三医院作为共同被告告上法庭，要求其承担药品侵权责任。法院认为，所谓销售，就是卖出，该医院为患者提供医疗服务时将药品卖给了患者，与患者之间形成了买卖关系，医院属于假药的销售者，并在判决书中指出：在目前我国"以药补医""以药养医"的机制下，医疗机构一方面通过药品加价的方式获取大量的收益；另一方面却不承认其是药品销售者，并借此逃避使用劣药、假药等缺陷产品对患者造成的损害赔偿责任，这显然违背常理，亦与权利和义务相统一之法律原则相悖。[2] 因此，在药品侵权案件中，医疗机构可被认定为销售者而承担惩罚性赔偿责任。在一些情况下，如果药品是医疗机构自制的制剂，存在缺陷造成损害的，医疗机构则应被认定为药品生产者，如符合惩罚性赔偿的构成要件，也应承担此责任。

---

〔1〕 李昌麒、许明月编著：《消费者保护法》，法律出版社1997年版，第97页。

〔2〕 余亚莲："'齐二药'案民事索赔部分终审判赔350万"，载http://news.163.com/08/1211/01/4SRJ8UFA0001124J.html，访问日期：2013年9月20日。

三、惩罚性赔偿在药品缺陷中的法律适用

《食品安全法》确立的惩罚性赔偿制度只适用于食品缺陷，而不适用于所有的产品。而 2010 年实施的《侵权责任法》第 47 条作为惩罚性赔偿的一般性条款，弥补了《食品安全法》范围过窄的缺陷。《侵权责任法》《食品安全法》《消法》关于惩罚性赔偿的规定，在药品质量安全案件中均有适用的空间，但情况实为复杂。

（一）《侵权责任法》第 47 条在缺陷药品侵权中的适用

我国《侵权责任法》第 47 条规定："明知产品存在缺陷仍然生产、销售，造成他人死亡或者健康严重损害的，被侵权人有权请求相应的惩罚性赔偿。"作为产品的"药品"，当然可以援用第 47 条的规定。据此，药品安全案件适用惩罚性赔偿责任的构成要件包括如下几项：①主观上是明知药品存在缺陷仍然生产、销售。基于惩罚性赔偿适用的严格性要求，这里所说的"明知"不应当扩张适用"应当知道"的情形。②造成人身伤亡的严重损害后果。依照第 47 条的含义，"受害人"只有在"死亡或者健康严重受损"的情况下方可主张惩罚性赔偿。在药品缺陷致害案件中，为了平衡受害人与药品企业的利益，惩罚性赔偿的适用规格比较严格，要求造成他人死亡或者健康严重损害的结果。③损害结果与药品缺陷之间存在因果关系。对该因果关系的理解，存在两种不同的看法：一种观点认为，它是指生产者或销售者明知产品有缺陷而仍然生产或销售的行为与损害之间的因果关系；另一种观点认为，它是指产品缺陷与损害之间的因果关系。笔者认为，后一种观点更为合理。理由有二：一是受害人要证明产品缺陷与损害之间的因果关系相对容易，有利于救济受害人；二是单纯的生产、销售行为并不必然引起损害的发生，只有药品缺陷作用于人体而导致损害时才存在侵权法保护之"实际损害"，才能认定"损害"与"行为"之间存在因果关系。

（二）《消法》第 55 条在缺陷药品侵权案件中的适用

1993 年《消法》第 49 条规定的"双倍赔偿"属于什么性质，过去一直存在争论。大多数学者认为这是违约的惩罚性赔偿责任，在某种程度上甚至可以视作规定了缔约过失责任。[1] 主流观点认为其不属于侵权责任之惩罚性赔偿，不必具备损害事实的要件，只需有欺诈行为即可。[2] 但 2013 年修订的《消法》第 55 条第 1、2 款[3]实际上分别把惩罚性赔偿规定为合同性质和侵权性质两方面，也就意味着如今《消法》不仅有合同性质的惩罚性赔偿，也有侵权性质的惩罚性赔偿。在药品致害案件中，若经营者存在欺诈行为，且购买、使用药品的消费者与致害案件的受害者为同一人时，将会产生药品买卖合同性质的惩罚性赔偿责任与药品致害侵权性质的惩罚性赔偿责任竞合的情况，二者之间能否竞合适用，目前还没厘清。笔者认为，从维护受害人权益的角度出发，理应允许竞合适用，但这两种责任只能择一行使。但是，药品致害案件中的被侵权人主张违反合同义务的惩罚性赔偿，必须符合《消法》规定的构成要件：

第一，属于消费者的范围，且被侵权人与购买、使用药品的消费者属于同一人。因"双倍赔偿"属于《消法》领域的惩罚性赔偿，必须符合《消法》明确规定的权利主体。

第二，经营者出售药品时存在故意的欺诈行为。国家工商行政

---

[1] 许德风："论瑕疵责任与缔约过失责任的竞合"，载《法学》2006 年第 1 期。

[2] 杨立新："《消费者权益保护法》规定惩罚性赔偿责任的成功与不足及完善措施"，载《清华法学》2010 年第 3 期。

[3] 《消费者权益保护法》第 55 条："经营者提供商品或者服务有欺诈行为的，应当按照消费者的要求增加赔偿其受到的损失，增加赔偿的金额为消费者购买商品的价款或者接受服务的费用的 3 倍；增加赔偿的金额不足 500 元的，为 500 元。法律另有规定的，依照其规定。经营者明知商品或者服务存在缺陷，仍然向消费者提供，造成消费者或者其他受害人死亡或者健康严重损害的，受害人有权要求经营者依照本法第 49 条、第 51 条等法律规定赔偿损失，并有权要求所受损失 2 倍以下的惩罚性赔偿。"

管理局在 1996 年发布的《欺诈消费者行为处罚办法》第 2 条、第 3 条、第 4 条明确"欺诈消费者行为"的定义和属于欺诈的 18 种情形，2015 年将《欺诈消费者行为处罚办法》修订为《侵害消费者权益行为处罚办法》不再提及"欺诈"的概念，新修订《办法》第 5、6 条明确了"经营者不得为的行为及不得有虚假或者引人误解的宣传行为"共 19 种情形，更大范围地保护消费者权益，虽然表述和类型有所变化，但总体思想和行为标准基本还是沿用了《欺诈消费者行为处罚办法》第 3、4 条列为"欺诈"的情形，主要以客观标准和方法进行认定。因此，结合新旧法对比，新《办法》第 5、6 条共列举的 19 种情形，可作为销售药品存在"欺诈行为"的判断依据。

第三，实际损失并非《消法》惩罚性赔偿的必备要件。虽然新《消法》规定的"3 倍赔偿"无须以实际损失为前提，但是，由于文章讨论的是药品致害的侵权案件，实际上必然地存在实际损失，这也就是能竞合的原因之一。在经营者欺诈导致药品致害的情况下，消费者可主张的损失不仅包括因违约所造成的损失（包括合同履行后可以获得的利益），同时还包括"3 倍赔偿"，因为"3 倍赔偿"是在赔偿因违约而造成损失的基础上增加的赔偿，因此才被认为具有"惩罚性"，若仅仅适用"3 倍赔偿"，有些情况下甚至不能完全满足弥补损失的要求，也就更不能体现"惩罚性"，难言合理公平。在药品欺诈受害人与被侵权人为同一人的场合下，选择何种请求权，当事人可通过对赔偿数额与诉讼程序举证的难易程度进行考量以作出理性的判断。

当然，部分学者对购买药品的"患者"是否属于消费者提出质疑。主要存在三种观点：一是否定说。否定患者购买药品行为属于消费行为。二是肯定说。认为医疗机构出售的药品都是有偿的，属于《消法》中的商品。三是折中说。营利性机构可定消费行为，非营利性机构则不能。笔者认同"肯定说"的观点，患者向医院购买药品都是有偿的，属于《消法》中的商品，适用该法规定的惩罚性赔偿。理由如下：①患者购买药品的直接目的就是延续和发展个人自身，完全符合"生活消费"之标准；②药品是一种特殊的商品，尽管其有自身的特殊性，但仍属于商品的子概念范畴；③医疗机构是否具有营利性不能仅仅通过"公立或者私立"这种所有制成分去区分，在财产权平等的原则下有失公平，而且现实生活中，所谓的非营利性医疗机构不具有营利性备受质疑。因此，只要是有偿出售药品，即可认定为"经营者"身份，既简单方便，也能克服以"所有制成分不同"区别对待的不公平现象。由此可见，经营者故意欺诈向患者销售药品的，患者可根据《消法》主张惩罚性赔偿符合正当的法理依据。

（三）《食品安全法》"十倍价款赔偿"的适用

《食品安全法》第148、150条可以构成我国缺陷药品侵权适用"惩罚性赔偿"的法律依据。该法第150条规定："食品，指各种供人食用或者饮用的成品和原料以及按照传统既是食品又是药品的物品，但是不包括以治疗为目的的物品。"目前，我国卫生部先后两次公布了上百种"既是食品又是药品"的名单。但是，要注意以下几个问题：

第一，该法只能适用于食品安全，必须只有"药品"作为"食品"在生产、销售时方可适用该赔偿规则，若药品购买人以治疗为目的购买此类食品的，本句是否表明以药品名义生产销售的应认定为药品，不属于这里说的"食品"范围。

第二，可以通过生产、销售主体判断是否"以治疗为目的"。根据我国《药品管理法》，我国药品生产、经营均实行严格的行政许可制度，而且医疗机构和药品零售企业必须配备药剂师进行用药指导，也就意味着，如果"既是食品又是药品"的品种是由药品企业生产的以及患者从医疗机构或者零售企业购买的，一般可判断"以治疗为目的"购买药品，而不是食品。另外，依据《药品管理法》，我国城乡集市贸易市场不得出售中药材以外的药品，但可以出售中药材，因此，以治疗为目的向这些药材销售者购买中药材的，也应认定为药品，而不是食品。

第三，由于卫生部公布"既是食品又是药品"属于单一成分的品种名单，因此，只有作为单一成分而销售时才适用该赔偿规则，若这些品种投入生产，经过加工、制作成药或者作为配方成药的，实际上已经成为新的品种，若该新品种是食品的，可以适用，若只能作为药品的，则不能适用该惩罚性赔偿规则。

目前，对于被侵权人依据《食品安全法》第148条第2款主张"10倍价款"赔偿的案件，实践中确立的案由较为混乱。有的确定为买卖合同纠纷，有的确定为消费者权益纠纷，还有的确定为产品责任纠纷或损害赔偿[1] 笔者认为，《侵权责任法》明确将产品责任作为一种特殊侵权类型纳入侵权法的调整范围，因食品安全产生的民事侵权责任属于产品责任，而非合同责任，因此，"10倍赔偿"的适用应当符合侵权责任的构成要件：①加害行为；②销售者"明知"，但对于生产者没有主观过错的要求；③损害后果；④因果关系。"10倍赔偿"与《侵权责任法》规定的惩罚性赔偿都属于侵权领域的赔偿规则，二者之间如何衔接和适用，下文将详细论述。

四、诸法关于惩罚性赔偿之间的连接

《消法》《侵权责任法》《食品安全法》相关法律规则是药品缺陷适用惩罚性赔偿的法律依据，因此，如何厘清它们之间的关系非常重要。

（一）《侵权责任法》第47条与《食品安全法》第148条之连接

有的学者认为，《侵权责任法》第47条规定的惩罚性赔偿是产

---

〔1〕 翟墨："食品安全法中十倍赔偿的案由确定和归责原则"，载《人民司法》2011年第6期。

品责任领域有关惩罚性赔偿的一般规定,[1]《食品安全法》第 148 条是有关惩罚性赔偿的特别规定,按照特别法优于一般法的规则,在食品侵权领域有关惩罚性赔偿应优先适用《食品安全法》第 148 条的规定。笔者以为,这种结论欠妥当。因为《侵权责任法》第 47 条与《食品安全法》第 148 条惩罚性赔偿的规定有很大的区别(如主观要件、损害后果、数额基准、适用范围等),从法律冲突规则与该两法条具体内容出发,一般法与特别法关系的主张均难以让人信服。笔者认为,应属于惩罚性赔偿竞合的关系。

当然,对于缺陷药品致害案件而言,该竞合关系只能适用于"既是食品又是药品"的情况,否则就不存在竞合问题。若此类"药品"被当作"食品"进行生产或者销售,因存在缺陷而致害的,被侵权人可以选择依《食品安全法》第 148 条的规定,除要求赔偿损失外,还可以请求"10 倍价款"的惩罚性赔偿,也可选择《侵权责任法》第 47 条的规定赔偿损失,并请求"相应的惩罚性赔偿",二者只能选择其一。但是,二者的责任要件并不同:①《侵权责任法》规定的是"产品责任",即根据《产品质量法》的规定,"产品"指的是"经过加工、制作,用于销售的产品",但《食品安全法》第 148 条规定,食品包括未经加工的"原料",因此,若此类"药品"未经加工、制作就以"食品"的身份出售,则只能选择《食品安全法》方能得到法律的支持;②《侵权责任法》要求产生"死亡或者健康严重受损"的后果,但《食品安全法》只要求"发生人身或者财产损失"即可;③《侵权责任法》规定生产者、销售者"明知"的主观过错,但《食品安全法》只要求生产者"生产不符合国家标准"这一客观行为即可,不需要主观过错,但对销售者必须"明知"。因此,在适用何种法律作为请

---

[1] 王吉林:"我国食品安全法中的惩罚性赔偿之解读",载《天津法学》2010 年第 1 期。

求权依据时，需要区分不同的要件。

（二）侵权领域的惩罚性赔偿与《消法》第 55 条之连接

1993 年《消法》中的惩罚性赔偿与《侵权责任法》第 47 条和《食品安全法》第 148 条的规定进行区别较为容易，侵权领域的缺陷产品致害，与重在交易过程规制的欺诈行为责任存在明显不同。[1] 但因为 2013 年修订的《消法》第 55 条既规定合同领域的惩罚性赔偿责任，又规定侵权领域的惩罚性，导致 3 部法律侵权领域的惩罚性赔偿均可能在缺陷药品致害案件中适用。如何链接，其实并不困难。笔者认为，可以分为两条路径：①合同性质与侵权性质惩罚性赔偿的竞合：在缺陷药品致害案件中，若被侵权人与购买、使用药品者为同一人，经营者存在欺诈行为的，其可依据药品欺诈主张合同性质的惩罚性赔偿责任，也可依产品责任主张惩罚性赔偿，两者之间发生违约责任与侵权责任之竞合，受害人可以择一而行使。当然，两种主张都必须符合法律规定的责任要件才能得到支持。② 3 部法律关于侵权性质的惩罚性赔偿的选择适用。《侵权责任法》第 47 条属于一般的规定，并未说明具体的赔偿数额，而《消法》的适用条件和第 47 条几乎一致，而且规定了操作性极强的赔偿数额，因此，在缺陷药品致害案件中，若属于《消法》调整范围的侵权案件，应首先优先适用消法关于侵权惩罚性赔偿的规定。《食品安全法》第 148 条只适用于"既是药品又是食品"的情况，它与《消法》第 55 条并不冲突，受害人可以择一而用之。

五、缺陷药品致害案件中惩罚性赔偿金的确定

2013 年 10 月，十二届全国人大常委会第二次会议审议通过了《中华人民共和国消费者权益保护法修正案》，惩罚性赔偿数额虽然有所调整但规定得很明确。因此，《消法》《食品安全法》已以法

---

〔1〕 周江洪："惩罚性赔偿责任的竞合及其适用——《侵权责任法》第 47 条与《食品安全法》第 96 条第 2 款之适用关系"，载《法学》2010 年第 4 期。

律形式确定了惩罚性赔偿金额，在法律层面没有多大的争议。而《侵权责任法》关于惩罚性赔偿金没有明确的规定，仅仅规定"相应的惩罚性赔偿"，而学理上关于侵权法的惩罚性赔偿金的确定及计算规则有很多的讨论。

（一）《消法》惩罚性赔偿金的确定

1993 年《消法》规定的合同性质的惩罚性赔偿金为"价款的一倍"。但是，在 2013 年 10 月 25 日审议通过的《消法》对惩罚性赔偿进行重点修改，将原第 49 条改为第 55 条第 1 款："经营者提供商品或者服务有欺诈行为的，应当按照消费者的要求增加赔偿其受到的损失，增加赔偿的金额为消费者购买商品的价款或者接受服务的费用的 3 倍；增加赔偿的金额不足 500 元的，为 500 元。"由此可知，《消法》修订时将过去增加的赔偿数额由"购买商品价款或者接受服务费用的一倍"修改为"购买商品的价款或者接受服务费用的两倍"，而且设置了 500 元的最低限额，更体现了其"惩罚"性质。

因此，药品经营者存在欺诈行为而主张违约责任所损失的赔偿额＝实际损失＋预期利益损失＋增加的赔偿额（惩罚性赔偿），但一般情况下，消费者购买药品主要用于满足"以治疗为目的的生活消费"，由于医疗效果的不确定性，一般不认定存在"预期利益损失"或者从证据上也难以证明。

（二）侵权法"相应惩罚性赔偿"数额的确定

学界上关于"相应惩罚性赔偿"数额的确定及计算标准讨论甚多。有的从比较法的角度认为应借鉴美国的做法，确定的数额应与"实际损失额"成一定的比例；[1] 有的从法经济学的角度专门论述缺陷药品致害惩罚性赔偿数额的确定，用一系列的变量来量化惩罚

---

[1] 高圣平："论产品责任损害赔偿范围——以《侵权责任法》、《产品质量法》相关规定为分析对象"，载《华东政法大学学报》2010 年第 3 期。

性赔偿金额的标准。[1] 笔者认为，复杂的数学模型的计算方法，对于大部分法学出身的法官而言未必能够驾驭，而且这种复杂的计算标准也难以让原被告双方真正认知，反而会降低其对判决的认可度，精致的理论难以妥帖地应用于复杂的现实社会。[2] 因此，与复杂的计算及变量的法经济学相比，缺陷药品侵权的惩罚性赔偿额与实际损失额成一定比例（倍数）的做法符合我国当前的司法实践，也已得到美国司法实践的认可，具有比较强的可操作性。

在《消法》中，实际上也认同了这种计算方式，而且从文本的规定来看，显然属于侵权法的内容，主要是为了解决侵权法没有规定数额这一问题。《消法》第 55 条第 2 款规定："经营者明知商品或者服务存在缺陷，仍然向消费者提供，造成消费者或者其他受害人死亡或者健康严重损害的，受害人有权要求经营者依照本法第 49 条、第 51 条等法律规定赔偿损失，并有权要求所受损失 2 倍以下的惩罚性赔偿。"该条文与侵权法惩罚性赔偿的条文基本做到连接，其要件也基本相同，只不过这一条文包括了"服务欺诈的惩罚性赔偿"。因此，若欺诈行为导致的缺陷药品致害案件满足侵权法的惩罚性赔偿要件，其赔偿额 = 实际损失 + 实际损失两倍以下的赔偿额。2013 年修订的《消法》的顺利通过，不仅重新厘定了以前"双倍赔偿"的问题，也解决了立法层面上不确定的"相应惩罚性赔偿"数额的问题，对司法实务具有重要的意义。

---

〔1〕 许丹丹、邵蓉："对药品侵权事件惩罚性赔偿数额确定的探讨"，载《上海医药》2011 年第 6 期。

〔2〕 余艺："惩罚性赔偿责任的成立及其数额量定——以惩罚性赔偿之功能实现为视角"，载《法学杂志》2008 年第 1 期。

论药品侵权的惩罚性赔偿制度

郑　俏 *

2016 年初 3 月份，山东省警方破获一起重大的非法疫苗案，涉案疫苗数量巨大、品种多样且金额高达 5.7 亿元，包括 25 种儿童、成人用二类疫苗，该批疫苗在没有合格冷链储存的情形下被销往 24 个省市，接受该批次疫苗接种的人群更是不计其数。[1] 该新闻一发出便席卷各大新闻媒体的头条并引起群众激烈的讨论。尽管当中不乏根本没有医学根据的危言耸听，目前世界卫生组织也已经两度发表声明表示该批次疫苗对身体产生副作用的危险性很低，最大可能结果就是该批次疫苗失去免疫效力，但是，药品安全问题还是成为大家关注的焦点。该事件也直接引发了本人对于药品侵权问题的思考。本文将从侵权行为的概念出发，明确何为侵权，药品侵权的表现形式该如何认定。紧接着，着眼于我国法律法规目前对药品侵权方面的规定，以及药品市场侵权现状的严重性。最后，创新性地提出对药品侵权构建惩罚性赔偿的法律机制。

＊ 郑俏，华南理工大学法律硕士研究生（民商法方向）。

〔1〕 参见 "山西检方对非法经营疫苗案 3 名渎职犯罪嫌疑人立案侦查"，载新华网 http：//news. xinhuanet. com/legal/2016 - 06/07/c_ 129045424. htm，访问日期：2016 年 4 月 1 日。

一、药品侵权的认定标准

（一）侵权行为的涵义

从"侵权行为"的基本含义出发来理解药品侵权，是世界各国研究药品侵权制度普遍的做法。关于"侵权行为"的定义，大陆法系学者与英美法系的观点不同；而在大陆法系国家当中，中国学者对侵权行为的研究结果或许又和其他的大陆法系国家学者的研究不一致，原因在于我们有着特殊的国情和司法传统。英美法系学说中具有代表性的《牛津法律大辞典》将侵权行为定义为与当事人之间订立的协议无关的并且产生于一般的法律实施过程中的能够引起侵权之诉的不法行为或者不良作为。这种作为包括实施了法律要求不能实施的行为或者拒绝履行法律要求其履行的义务从而导致受害人产生损失。[1] 可见，在英美法系中，侵权责任法是一门过错法或者是违反法定义务的补救法，而侵权损害赔偿是对于过错的补救措施。大陆法学学说中，"责任说"和"致人损害说"是研究侵权行为的两种主流方向。"责任说"意味着侵权行为与责任后果是联系在一起的，有侵权就有责任，侵权行为是产生法律责任的先决条件。"致人损害说"指的就是侵权行为一定需要使得侵权的相对方产生损害后果，否则不能构成侵权，也无法产生民事上的侵权责任，有损害才有救济。德国主流观点认为，且不问侵权者是故意为之还是无意为之，只要其行为对受侵害人的利益没有足够的尊重，那么都是侵权行为，都要承担责任。[2] 这种侵权行为的定义是十分严格的。我国台湾著名民法学者史尚宽先生认为：损害他人权利或者利益的违法行为都属于侵权行为。[3] 在这里，史先生其实将

---

〔1〕 ［英］戴维·M. 沃克：《牛津法律大辞典》，李双元译，法律出版社 2003 年版，第 886 页。

〔2〕 ［德］克雷斯蒂安·冯·巴尔：《欧洲比较侵权行为法》，张新宝译，法律出版社 2001 年版，第 6 页。

〔3〕 史尚宽：《债法总论》，台北荣泰印书馆 1978 年版，第 101 页。

"违法行为"的概念做一个广义理解，即不能违反法律规定，也不能违背善良风俗，违反上述两者之一并给他人造成损害的，就要承担侵权责任。新中国建立以后，中国学者们在大量吸收西方经典侵权损害赔偿之理论学说的基础上，结合自身的国情以及司法实践中暴露出的问题，对侵权行为和侵权损害赔偿有了更深入的研究。本人认为，杨立新先生对侵权行为的定义最具有代表性，他认为，侵权行为以主观过错为原则，在特殊情形或者特定法律规定的情况下，也可以不问过错；侵权行为是实施了侵害他人权利的行为或者不履行应尽的义务，给受害人的身体或财产带来侵害的法律后果，需要承担法律责任的行为。[1] 根据上述解释，我们不难理解，药品侵权行为就是指生产者、经营者、使用者或其他与药品生产、经营、运输、储藏等有关的相关人员由于过错，或者在有法律特别规定的时候，无论其是否具有主观过错，违反法定义务，以作为或者不作为的形式侵害他人的人身或者财产利益，需要承担法定后果的行为。

（二）侵权行为与赔偿责任的关系

在解决药品侵权的惩罚性赔偿问题之前，我们必须厘清以下责任关系：①侵权与民事损害的关系；②民事损害与赔偿的关系；③侵权赔偿与损害赔偿的关系；④一般赔偿与惩罚性赔偿的关系。

在我国，侵权责任构成要件的表述以及各要件的顺序基本上被固定了下来，就是所谓的"四要件"理论：违法行为、损害事实、因果关系和主观过错这样的公式化提法。[2] 这样的提法被最高司法机关的司法解释所采用，用以指导全国司法机关的侵权法审判案例。[3] 因此，客观的侵权事实必然会导致民事损害。但是，出现

---

〔1〕 杨立新：《侵权法论》，人民法院出版社 2011 年版，第 13 页。

〔2〕 李由义主编：《民法学》，北京大学出版社 1988 年版，第 585、590 页。

〔3〕 最高人民法院《关于审理名誉权案件若干问题的解答》第 7 条。

了民事损害不必然会带来民事赔偿。我国《民法通则》第106条第1款规定："公民、法人由于过错侵害国家的、集体的财产，侵害他人财产、人身的，应当承担民事责任。"并且，《侵权责任法》第15条规定："承担侵权责任的方式主要有：①停止侵害；②排除妨碍；③消除危险；④返还财产；⑤恢复原状；⑥赔偿损失；⑦赔礼道歉；⑧消除影响、恢复名誉。以上承担侵权责任的方式，可以单独适用，也可以合并适用。"由此可见，损害赔偿只是民事损害发生以后的一种救济方式。此外，侵权赔偿与损害赔偿在现实中经常被混为一谈，但是，在本文中，必须清楚这两个概念的区别。承担赔偿责任是承担侵权责任的一种方式，因此，必须融会贯通侵权行为的"四要件"理论，这样才能为承担赔偿责任寻找到合理的法律依据。那么，特别需要明确的就是：承担侵权责任的条件必须是由于侵权人的违法行为所导致的损害结果。但是，损害赔偿是一种事实状态，合法行为造成的损害事实也需要赔偿受害者损失，此处承担的是补偿性责任。

一般赔偿责任与惩罚性赔偿责任有很大的不同，不仅表现在它对侵权人的惩罚力度上，还表现在法官适用的自由裁量余地以及适用这两种法律责任的社会效果上。一般赔偿责任的目的以补偿为主，也被称为补偿性赔偿责任。补偿性赔偿与惩罚性赔偿的区别主要在于：补偿性赔偿在主观方面的要求是以过错为原则，无过错为例外；而惩罚性赔偿从世界各国的立法传统来看，一般只规定主观过错，而且是极其恶意的主观过错，无过错基本不需要适用惩罚性赔偿。因此，惩罚性赔偿实际上是一种报复机制，要求加害人主观上有严重的恶意并受到社会普遍的谴责，该行为的社会影响极其恶劣，必须采取民法上的惩罚手段才能使市场交易秩序恢复到一个较为平稳的状态。而一般性赔偿或者补偿性赔偿实质上是不足以覆盖侵权者所造成的社会恶性影响的。我国法律对于惩罚性赔偿的规定也充分体现了其报复性目的：一般赔偿其实等同于补偿性责任，根据当事人双方的过错程度来判断加害人承担完全赔偿责任还是部分赔偿责任。因此，这种赔偿方式类似于一种调和机制，促使双方握手言和。但是，惩罚性赔偿集补偿机制、惩罚机制、警示机制和激励机制于一身，甚至后面三者的功能会更为重要，这是分别对于不同主体而言的：对于侵权者，是一种惩罚机制，以此遏制他们的侵权行为；对于被侵权者，是一种激励机制，以高昂的赔偿金激励更多的被侵权人积极采取法律手段捍卫个人权利；对于其他有潜在可能侵害他人权利的人，有着警示作用。这就是惩罚性赔偿的特殊之处。

（三）特殊侵权之药品侵权的具体表现

本文摒除医疗事故，仅就药物本身的性质来讨论药品侵权行为，依据上述对药品侵权涵义的分析结果，我们可以将药品侵权分三类：第一类是药害事件，即在使用药品后对生命或者健康有损害的事件。医学上的主流学说认为药害事件有两种：一种是由于患者的不同体质或者身体隐藏的其他原因所引发的药品不良反应（ADR），这种情况是无法避免的；另一种是由于药品本身有缺陷或者是药品的使用说明不正确导致患者在使用过程中产生的身体损害。第二类是无治疗效果的药物，即该药物使用后的效果与其包装说明上的治疗效果不相符。第三类是无预防效果的药物，具体表现为预防性药品并没有达到其预防疾病的效果。

1. 合格药品的不良反应。以上的分类中，我们将药品侵权简单地归类为缺陷药品导致的药品侵权和合格药品导致的药品侵权，而合格药品的侵权一般只存在于药品的不良反应当中。除去使用不当的情形，合格药品侵权是否能够免除侵权损害赔偿责任，这成为国际法学界和医学界纷纷热议的话题。现有的关于不良反应是否属于侵权行为以及是否应当承担法律后果的观点有三种：

第一种观点认为，药品不良反应生产经营者以及相关责任人应当承担侵权损害赔偿责任。首先，由于药品属于特殊产品，因此它不能简单适用《产品质量法》的有关规定；其次，药品与人体健康息息相关；最后，药品使用者是弱势群体，他们所了解到的药品的信息是不全面的，也是不专业的，生产经营者所了解到的关于产品的信息显然要比用药人群所了解的信息更全面。根据"危险控制理论"，风险由谁控制或者说谁最有能力去减少风险，谁就应当承担风险发生的不良后果。[1] 欧美、德日等侵权制度完善的国家普遍都将药品引起的不良反应纳入侵权赔偿的范围，由侵权者承担无过错责任。例如，早年发生在美国的 DES 安胎剂案，就是一个很好的药品侵权惩罚性赔偿案例：受害者为一对母女，该母亲在怀孕时服用 DES 安胎剂导致女儿成年后生殖系统患病，两受害人将市场占有率达 90% 以上的生产该药的 5 家药商作为共同被告向法院提起民事损害赔偿诉讼，其诉讼请求获得法院支持。加州最高法院判决各被告依照其产品的市场占有份额承担侵权损害赔偿责任。

第二种观点认为，不良反应不应当被纳入侵权损害赔偿范围。支持该观点的专家主要从法律规定和医疗事业发展方面来考量的。我国《产品质量法》规定的侵权责任范畴排除了产品进入市场时尚未出现的侵权情形，以及当前科技或者生产水平尚无法避免的侵权情形，这也是我国《产品质量法》落后于时代发展的表现之一，这与民法"有侵害就有救济"的理念不一致。《产品质量法》还将缺陷产品狭义地定义为普遍的危害性以及违反各种关于产品规定的标准，这显然也是不准确的，因为任何的行业标准都不足以覆盖民事上的危害事件，进一步说，缺陷产品不应当成为需要承担产品侵权责任的唯一根据。医学上引起不良反应的药品均是按照国家安全标准来生产并且使用的，因此并非缺陷药品。它之所以会引起不良反应，是由于小部分人的特殊体质等在研发药品时无法预见所致。因

---

〔1〕 宋跃晋："论药品不良反应的民事赔偿责任"，载《山西高等学校社会科学学报》2008 年 6 月 25 日。

此，在法律层面上，无需承担无过错责任。实践中，医药企业普遍采用"发展风险"来抗辩。正如拉瑞克所言：没有绝对安全的药品，只有相对安全的药品，我们的目标是追求更高安全系数的药品。"是药三分毒"，不宜过分严苛要求医药企业。如果要求医药企业为药物引起的不良反应承担高昂的损害赔偿费用，将会挫伤医药行业进行药物创新的勇气，从而影响整个国家的医疗水平。

第三种观点认为，应当通过建立社会保险和社会救助制度以建立社会保障基金来对受害者进行赔偿。持有该观点的专家认为，既然不良反应是难以避免的并且是在研发过程中无法预见的，而药物创新和生产的成果也是为了造福人类，只要符合国家安全标准来进行生产经营，那么其后所产生的风险就不应当再由企业来承担。对于这些白白为人类医疗事业的发展而牺牲的群体，应当由全社会来进行帮扶和救助。瑞典率先运用这种社会责任的思维，用集体保险来覆盖基于不良反应引起的民事责任。[1]

本人认为，第二种与第三种观点对侵权责任构成要件中的"违法行为"的理解过于狭隘。我们大可以将违法行为分两方面理解：一方面是指违反法律明文规定；另一方面指违背善良风俗或者不履行社会责任。[2] 也可以说是形式违法与实质违法的结合，形式违法是以作为方式违反明令禁止的规定或者不履行强制性义务；实质性违法是指违反社会责任与善良风俗。[3] 因此，若结合我国立法现状和司法实践给出一个折中观点，则正如杨立新老师所言：违法是指行为在客观上与法律规定相悖，主要表现为违反法定义务、违反保护他人的法律和故意违背善良风俗致人损害。[4] 这也是德国

---

〔1〕 唐慧鑫、孙骏："浅析瑞典药品损害赔偿机制及其药品保险制度"，载《中国药物警戒》2006 年 11 月 30 日。

〔2〕 胡长清：《中国民法债篇总论》，商务印书馆 1946 年版，第 142 页。

〔3〕 史尚宽：《债法总论》，台湾荣泰印书馆 1978 年版，第 120 页。

〔4〕 杨立新：《侵权法论》，人民法院出版社 2011 年版，第 13 页。

法对违法性的经典理解。这么看来，任何的医药企业在研发药品的过程中，都知道不良反应是无法完全杜绝的，他们无法排除药品被特殊体质的人群服用以后的状况，但是他们依旧将药品推向市场。当然，从总体的社会价值上可以认为利远大于弊，但是，对于被害人个体而言，是否可以这样认为：侵权人明知药品存在不安全性，依然推向不特定人群，最终本人服用并导致身体健康损害。那么，尽管医药行业符合行政法的规定，符合安全生产的标准，其依然存在着民法上的违法性，从民法上追究其侵权损害赔偿当然合理。

2. 缺陷药品的侵权责任。我们同样用侵权责任"四要件"理论来论证缺陷药物的侵权责任。缺陷药品主要分为对人的生命健康造成损害的药品、丧失治疗效果的治疗性药品和丧失预防效果的预防性药品。丧失治疗效果的药品间接损害了病人的身体健康；丧失预防效果的药品也侵害了使用药品者的健康利益。因此，生产、销售这三类药品的行为均属于违法行为，并且产生了损害后果，违法行为与损害后果之间存在因果关系。再来看"主观过错"这一要件，当然，如果明知生产、销售的是不合格产品，或者故意违反安全操作标准进行储藏、运输的，必然存在主观过错，成立侵权责任。但是，如果主观上不存在过错，是否应当承担侵权损害赔偿责任，则需要依据法律的相关规定来确定。因此，无过错责任只能是法定责任。

综上所述，本人认为，不论是不良反应，还是缺陷药品，都会导致药品侵权。

二、药品侵权适用惩罚性赔偿制度的意义

药品属于特殊产品，它具有极大的不安全性。因此，药品侵权属于特殊产品侵权，其所带来的危害后果往往都是人身损害，因此，下文将结合中西方药品侵权案例，以及西方将药品侵权纳入惩罚性赔偿的理论学说，来论述药品侵权采用惩罚性赔偿制度的意义。

（一）惩罚性赔偿的中西方理论对比

惩罚性赔偿是指加害人向被害人支付的远超过被害人损害的赔偿。[1] 这是西方对惩罚性赔偿的经典论述。

在大陆法系，补偿性民事责任是基础，基本上所有的大陆法系国家都在此基础上研究民事赔偿制度。[2] 补偿性赔偿的民事法律责任的鲜明特点就是赔偿数额要恰好与受害人所遭受的损失相当。因此，赔偿数额若多于损害数额，就会造成被害人享受到不当利益；赔偿数额若少于损害数额又不能弥补受害人的损失。而惩罚性赔偿责任被认为是一种私人罚款。大陆法系国家将公法与私法作出一个相当严格的区分，一般认为，只有公法才有"惩罚"能力，私法是没有任何理由赋予其惩罚功能的，私法是处理平等关系的法律，必须把握天平的两端，让平等的双方当事人不因为对方的行为受到损失，也不允许一方当事人因为他人的过错而获得意外之喜，以维持社会稳定秩序。[3] 这与大陆法系国家严格的公私法划分以及依据法典判案的历史传统有着密不可分的联系。

英美法系国家则不同，他们的法律思维和法律体系与大陆法系国家有很大的区别，他们没有将公法和私法的功能作出如此严格的区分。从《美国侵权法重述（第二版）》第 908 条第 1 款的规定可以看出，他们认为民法也可以对极端无理的行为进行惩罚，要求他们进行赔偿之外的赔偿，从而有效遏止该种情况的再次发生。[4] 在英美法院的大法官看来，当被告严重不合理地、轻率地、故意地严重缺乏社会责任时，他们实行的行为也极度引起人们厌恶或者憎恨时，可以要求他们赔偿超过被告损失的数额，以此体现对他们的

〔1〕 *Black's Law Dictionary*（6ᵗʰ Ed），p. 390.
〔2〕 谢怀栻：《外国民商法精要》，法律出版社 2006 年版，第 186 页。
〔3〕 曾世雄：《损害赔偿法原理》，中国政法大学出版社 2001 年版，第 16 页。
〔4〕 美国法学会：《美国法律整编〈侵权行为法〉》，刘兴善译，我国台湾地区司法周刊杂志社 1986 年版，第 755 页。

惩罚。[1] 因为，英美法系国家在考虑侵权赔偿问题时，他们考虑到被告在本次侵权行为中所获得的收益可能会远超过原告的损失，如果只考虑原告的损失来衡量损害赔偿的数额，就容易造成被告由于违法成本低而继续实施违法行为。法院审判的结果往往会在社会上产生导向型作用，因此会造成更多强势的侵权者在违法成本较低的情况下不断实施违法行为。为了杜绝这样的负面效应，美国许多典型的惩罚性赔偿案例收获了良好的惩戒和社会警示效果。例如，在药品侵权方面，"万络"案件就是典型的惩罚性赔偿案例。美国德克萨斯州安格勒顿的法庭判决认定默克公司生产的消炎镇痛药"万络"导致原告的丈夫死亡，之后陪审团以10∶2的高比例通过高额赔偿方案。美国默克公司须向原告支付赔偿金共计2.53亿美元，其中包括2400万美元的实际赔偿和2.29亿美元的惩罚性赔偿。[2]

　　再来看我国，我国第一次制定适用惩罚性赔偿制度的法律是《消费者权益保护法》，该法规定生产者和经营者的欺诈消费者的行为会导致相当于一倍于产品价格或者服务价格的惩罚性赔偿。这是市场经济下消费欺诈频频发生所推动的立法结果，可以说是一个历史性的突破，之后在《侵权责任法》《产品质量法》《食品安全法》中都不同程度地体现惩罚性赔偿这一制度。综观上述提到的法律，我们可以看到，我国在惩罚性赔偿制度的设置方面偏向保守和落后，而且呈现碎片式的立法模式，缺乏体系，并且《侵权责任法》也没有一个对惩罚性赔偿制度自上而下的呼应，本文认为，在制定"民法典"的时期，我们应当有一个更严密的思维，有一个独立完整的对侵权责任法的思考。大陆法系国家的司法传统历来按照法律

---

〔1〕 *Black's Law Dictionary* (6th Ed)，p. 513.
〔2〕 罗冠杰："论惩罚性赔偿制度在我国药品安全责任领域的建立"，载《中国药学会药事管理专业委员会年会暨"国家药物政策与〈药品管理法〉修订研究"论坛论文文集》2009年8月6日。

判案，但是我们必须认识到这与惩罚性赔偿制度的实施有很大的冲突。英美法系之所以能够灵活处理高额惩罚性赔偿案件，就在于法官具有强大的造法功能，他们是判例法国家，而我们狭义的"依法判决"传统可能会使得我们在对惩罚性赔偿的数额作出规定时难以把握一个准确的范围。过高或者过低的惩罚性赔偿都很容易带来不公平的后果，导致不良的社会影响。但是，基于长期以来我国的《侵权责任法》受"填平损害"思想的影响，尽管不同法律都规定了惩罚性赔偿，但是惩罚幅度还是不足，对受害人的权利救济依旧存在很大的局限性。目前，世界对于惩罚性赔偿的普遍做法都以经济赔偿为主，因此，我们往往从赔偿金钱的数额上去判断法院作出惩罚性赔偿的力度。对比英美国家动辄上亿美金的惩罚性赔偿，我国的赔偿数额就显得相当小了。无论是"价款的十倍"，还是"所受损失的两倍以下"，其在司法实践中都不足以囊括所有应当获得惩罚性赔偿的情形。正因为如此，尽管我国发生了许多药害事件，例如"鱼腥草注射剂"、"龙肝泻胆丸"等著名的药品安全事故，但是很少看到著名的民事药品侵权判决，往往都是政府对医药企业采取行政措施。

（二）药品侵权适用惩罚性赔偿之必要性

随着我国重大药品安全事件屡次发生，如"欣弗"事件、"齐二药"事件、"鱼腥草注射剂"事件等，包括最近的山东疫苗事件，我们意识到，除了公权力监督不力以外，更重要的原因在于制度上的权利救济不力。事实上，只有大规模的药品安全事故才会引起新闻媒体的关注以及公权力的介入调查，而小群体的不良反应或者药品带来的身体伤害常常诉求无门。构建药品安全领域的惩罚性赔偿制度好处在于：

1. 有助于激励被侵权者权利救济。"有侵害就要有救济"是现代法治社会的一个普遍存在的理念。受害人在身体健康受到损失时依法获得赔偿是法律之规定，社会之常理。但是，现实中极少有人选择诉讼方式维权，一方面在于被害人难以收集证据；另一方面，补偿性赔偿不足以弥补其损失，甚至他们会付出更大的维权成本。受侵权人本着"得不偿失"的态度，往往放弃权利救济。但是，惩罚性赔偿使得被侵权人在较高的赔偿数额的激励下勇敢走向维权道路、争取赔偿。这样的制度设置还容易在社会上形成药品侵权损害救济的公益团体，这样相当于多了一种民间监督模式来监督医药行业的发展，更有益于药品的安全生产、销售。

2. 有助于药品监管部门对违法生产经营的医药企业进行整顿。我国药品安全事故层出不穷，原因在于我们的监管力度不足。从西方国家药品安全的监管体系中，我们可以看到，仅凭借行政力量难以维持一个行业的安全。药品安全没有办法依靠制定安全标准或者抽样调查来确保，加之医药企业往往垄断行业内最优秀的研发人才，所以药品问题更难发现。但是，受害人的权利救济是精准的风向标，他们直接指向不良医药企业，这使得部门工作更具体全面。

3. 对于医药企业而言，这样的制度设置和安排使得他们迫于巨大的赔偿压力而不得不研发和生产更具有安全性的医药产品。尽管没有绝对安全的药品，但是他们可以日益提高自身的研发水平和医疗技术，不断提高药品的安全性。或许有反对的声音认为，一次大的惩罚性赔偿可能会使得某些医药企业破产，挫伤整个医药行业的锐气。但是，这也正是医药企业前进的动力，如果某些医药企业需要逃避惩罚性赔偿才能获得研发资金，那么其应当被市场所淘汰。只有在一轮又一轮的改革碰撞当中，我国的医药行业才能得到发展。

（三）药品侵权惩罚性赔偿的制度构建

构建药品侵权的惩罚性赔偿制度，赔偿数额是普遍关注的问题，如果制定得过高，则一方面容易矫正过枉，易引起医药行业的全面抵制而难以执行；另一方面，可能会有恶意当事人通过该立法获得不当利益；但是如果制定得过低，其惩罚性效果又很难彰显出来。因此，本文建议去除标准化损害赔偿模式，制定一个较为合理的赔偿范围，允许法官在该赔偿范围内自由裁量。上述说法也被称为"比例性原则"，即以"实际损害"为基准，按照法定的倍数具体确定赔偿金额。[1] 这样的好处在于：在实际损害发生之前，其实际侵权人或者潜在侵权人都不清楚实际损害的结果有多大，这样他们就会在研发产品时作出"最坏的打算"——万一发生最严重的药品侵权损害，他们会有多少经济损失。在这样的恐惧面前，医药行业会更加注重药品安全。

上述"比例性原则"立法也符合本文的观点，鉴于药品侵权损害结果有着较大的不确定性，任何无法填平实际损害的"赔偿"都是不符合民法精神所追求的"公平原则"和"平等原则"的。因此，以"实际损害"作为侵权损害赔偿的基准最具有合理性。对于"实际损害"的确定，可以参照我国《产品质量法》和《最高人民法院关于审理人身损害赔偿案件适用法律若干问题的解释》的相关规定[2]，主要包括以下几项：医疗费、误工费、伤残补助费、丧葬费等。一般来说，应当按照以上几项基本费用的总和来确定实际损失。本文认为，在此基础上，还应当加上：①造成被害人死亡或者重大残疾的，应当赔偿被害人家属的精神损失费；②造成被害人残疾或者死亡的，应当赔偿被害人需抚养或者赡养的亲属的抚养费以及赡养费。这两点在西方国家已经实行得颇为良好，这不仅仅是一种人文主义关怀，更是侵权责任法上必需的赔偿义务。作为一个

---

〔1〕　余艺："惩罚性赔偿责任的成立及其数额量定——以惩罚性赔偿之功能实现为视角"，载《法学杂志》2008 年 1 月 15 日。

〔2〕　参照我国《产品质量法》和《最高人民法院关于审理人身损害赔偿案件适用法律若干问题的解释》的相关规定，主要包括以下几项：①因就医治疗支出的各项费用，包括医疗费、护理费、交通费、住宿费、住院伙食补助费、必要的营养费等；②造成受害人残疾的，还应当包括残疾辅助器具费，以及因康复护理、继续治疗实际发生的必要的康复费、护理费、后续治疗费，以及因丧失劳动能力导致的收入损失等；③造成受害人死亡的，还应当包括丧葬费以及受害人亲属办理丧葬事宜支出的交通费、住宿费和误工损失等其他合理费用。

社会人，其所肩负的责任与义务很多，当加害人的行为导致被害人无法继续履行其应尽的义务时，加害人应当替代被害人角色代为履行。精神损害赔偿费用，也是抚平被害人及其亲属精神创伤的经济补偿手段。至于"法定倍数"的确定，必须体现一定惩罚性的原则。在西方发达的国家，尤其是英美等判例法国家中，鉴于法官强大的"造法"功能，在确定最终赔偿数额时，除了覆盖实际损失以外，还可能会对该产品的市场价值做一个合理的估算然后确定最终加罚的倍数。但是，鉴于我国目前的司法体制不具备这种功能，本文认为，可以确定一个相对合理的惩罚幅度，即以"实际损失"的10倍以下作为赔偿标准。之所以确定赔偿上限，目的在于：一方面可以惩罚一些具有重大恶意的医药企业，能够对整个医药行业起到警示作用，从而能够有效地使医药行业朝着健康的态势发展；另一方面，可以规范审判员的自由裁量权，促进其在药品侵权的司法审判中逐步走向成熟。

三、小结

本文的创新性在于将药品的不良反应纳入违法性行为当中，作为药品侵权的表现形式之一，这在很大程度上能够扩大药品侵权的周延性，使群众的健康权得到更好的保障；其次，在对药品侵权的赔偿数额方面有新的建议，这也是在参照许多国外立法以及我国港澳台地区的相关规定后研究的结果，这对于规范药品市场秩序起着重要作用，同时也能更好地维护受害人的利益。然而，将药品侵权纳入惩罚性赔偿的范围不是一朝一夕能够实现的事情，因此，学者们应当不断推进理论研究的深入和发展，促进我国早日完善药品侵权惩罚性赔偿制度。

第三章
医药食品安全刑事法律问题研究

监督过失中因果关系的"二阶判断"

谢雄伟　郑　实*

监督过失，"是指处于让直接行为人不要犯过失的监督地位的人，违反该注意义务的过失"[1]监督过失理论，主要由日本学者提出，"它为追究对于企业事故发生具有监督关系者的过失责任，提供了法理基础"[2]在我国，学理上尽管没有明确采用这一概念，但其在《刑法》分则的罪名中却早有体现，如第138条"教育设施重大安全事故罪"与第139条"消防责任事故罪"等。并且，随着近年来重大安全责任事故的频发，许多相关案件在具体处理和认定上，亟须形成更为合理的理论予以解释，因此，监督过失理论也逐步成为刑法学界所研讨的热点话题。

---

* 谢雄伟，广东财经大学副教授，法学博士；郑实，广东财经大学法律硕士研究生。本文系2015年度国家社科基金青年项目"97刑法以来刑事立法理由的实证分析与反思"（15CFX024）、教育部2011年人文社会科学研究青年基金项目"风险社会中事故型犯罪的监督过失研究"（项目号11YJC820136）的研究成果。
〔1〕 黎宏：《日本刑法精义》，法律出版社2008年版，第221页。
〔2〕 陈兴良：《教义刑法学》，中国人民大学出版社2014年版，第529页。

作为过失犯罪的一种独立的犯罪类型，监督过失犯罪的成立，以行为与结果之间存在因果关系为必要。与一般过失犯罪因果关系不同，在监督过失中，监督者与结果之间的因果关系，由于存在被监督者过失行为介入的情况，因而在认定上形成了一定的困难。尤其在司法实践中，许多监督过失犯罪案件，如重大责任事故犯罪、渎职犯罪等，因为难以肯定监督者与结果之间存在因果关系，而造成无法追究监督者刑事责任的局面。如 2013 年备受社会关注的广州建业大厦火灾事故一案，起火的直接原因是电源线短路引燃可燃物，因大厦消防设施等整体工程未完工、火灾荷载大等原因，造成火灾蔓延迅速扩大；而间接原因则是大厦消防安全主体责任未落实，存在违法经营行为；以及大厦日常消防安全管理不到位，导致火灾隐患长期大量存在。因此，负有监管职责的 6 名公职人员因涉嫌玩忽职守罪被检察院逮捕，但最后法院认定该罪名不成立，法院作出该认定的主要理由是：是否构成玩忽职守，关键在于其行为与造成的重大损失之间有无内在、必然的直接因果关系。被告人没有履行其职责与事故没有直接、必然的因果关系，不具有刑法上关于玩忽职守罪的构成要件。[1]

可见，如何正确认定监督过失中的因果关系，对于司法实践中正确处理此类案件具有重大意义。本文拟从因果关系认定的基本理论出发，结合监督过失犯罪的具体特征，阐述监督过失中因果关系的认定问题，以期为司法实践提供一个可供参考的视角。

一、监督过失中因果关系的含义与特点

（一）监督过失中因果关系的含义

关于刑法中的因果关系，学理上存在两种不同的理解：广义的

---

〔1〕 金羊网："建业大厦火灾 6 公职人员因玩忽职守被捕 仅以受贿入罪"，载 http://gd. sina. com. cn/news/b/2015 – 01 – 09/detail – icczmvun4830437. shtml，访问日期：2015 年 10 月 29 日。

因果关系概念与狭义的因果关系概念，前者包括了事实的因果关系与规范判断，后者则限定为不包含规范判断的事实因果关系。[1]换言之，广义上，因果关系涵盖两个部分：事实因果关系与结果归属；狭义上，因果关系则仅指事实因果关系。基于研究的需要，本文中的监督过失因果关系是就广义上而言的。

对于监督过失因果关系，学界存在不同的观点：有学者主张，监督过失因果关系应当是监督过失行为与被监督者过失行为之间的因果关系；[2]也有学者认为，"监督过失因果关系表现为监督者的监督过失行为与构成要件结果之间的关系"。[3]笔者赞同后者的看法，理由在于：刑法上的因果关系，一般指危害行为与危害结果之间的因果关系，并非发生在行为与行为之间；并且认为监督过失因果关系，仅存在于监督过失行为与被监督者过失行为之间，片面强调监督过失行为导致被监督者过失行为，忽视了监督行为本身引起危害结果发生的作用力。因而，本文所称监督过失中的因果关系，是指监督者过失行为与构成要件危害结果之间的因果关系。

（二）监督过失中因果关系的特点

根据我国现行刑法的规定，过失犯罪均属于结果犯，即过失犯的成立必须要具备法定危害结果的实现。因此，过失行为与危害结果之间是否存在因果关系直接决定过失犯罪的成立与否。在大多数普通过失犯罪中，因果关系的判断并不复杂，原因在于：多数普通过失犯罪的因果关系表现为过失行为与结果之间的直接关系，而不存在其他因素的介入。然而，不同于普通的过失犯罪，监督过失作为过失犯罪的一种特殊类型，其因果关系的样态则呈现出一定的特

---

〔1〕 张明楷："也谈客观归责理论：兼与周光权、刘艳红教授商榷"，载《中外法学》2013年第2期。

〔2〕 彭凤莲："监督过失责任论"，载《法学家》2004年第6期。

〔3〕 易益典："监督过失犯罪论"，华东政法大学2012年博士学位论文。

殊性。因此，必须先对其因果关系的特点予以阐述，具体而言，其主要特点如下：

1. 监督过失的行为方式涵盖作为与不作为。监督过失行为以不作为形式为主，也存在作为的形式。在监督过失中，"被监督者的过失行为直接造成了结果，但监督者对被监督者的行为负有监督义务，即有义务防止被监督者产生过失行为，却没有履行这种义务（如没有对被监督者做出任何指示，或者做出了不合理的指示），导致了结果发生"。[1] 也即，从犯罪的行为方式上看，由于监督过失行为违反了命令性规范，因而一般表现为不作为的形式。以玩忽职守罪为例，2006 年 7 月 26 日发布的《最高人民检察院关于渎职侵权犯罪案件立案标准的规定》（以下简称《立案标准》）的规定："玩忽职守是指国家机关工作人员严重不负责任，不履行或者不认真履行职责，致使公共财产、国家和人民利益遭受重大损失的行为。"其中，不履行职责便是典型的不作为形态的监督过失行为，即国家机关工作人员应当履行职责，且具有履行的可能性，而违背职责没有履行。

尽管在司法实务中，多数监督过失犯罪表现为不作为的形态，但仍存在以作为的行为方式构成监督过失的情形。如《立案标准》中关于滥用职权罪规定："滥用职权罪是指国家机关工作人员超越职权，违法决定、处理其无权决定、处理的事项，或者违反规定处理公务，致使公共财产、国家和人民利益遭受重大损失的行为。"此处，滥用职权行为是指在客观上实施了履行职责的行为，但其所实施的履职行为却存在超越职权、违法决定乃至无权处理的情形。例如，监督者违背禁止性规范，即以作为的方式向被监督者作出超越职权、违法决定乃至无权处理的指令，导致被监督者实施过失行为，并最终引发危害结果发生。

---

〔1〕 张明楷：《刑法学》，法律出版社 2011 年版，第 272 页。

2. 监督过失的因果形式通常表现出多因一果。在监督过失的场合，监督者行为与结果之间一般都存在被监督者行为的介入因素，这使得其因果关系的表现形式呈现多因一果的特点。在刑法因果关系的认定中，"除了要对自己的行为负责，人们有时候还需为第三方造成的结果负责。此种情形下，结果被归责于行为人，不是因为其行为直接操控了因果流程，而是因为它为介入者实施危害提供了行动理由或制造了机会"，[1] 监督过失因果关系即属于这种情况。事实上，监督者的行为并非直接引起结果发生的原因，而是在监督者行为与结果之间介入了被监督者的行为，并且由被监督者行为直接导致了危害结果的发生。这一点也是监督过失与普通过失犯罪在因果关系上最为显著的区别。从司法实践来看，法院的做法也肯定了此类案件危害结果发生系多方面原因造成，并且认为，这种因果关系所表现出的多因一果，在量刑时可以作为考虑因素。[2]

案例1：被告人李瑞泉任重庆市北碚区金刀峡镇财政办公室统管会计期间，没有按照《会计法》以及该镇制定的统管会计职责，认真监督、制约原财政办公室出纳郑素华（另案处理），没有做到每月与出纳郑素华核对银行存款和库存现金余额，并且在此期间也没有及时登记会计账目。由于李瑞泉在监督出纳郑素华的过程中，不认真履行工作职责，疏于监督，致使原财政办公室出纳郑素华有机会挪用单位公款，截至案发时，挪用单位公款共计 621 110 元。法院认为，被告人李瑞泉对郑素华贪污、挪用案件的发生负有不可推卸的责任，系多因一果的直接责任者。[3]

---

〔1〕 劳东燕："事实因果与刑法中的结果归责"，载《中国法学》2015 年第 2 期。

〔2〕 四川省万源市人民法院（2013）万源刑初字第 103 号刑事判决书；四川省南充市中级人民法院（2014）南中法刑终字第 160 号刑事判决书；四川省宜宾市中级人民法院（2014）宜中刑二终字第 28 号刑事判决书；江苏省泰兴市人民法院（2014）泰刑初字第 0354 号刑事判决书。

〔3〕 重庆市北碚区人民法院（2008）碚法刑初字第 428 号刑事判决书。

在本案中，负有监督职责的被告人，在不履行职责的行为过程中介入了被监督出纳郑素华的挪用单位公款行为，最终导致了单位巨额公款被挪用的结果发生。因此，法院在判断监督者即被告人行为与巨资公款被挪用结果之间的因果关系时，作为介入因素的被监督出纳郑素华的挪用单位公款行为便成为认定的关键因素。也即，被监督者挪用单位公款行为的介入成为监督者行为与结果之间不可或缺的桥梁，并由此形成了监督过失因果关系多因一果的特殊表现形式。

3. 监督过失的因果流程呈现为两个阶段。监督过失因果关系的发生过程，表现为前后两个阶段。有学者指出，监督过失的因果关系，从监督者行为到危害结果发生，整个过程存在两个阶段。"第一个阶段是监督过失行为引起被监督者的行为，第二阶段是被监督者行为引起危害结果。监督过失犯罪的成立，显然以第二阶段存在因果关系为前提。"[1] 也即，从时间维度对监督过失因果关系进行考察，在客观上，先有了监督者所实施的过失行为，并由其过失行为引发了被监督者行为的产生，而后再由被监督者的行为导致了危害结果的发生。前一阶段的重心，在于监督者行为与被监督者行为间的牵连关系；而后一阶段的关键，则在于被监督者行为与危害结果间的因果关联。正是这一前一后的共同作用，构筑了监督过失中因果关系的全部过程。

案例 2：被告人李增邕作为宝鸡市财政局局长，对其下属监管企业宝证公司的经营情况偏听偏信，放弃职守、长期失察，从未安排过年度审计和指派专人进行监督检查。特别是将市国债办业务委托给宝证公司以后，放弃监管职责，致使全市国债发行业务失去控制，导致宝证公司 1993～1998 年共计超发国债本金 17 744.227 万

---

[1] 易益典："论监督过失理论的刑法适用"，载《华东政法大学学报》2010 年第 1 期。

元。法院认为，被告人李增邑不履行职责，放弃职守，对宝证公司的经营情况失察，致使宝证公司多年大量违规超额发行国债，并将超发国债所得的巨额资金投向外地搞房地产开发等项目，导致巨额资金难以收回，实际亏损人民币1亿余元的严重后果，其行为已构成玩忽职守罪。[1]

从本案可以看到，被告人玩忽职守犯罪的因果流程，在事实上表现为前后两个阶段。在第一个阶段中，作为监督者的被告人实施了"放弃职守、长期失察"的行为，引起了被监督企业"超发国债本金"的行为。在第二个阶段中，被监督企业"大量违规超额发行国债……导致巨额资金难以收回"，即被监督者行为直接导致了危害结果的发生。这一前一后两个阶段，构成了监督过失因果关系的基本样态。

二、监督过失中因果关系的认定标准

在明晰了监督过失因果关系的基本特点之后，采取何种标准对这一因果关系进行判断，便是本文下一步将研讨的重点。刑法因果关系的认定标准，历来在学理上处于新论迭出、聚讼纷纭的境况。一方面，受到哲学因果关系的影响，我国传统刑法理论一直存在着必然因果关系说与偶然因果关系说之争；另一方面，随着德日刑法理论的引介，学界对各类认定标准的取舍，如条件说、相当因果关系说、客观归责理论等，尚未形成共识。因而，本文无意在此争论中纠葛，只是从解决问题的角度出发，试图借助因果关系认定标准的基本理论，阐明监督过失中因果关系的认定问题。

如前所述，因果关系包含两个层面的内容。第一个层面，是事实因果关系的判断，也即排除了规范评价的狭义因果关系认定问题。这一层面所要解决的是，行为人所实施行为与危害结果之间，在经验事实上是否存在因果关联。以此为基础，第二个层面则是对

---

[1]《最高人民检察院公报》2003年第3号（总第74号），第25页。

结果归属的判断。其目的在于，肯定了行为与结果间的事实因果关系之后，再对其进行规范上的评价，从而考察该结果能否归责于该行为。也即，行为人的行为与结果之间是否存在刑法上的因果关联，[1] 概言之，通过对因果关系进行事实因果关系与结果归属划分，进而分别予以事实与规范的判断，从而对刑法因果关系进行整体而全面的把握。而这种从事实因果关系到结果归属的认定模式，以及从事实判断到规范评价的认定立场，便是本文所要借鉴并用以解决监督过失因果关系认定问题的基本方法。

进言之，在确立了上述事实因果与结果归属二分的认定方法后，采用何种认定标准对其进行判断，便是问题的关键所在。首先，对于我国传统刑法理论所存在的必然因果关系说与偶然因果关系说之争，学界对此已经做出了一定的检讨与反思，并且也在一定程度上达成了共识，即"刑法因果关系也根本不是哲学因果关系的具体运用，刑法因果关系的定型性、规范性，都是作为一门规范学科的刑法学所独有的"，[2] 这意味着，要寻求认定因果关系的合理标准，应当走出必然说与偶然说的无谓争论，而朝向刑法学本身的规范向度进行探索。其次，对于如何借鉴德日刑法理论中的各种因果关系理论，我国刑法学界也对之进行了一系列的探讨。而讨论的核心内容，则是围绕条件说、相当因果关系说与客观归责理论这三种有力学说展开的。

（一）条件说

条件说的基本含义是：对于具体结果的发生，不能想象其不存在的所有条件，均为造成结果的原因。一如有学者所指出的，"条件说求助于一种思维上的'排除法'，即设想在该条件不存在时，

---

〔1〕 林东茂："客观归责理论"，载《北方法学》2009年第5期。
〔2〕 陈兴良："刑法因果关系：从哲学回归刑法学——一个学说史的考察"，载《法学》2009年第7期。

结果是否同样发生：如果答案是否定的，该事实就是结果的必要条件；如果所得结论相反，就可将该事实排除于原因之外"[1] 尽管一般对条件说提出的批评认为，条件说可能会无限扩大因果关系的范围，从而导致处罚上的不当扩张。然而，事实上这却是对条件说在功能上的一种苛求。条件说的基本旨趣在于，对于结果的发生，在经验上划定一个可供刑法规范进行评价的事实范围，而并非直接对行为与结果间的关联进行价值判断。换言之，"在因果论层次，条件理论提供了简洁便利的公式，但其所筛选出来的众多等价条件，何者属于刑法上可以归责于行为人的成果，那就留待归责论来处理"。[2] 由此可见，条件说恰恰是一种针对事实因果关系的认定标准，而无关结果归属的判断。

（二）相当因果关系说

"相当因果关系说主张，于行为与结果间存在有条件关系之前提下，参照社会生活之经验，而被认为通常从该行为皆会发生该结果（通常皆如此）者，则有刑法上之因果关系。"[3] 相当说的实质在于，对已由条件说所确定的事实因果关系进行价值上的评价，从而得出该结果能否归属于该行为的结论。也即，依照社会生活的一般观念，如果在通常情况下，某行为引起某结果具有相当性，则认为行为与结果间具有因果关系。进一步来说，"相当因果关系说实际上可以分为两个部分，一是构成归责基础的'条件关系'，二是以条件关系为前提的'相当关系'，前者找因果关系之事实，后者则对事实进行相当性的价值判断"。[4] 由此可知，相当因果关系说，实际上是以条件说所确定的事实因果为基础，针对结果归属所

---

〔1〕 周光权："客观归责理论的方法论意义：兼与刘艳红教授商榷"，载《中外法学》2012 年第 2 期。
〔2〕 林钰雄：《新刑法总则》，中国人民大学出版社 2009 年版，第 120 页。
〔3〕 陈子平：《刑法总论》，中国人民大学出版社 2009 年版，第 122 页。
〔4〕 刘艳红："客观归责理论：质疑与反思"，载《中外法学》2011 年第 6 期。

提出的认定标准。

此外，围绕"相当性"的判断资料，学理上存在一定的争议，并形成了三类观点：①主观说。该说认为，应当以行为人行为时认识到的以及可能认识到的情况，作为判断相当性的依据。②客观说。该说认为，应当以行为时存在的全部情况以及一般人可能预见的行为后的情况，作为判断相当性的依据。③折中说。该说认为，应当以行为时一般人可能认识到的情况以及行为人特别认识到的情况，作为判断相当性的依据。笔者赞同客观说的立场，理由在于，因果关系是作为犯罪的客观要素存在，原本作为客观要件的因果关系，却被行为人的主观认知所左右，这显然是相互矛盾的。因此，站在客观主义的立场，笔者认为"相当性"的判断，应当以行为时的全体客观情况为依据。

（三）客观归责理论

客观归责理论的基本内涵，包括三个思考层次：①以"行为人是否制造法规范所不容许的风险"为判断的起点；②继续追问，"行为人是否实现了不被容许的风险"，即危险行为是否与结果的发生有常态上的关联性；③针对少部分案例，还要再追问，危险行为所引发的结果，是否在"构成要件的效力范畴内"[1]。应当说，客观归责理论作为一种日渐勃兴的归责理论，因其层次分明的逻辑构造和深入细致的检验规则而具有得天独厚的理论优势。然而，这并不意味着该理论本身不存在疑问。并且，就本文的议题而言，笔者也不赞同采用客观归责理论来对监督过失中的因果关系进行认定。理由如下：

1. 客观归责理论的内容十分庞杂，在一定程度上远远超出了因果关系认定标准的范畴。换言之，该理论并非仅仅是一种归责理论，实际上，它已经不再是单纯的因果关系归责理论，而是把目光

---

〔1〕 林东茂："客观归责理论"，载《北方法学》2009 年第 5 期。

投向了整个构成要件,因此成为一种实质的构成要件理论。[1] 这使得其在犯罪论中的体系定位产生紊乱,进而在具体判断过程中会产生重复认定的情形。再者,考虑到我国传统的四要件犯罪论体系的现实状况,更会造成客观归责理论体系定位不明的尴尬境地。因此,就本文所探讨的监督过失因果关系而言,运用客观归责理论更有大材小用之嫌。

2. 作为客观归责理论前提的被允许危险的法理,存在着混淆立法政策与构成要件符合性判断之嫌。根据被允许危险的法理,因社会发展的需要而允许某些必然存有风险的行为发生,据此认为这类行为不符合犯罪的客观构成要件。然而,这种观点实际上将立法政策与刑法解释论混为一谈。立法政策关心的是:某类行为发生侵害法益危险时,出于政策的考量,立法上是否应当禁止该类行为;而刑法解释论考虑的则是:某个具体的行为是否具有法益侵犯的危险,以及其是否符合某一犯罪的具体构成要件。所以,正如有学者指出的,"就不可能以一般性的结论为根据,判断具体事例是否符合某种犯罪的构成要件"。[2]

3. 客观归责名为客观,实为主观,似乎名不符实。客观归责理论,顾名思义,其立场是以客观的角度作出结果归责与否的判断。但在解决因果流程偏离的案件时,客观归责需要考察行为人的主观认知,以此作为判断基础,这表明客观归责理论并不是纯粹客观。换言之,客观归责理论所标榜的客观立场,实际上也需要依赖行为人的主观认知与行为时的客观情况进行综合判断,而并非单纯以所谓纯然客观的视角进行认定。因此,该理论的客观立场也为学者所诟病,称其所采取的客观视角并无理由,而主张应从客观归责

〔1〕 许玉秀:《主观与客观之间:主观理论与客观归责》,法律出版社 2008 年版,第 206 页。

〔2〕 张明楷:"论被允许的危险的法理",载《中国社会科学》2012 年第 11 期。

转向主观归责。[1]

综合以上，本文从解决实际问题的角度出发，认为运用客观归责理论来解决监督过失因果关系的思路仍然值得商榷。由上述可知，本文用以解决监督过失因果关系的认定标准已然呈现。从因果关系的概念出发，将因果关系的判断分为两个层面的问题逐一解决，并在不同层面采取事实判断与规范评价的不同立场进行认定，具体而言：其一，在行为与结果的事实因果关系层面，从存在论的角度出发，运用条件说对其进行事实上的判断，进而考察行为与结果间是否存有经验上的因果关联；其二，在行为与结果的结果归属层面，从规范论的角度出发，运用相当因果关系说对其进行价值上的评价，进而考察行为与结果间是否存有刑法上的因果关联。概言之，透过这一认定方法和标准，对监督过失中的因果关系进行"二阶判断"：先在事实因果的层面，以条件说检讨被监督者行为与结果间以及监督者行为与结果间的因果联系，而后在结果归属的层面，以相当因果关系说检讨监督者行为与结果间的客观归责。进而在整体上，对监督过失因果关系进行全面的检视，以期解决前述司法实践中难以肯定监督者与结果间因果关系存在的认定难题。

三、监督过失中事实因果关系的认定

对于监督过失中事实因果关系的认定，区分为两个层面的问题：其一，被监督者行为与结果间的事实因果关系；其二，监督者行为与结果间的事实因果关系。前者的认定是后者判断的前提，即只有肯定了被监督者行为与结果间存在着事实上的因果关系，才能进一步判定监督者与危害结果之间的事实因果关系，从而为后续监督过失的结果归属认定提供事实因果关系的基础。

---

[1] 周漾沂："从客观转向主观：对于刑法上结果归责理论的反省与重构"，载《台大法学论业》第4期。

（一）被监督者行为与结果间的事实因果关系

1. 以条件说为标准进行判断。有学者认为，"监督人的行为只有通过被监督人的行为，才能对结果的发生产生间接的影响。对监督人追究过失责任的前提，需要被监督人实施了过失行为"[1] 这表明，在认定监督过失中的因果关系时，必须以肯定被监督者行为与结果之间存在事实上的因果关系为基础。而对这一事实因果关系的认定，一般而言，采用条件说作为认定标准，即可妥善处理。比如，在涉及监督过失的渎职犯罪中，被监督者行为与危害结果间的事实因果关系，用条件说进行判断即可得出结论。在案例 2 中，被监督企业行为与结果之间的事实因果关系，以条件说"没有前者就没有后者"的公式进行认定可知：如果没有被监督企业违规超额发行国债的行为存在，也就没有巨额资金难以收回的结果发生，因而，被监督者行为与危害结果间存在事实上的因果关系。

2. 以疫学因果关系补充判断。此外，需要指出的是，在被监督者行为与危害结果间的事实因果关系中，除了上述以条件说即可认定的一般情形外，也存在着一些条件说无法直接认定的特殊的事实因果关系存在。比如，在环境监管渎职犯罪中，由于监督者行政机关不履行监督职责，被监督企业向河流中违规超标排放污水，致使周围居民的身体健康受到损害。此时，对于被监督企业行为与危害结果间是否存在事实上的因果关系，仅由条件说"没有前者就没有后者"的判断公式似乎难以判定。理由在于：导致居民身体健康损害结果的原因纷繁复杂，并不能说，没有工厂违规排污便没有居民健康受损，进而主张二者间存在事实因果上的关联。因而，此种情况下，只能借助有关疫学的因果关系予以认定，即"某个因素与基于它的疾病之间的关系，即使从医学、药理学等观点不能符合法则地证明，但是，根据统计的大量观察方法，肯定其间存在高度的

---

〔1〕 谭淦："监督过失的一般形态研究"，载《政法论坛》2012 年第 1 期。

盖然性时，就可以肯定因果关系"[1] 需要说明的是，尽管有学者指出，疫学因果关系是相当因果关系运用的一环，与之没有本质的不同，但实际上，二者分属不同层面的标准：疫学因果关系根据疫学统计的事实推定因果关系的存在，属于事实因果关系层面的认定标准，而相当因果关系说则是在肯定了事实因果关系的前提下，依据相当性的标准，进行规范上的评价，属于结果归属层面的认定依据。[2] 因此，本文认为，疫学因果关系是作为条件说的补充，对特殊的事实因果关系进行判断。

根据疫学因果关系理论，虽然通过条件说无法肯定排污行为与健康受损结果间的事实因果关系，但借由疫学的因果关系标准，则可以确定被监督企业违规排污的行为与周围居民健康上所患疾病之间存在着事实上的高度盖然性。换言之，通过对居民生活的经验观察可以得知，在被监督企业实施违规超标排放污水行为之后，居民赖以生活的水源受到了不可避免的污染，尽管无法在医学上查明其所患疾病与水源污染间的必然联系，但在客观上可以肯定，被监督企业的违规排污行为提升了居民患病的概率，即与健康损害结果之间存在高度盖然的因果联系。因此，便可认定被监督者行为与危害结果之间存在着事实因果关系。

（二）监督者行为与结果间的事实因果关系

在确定了被监督者行为与结果间的事实因果关系之后，接下来就需要对监督者行为与结果间的事实因果关系进行判断。而这一判断，不仅是后续监督过失结果归属认定的前提，也为追究监督者的刑事责任奠定了客观归责的基础。如前所述，监督过失行为，一般

---

〔1〕〔日〕大塚仁：《刑法概说（总论）（第三版）》，冯军译，中国人民大学出版社 2003 年版，第 192 页。

〔2〕马骏："环境犯罪中疫学因果关系理论探究"，载《政法学刊》2014 年第 3 期。

表现为不作为的形式，也存在以作为方式构成监督过失的情况。

对于作为形式监督过失因果关系的判断，径直采用条件说就可以获得合理的解决。例如，在监督者不当履职，强令被监督人员违规作业而导致安全事故发生的情况下，监督者的不当履职行为违反了安全监管的禁止性规范，即表现为典型的作为型监督过失。而此时，对监督者不当履职行为与事故结果间事实因果关系的认定，采用条件说即可清晰判断，即如果没有监督者不当的强令行为，也就没有最终安全事故的危害结果发生，二者在事实上具有因果关联。因此，以条件说认定作为型监督过失的事实因果关系是较为妥当的做法。

然而，在大多数情况下，监督过失则是以不作为形式存在的，因此，如何认定不作为形式的监督过失因果关系，就是一个更为根本的问题。一般而言，与作为的情况不同，在判断不作为犯因果关系时，由于在客观上并不存在直接与结果发生相关联的行为，因而不得不对其采取一种假设的因果关系法则来辅助判断。"即不作为的'条件关系'可以判断为'一旦履行了一定的作为义务的话，该结果就不会发生'这样的'假定的条件关系'（称之为假定的因果关系）"[1] 换言之，不作为并非毫无作为，而是不作应作之为，因此，对不作为监督过失行为与结果间的事实因果关系认定，就转化为在假定监督者实施了法定监督义务的情况下，危害结果是否仍会发生的判断。

案例3：被告人王二团、杨哲、王利明负责动物的防疫、检疫工作，但疏于职守，对出境生猪应检疫而未检疫，运输工具应当消毒而未消毒，且没有进行盐酸克伦特罗（俗称瘦肉精）检测，就违规出具《动物产地检疫合格证明》《出县境动物检疫合格证明》

---

[1] [日]松宫孝明：《刑法总论讲义（第四版补正版）》，钱叶六译，王昭武审校，中国人民大学出版社2013年版，第53页。

《动物及动物产品运载工具消毒证明》《牲畜一号、五号病非疫区证明》，致使3.8万余头未经瘦肉精检测的生猪运到江苏省南京市、河南省济源市等地，且部分生猪喂养了瘦肉精。法院认为，三被告人作为防疫员和检疫员，有对出境生猪进行瘦肉精检测、检疫和对运输工具进行消毒的职责，而三被告人不履行职责，未经检测、消毒就为他人开具或让不具备检疫资格的人员代开有关证明，导致大量未经瘦肉精检测的生猪流向市场，且部分生猪喂养了瘦肉精，客观上对广大消费者的身体健康造成了严重危害。[1]

本案中，被告人的不履职行为违反了食品监管中的命令规范，属于典型的不作为监督过失。而对被告人这种不履职的不作为行为与消费者健康危害间的事实因果关系，采取条件说难以直接认定。因此，采取假设的因果关系法则，假设此案中的被告人履行了职责，对生猪进行瘦肉精检测和检疫，那么不法分子所生产的有害生猪就不会流入市场，进而也不会引起消费者健康上的损害。据此，可以肯定被告人不履职的不作为行为与危害结果之间存在事实上的因果关系。

四、监督过失中结果归属的认定

在肯定了监督过失中的事实因果关系之后，最终要解决的问题便是对监督过失中的结果归属进行认定。即在监督者行为与结果间存在着事实因果关系的基础上，对该结果是否可以归属于监督者行为进行刑法规范上的评价。具体而言，根据前述对监督过失中因果关系特点的描述，在认定监督过失因果关系中所面临的最大疑难在于：监督者行为与结果之间，有被监督者行为这一介入因素的存在。而诚如前述，相当因果关系说不仅着重解决因果关系中结果归属的部分，并且，其主要解决的难题便是存在介入因素的场合。

---

〔1〕 最高人民法院中国应用法学研究所编：《人民法院案例选（季版）2012年第1辑（总第79辑）》，人民法院出版社2012年版，第122~125页。

具体来说，相当说站在事后的客观立场，通过综合考察四方面因素来处理存在介入因素的因果关系中结果归属问题：①行为人行为导致结果发生的危险性大小；②介入因素的异常性大小；③介入因素对结果发生的作用大小；④介入因素是否属于行为人管辖范围。[1] 概言之，在判断时，应当基于行为时的一切客观事实，对这四方面因素进行全面综合的考量，最终得出结果归属于何行为的结论。而结合本文的议题，在对监督过失中结果归属的认定时，同样需要从这四个方面着手。

但需要指出的是，基于前述监督过失因果关系的诸多特点，笔者认为，应当以这四方面因素为判断资料，而对被监督者行为与监督者行为分别进行考察：对被监督者行为的判断，需要考虑被监督者行为与监督者行为间的关联性，被监督者行为对危害结果的发生具有的作用，以及被监督者行为是否处在监督者的监督范围内；对监督者行为的判断，则最终落脚于监督者行为与结果发生的关联性认定上，换言之，监督者行为是否与危害结果的发生具有关联性，以及具有何种程度的关联性方可达到将危害结果归属于监督者行为所要求的标准。

（一）被监督者行为的判断

1. 被监督者行为与监督者行为间通常存在紧密关联性。对被监督者行为与监督者行为间关联性的判断，实际上归结于对被监督者行为这一介入因素异常性的判断。即监督者行为与被监督者行为间的关联越紧密，就表明被监督者行为的介入因素异常性越弱，进而就越容易肯定监督者行为与结果间的结果归属，反之，则结论相反。因此，在具体考察作为介入因素的被监督者行为异常性时，就需要对监督者行为与被监督者行为间关联性的紧密程度作出认定。

然而，实际上，在监督过失中，这种关联性的判断可得出的结

---

〔1〕 见张明楷：《刑法学》，法律出版社 2011 年版，第 185 页。

论却是有限的。不同于一般的介入因素存在之情形，监督过失因果关系中，监督者行为与被监督者行为原本就因监督与被监督这一特定关系而具有密不可分的联系。并且，也正是基于二者间这种紧密关联的考虑，才会进一步追究被监督者的监督过失责任。倘若监督者的不履职行为与被监督者的过失行为之间不存在规范上的联系，那么被监督者行为造成的危害结果也无需归责于监督者的过失行为，据此，也就没有监督过失这一理论存在的客观基础。因此，对监督者行为与被监督者行为间的关联性判断而言，结论是唯一的，那就是二者之间具有规范上的关联性，且这种关联性是较为紧密的。这表明，被监督者行为这一介入因素并非异常，而是由监督者行为通常可以引起的。

案例4：被告人杨某自2001年10月开始担任同乐派出所所长。同乐派出所三和责任区民警在对舞王俱乐部采集信息建档和日常检查中，发现王某无法提供消防许可证、娱乐经营许可证等必需证件，提供的营业执照复印件上的名称和地址与实际不符，且已过有效期。杨某得知情况后没有督促责任区民警依法及时取缔舞王俱乐部。2008年6月至8月期间，广东省公安厅组织开展"百日信息会战"，杨某没有督促责任区民警如实上报舞王俱乐部无证无照经营，没有对舞王俱乐部采取相应的处理措施。舞王俱乐部未依照《消防法》《建筑工程消防监督审核管理规定》等规定要求取得消防验收许可，未通过申报开业前消防安全检查，擅自开业、违法经营，营业期间不落实安全管理制度和措施，导致2008年9月20日晚发生特大火灾，造成44人死亡、64人受伤的严重后果。[1]

被告人作为监督者，对辖区内的娱乐场所负有监督管理职责，其明知被监督企业未取得合法的营业执照擅自经营，且存在众多消

---

〔1〕《最高人民检察院关于印发第二批指导性案例的通知》，2012年11月15日颁布。

防、治安隐患,却不认真履行职责,使本应停业整顿或被取缔的舞王俱乐部持续违法经营,最终发生特大火灾,造成严重后果。从此案可以清晰地看到,作为监督者的被告人,其不认真履职的行为与被监督企业违法经营行为具有紧密的关联性。换言之,类似这种监督者负有监督管理职责而不履行的行为,在通常情况下,便会直接引起被监督企业违规、违法经营的行为,因而可以肯定二者间的关联性。

2. 被监督者行为对导致结果的发生一般具有决定性作用。至于对被监督者导致结果发生作用力大小的判断,实际上如同监督者行为与被监督者行为间关联性的判断一样,由于监督过失因果关系本身的特殊性,得出的结论也较为单一。从前述归纳的监督过失因果关系特点来看,其因果关系发生的过程具有阶段性,前一阶段是监督者行为引起被监督者行为,而后一阶段便是被监督者行为引起结果的发生。这一特点表明,最终危害结果的发生都是由被监督者行为直接导致的,也即被监督者行为对结果的发生往往具有决定性的作用。

详细而言,从前面所引用的各个案例来看,无论案件在具体事实中存在何种差异,对于最终危害结果发生起到直接的决定作用的,毋庸置疑,始终都是被监督者的行为。比如,在案例2中,最终导致巨额资金难以收回这一危害结果的,是被监督企业宝证公司多年大量违规超额发行国债的行为;而案例3中,被监督者生产、销售有害生猪的行为,便对消费者健康受损这一结果起到了直接的决定作用;在案例4中,被监督的俱乐部违法经营行为,对重大火灾的发生也具有至关重要的作用力。因此,可以说,在监督过失犯罪中,被监督者行为导致结果发生的作用力一般都具有直接性和决定性。

3. 被监督者行为通常处在监督者的监督范围内。对于被监督者行为是否在监督者监督范围的认定,也直接影响着监督过失行为与结果间是否存在结果归属关系的判断。一般来说，即便是介入因素具有较大的异常性，如果该介入行为发生在前行为人监督范围内，仍然可以肯定前行为与结果间的因果关联。因而，在监督过失中，假若被监督者行为发生在监督者的监督范围内，那么，就可以把危害结果的发生归于监督者的行为。

案例5：被告人程某、周某在任职期间内对所辖水域进行巡视检查过程中，未对戴某甲伙同姚某未持有合格的检验证书、登记证书和必要的航行资料擅自航行和未经泰兴市地方海事处批准进行散装液体污染危害性货物过驳作业的船号为赣抚州化×××号危险品运输船进行巡视检查，并采取必要的行政处罚；自2012年1月至2012年12月19日间，发现船号为赣抚州化×××号危险品运输船所停泊的某运河过船闸至入江口门航道水域严重污染后，未进行初步调查，未及时向上级汇报，致使戴某甲伙同姚某将运出的尾气吸收液15 564.935吨运输至某运河码头排放进入，严重污染运河水体。[1]

在本案的判决要旨中，法院认为，两上诉人具有对事发水域船舶进行监管的法律职责，因两上诉人在履职过程中存在严重不负责任的情形，对应当发现的问题没有发现，对应当作出处置的问题没有给予充分的关注和及时处置。上诉人的失职行为与水污染后果之间存在法律上的因果关系。换言之，法院之所以肯定监督者上诉人失职行为与水污染后果之间存在法律上的因果关系，较为关键的一点便在于"两上诉人具有对事发水域船舶进行监管的法律职责"。也就是说，作为介入因素的被监督船舶之水污染行为，发生在监督者具有监管职责的水域中，落入了监督者的监督范围内，因此就可以肯定水污染结果与监督者失职行为间的结果归属关系。

---

[1] 江苏省泰州市中级人民法院（2014）泰中环刑终字第00002号二审刑事裁定书。

（二）监督者行为的判断

在监督过失中，对于最终结果的发生，在事实上具有因果关系的，除了直接导致结果发生的被监督者行为，还包括间接导致结果发生的监督者行为。在肯定了监督者行为与结果具有事实因果关系后，仍需对这二者间在刑法上是否具有结果归属关系作出规范评价。而在这一评价中，最为核心的一点便是考察监督者行为与结果发生之间的关联性大小。即监督者行为与危害结果的发生是否应当具有关联性，以及具备何种程度、何种性质的关联性，仍需结合相当因果关系理论作出进一步的判断，以作为整体判断监督过失结果归属的重要依据。

从司法实践来看，在一般的监督过失案件中，涉及因果关系部分的辩护，大多以被告人的行为与危害结果之间无直接、必然的因果关系作为主要辩护意见。[1] 与之相应，也有法院根据二者间是否具有直接、必然的因果关系来作为认定其结果归属的主要根据。[2]

案例6：被告人包智安在担任南京市劳动局局长期间，未经集体研究，擅自决定以南京市劳动局的名义，为下属企业南京正大金泰企业（集团）有限公司（以下简称正大公司）出具鉴证书，致使该公司以假联营协议的形式，先后向南京计时器厂、南京钟厂、南京长乐玻璃厂借款人民币3700万元，造成3家企业共计人民币3440余万元的损失。[3]

---

〔1〕 安徽省泾县人民法院（2014）泾刑初字第00115号刑事判决书；贵州省施秉县人民法院（2014）施刑初字第73号刑事判决书；三门峡市湖滨区人民法院（2014）湖刑初字第212号刑事判决书。

〔2〕 四川省宜宾市中级人民法院（2014）宜中刑二终字第139号刑事裁定书；安徽省砀山县人民法院（2013）砀刑初字第00274-1号；山东省济宁市中级人民法院（2014）济刑终字第230号刑事裁定书。

〔3〕 最高人民法院刑事审判第一、第二、第三、第四、第五庭编：《刑事审判参考·2004年第6辑（总第41辑）》，法律出版社2004年版，第150页。

本案一审法院认为，正因为包智安以劳动局名义出具了"鉴证书"，使得相关企业间非法拆借资金的行为得以实行，也同时产生了巨大的资金使用风险，造成有关企业实际损失人民币 3400 余万元的客观后果，该后果与包智安的不法行为间具有因果关系。而此案经过上诉，二审法院认为，包智安违反规定同意鉴证的行为是一种超越职权行为，但尚构不成犯罪。对此，有法官指出："应当追究刑事责任的，是滥用职权行为与造成的严重危害结果之间有必然因果联系的行为。否则，一般不构成滥用职权罪，而是属于一般工作上的错误问题。"[1]

与之相近，也有法院根据最高人民检察院、国家税务总局《会议纪要》的规定进行认定，即"要准确把握一般工作失误与渎职犯罪的界限，严格遵循法定犯罪构成的主、客观要件，认真查清已造成的损失与税务人员的行为是否有法定的因果关系。要区分一般违反内部规定和触犯刑法的关系，要根据违规的程度和造成的危害综合考虑，不能笼统和简单地把税务机关内部的工作规定作为认定税务人员渎职犯罪的依据"[2]。这表明，司法实践中，许多法院对于监督者行为与危害结果发生间的关联性要求是：二者必须具有直接、必然的关联。并且，也根据是否具有直接、必然的关联来界分一般工作中的失误、错误与应当追究刑事责任的犯罪行为。

然而，问题在于，以直接、必然的关联作为监督者行为与危害结果发生之间的条件要求，虽然在一定程度上提高了监督过失犯罪的入罪标准，可以有效地与一般工作中的失误、错误导致的行政责任相区分。但另一方面，却使得监督过失犯罪的因果关系要求过于严苛，造成了处罚上的漏洞。因此，基于这种考虑，也有法院认

---

〔1〕 最高人民法院刑事审判第一、第二、第三、第四、第五庭编：《刑事审判参考·2004 年第 6 辑（总第 41 辑）》，法律出版社 2004 年版，第 150 页。
〔2〕 山东省枣庄市中级人民法院（2014）枣刑二终字第 24 号刑事裁定书。

为，尽管被告人的渎职行为与危害结果之间不存在直接的因果关系，但客观上是有关联的，至于渎职行为与危害后果之间是否存在直接的或者必然的联系，则并不影响因果关系的认定，但在责任追究和量刑上可以酌情考虑[1] 并且，实践中，也有根据二者间存在关联性来认定其因果关系的做法[2] 还有法院直接指出，尽管存在直接导致危害结果发生的介入因素，但并不能就此否定监督者行为与危害结果间有一定的因果关系，即二者间存在着客观关联性，因此可以据此认定二者存在刑法上的因果关系[3] 再比如，在食品监管渎职罪中，有学者主张，"在直接负责的主管人员和直接责任人员均存在滥用职权或玩忽职守的情况下，导致严重危害结果发生的直接或必然的原因是直接责任人员的渎职行为，主管人员的渎职行为通过直接责任人员渎职行为的具体实施发挥作用，因此，追究主管人员食品监管渎职犯罪的刑事责任，不以其渎职行为与造成的危害结果之间存在'直接或必然'因果关系为必要条件，只要存在间接或偶然的因果关系即可"[4]

事实上，如前所述，以相当因果关系说的标准进行审视，可以认为监督者行为与危害结果间只需存在一定程度上的关联性即可，而并不以直接或必然的关联性为必要条件。详细而言，在肯定了监督者行为与危害结果间存在事实因果关系的基础上，依照一般经验法则，综合行为时存在的一切客观情况作事后判断：如果认为，同一条件下，均会发生相同的结果，便可认定二者间存在相当因果关系。而这种相当性的认定，实质上就是一种通常性的判断。这意味着，从客观的角度，对监督过失犯罪作事后审查，如果在一般情况

---

[1] 河北省邱县人民法院（2014）邱刑初字第 32 号刑事判决书。

[2] 江苏省南通市中级人民法院（2014）通中刑二终字第 00124 号刑事判决书。

[3] 河南省光山县人民法院（2014）光刑初字第 00026 号刑事判决书。

[4] 谢望原、何龙："食品监管渎职罪疑难问题探析"，载《政治与法律》2012 年第 10 期。

下，监督者行为能够通常地引起危害结果的发生，那么二者的因果关系就具有相当性，从而危害结果的发生就可以归咎到监督者的行为上去。在此，透过相当性的检验可以获知，在监督者行为与危害结果间的关联程度上，其并没有要求必须具备直接或必然性，而是在追问，二者间是否具有一般、通常的关联性。这就表明，前述实践中，要求二者间必须具备直接、必然的关联性方可成立刑法上因果关系的做法存在疑问。因为，相当性的标准，要评价的并不是行为与结果间究竟是否有必然、直接或偶然、间接的程度关系，而是要检讨二者之间是否具有社会生活经验法则上的一般、通常的概率关联。因此，在监督者行为的判断上，结合相当因果关系说的认定标准，只要监督者行为与危害结果间具备一般、通常的关联性即可，而无需以直接、必然的关联为必要。

论食品安全监管渎职犯罪中的
监督过失理论适用

谢雄伟　刘丁炳*

　　自 2008 年"三鹿奶粉"事件以来，食品安全问题日益受到党中央以及政府有关部门的重视。遗憾的是，食品安全恶性事件并没有及时得到有效的控制。近两年，不仅"瘦肉精""三聚氰胺"卷土重来，而且"染色馒头""毒豆芽""牛肉膏"又接踵而来。国务院总理温家宝指出，这些恶性的食品安全事件足以表明，诚信的缺失、道德的滑坡已经到了何等严重的地步。固然，目前我国严峻的食品安全问题的发生存在诸多原因，尤其是食品生产者、销售者作为直接责任人负有重要的责任；但同时也不能忽视一个客观现象，即食品安全恶性事件多交织渎职行为。最高人民检察院渎职侵权检察厅相关负责人在一次回答记者提问时透露，在查办的案件中，有的国家工作人员不认真履行监管职责，或超越职权，甚至徇私舞弊，为不合格食品出具合格证；有的徇私舞弊，对应当移交司法机关追究刑事责任的危害食品安全刑事案件不移交，或者帮助犯罪分子逃避处罚，甚至充当犯罪分子的"保护伞"。比如，河南省

---

　　* 谢雄伟，博士，广东财经大学法学院副教授，硕士研究生导师；刘丁炳，博士，湖南省人民检察院反贪局副处长。

检察机关在瘦肉精事件中就查处渎职犯罪嫌疑人 26 人，都是从事畜牧监管的人员。

鉴于此，为了加大对食品安全违法犯罪的打击力度，《刑法修正案八》不仅对刑法中已有的生产、销售不符合卫生标准的食品罪、生产、销售有毒、有害食品罪在构成要件以及处罚标准方面作了一些修改，而且增加了食品安全监管渎职的刑事责任规定，即增设了食品监管人员滥用职权罪和食品监管人员失职罪两个罪名。《刑法修正案八》第 49 条规定，在《刑法》第 408 条后增加 1 条，作为第 408 条之一："负有食品安全监督管理职责的国家机关工作人员，滥用职权或者玩忽职守，导致发生重大食品安全事故或者造成其他严重后果的，处 5 年以下有期徒刑或者拘役；造成特别严重后果的，处 5 年以上 10 年以下有期徒刑。徇私舞弊犯前款罪的，从重处罚。"因此，本文拟对刑法理论中的监督管理过失理论在食品安全监管中渎职犯罪中的适用进行探讨，以期对司法实践有所裨益。

一、监督过失理论的产生背景及其概念

工业革命以来，食品药品事故、大规模火灾爆炸事故等灾难性重大事故日益增多，此类事故往往由多人过错行为共同造成，在追查事故原因过程中，除了现场直接作业人员违反规章制度外，往往还发现生产经营的监督管理人员疏于管理监督或者没有提供必要的安全生产条件。但是，司法实践中，一般只追究直接作业人员的刑事责任，而对监督管理人员网开一面，造成"地位越高，离现场越远，越没有责任""现场直接作业人员仅能依照管理监督人的指示或提供的条件作业，仅令被监督管理人承担责任，而监督管理人逍遥法外，则实际上由脑部发号施令，而手足依其指令行动，但头部无罪而手脚有罪"的不合理现象。这样一来，不仅适用刑罚不公正，也不利于有效地抑制和预防过失犯罪。为了防止这种不合理现象，日本刑法学者提出了监督管理过失理论，该理论是指不仅对在

现场直接引起危害结果的从业人员追究刑事责任，而且对在此之前制造危险状态的上位监督管理人追究间接引起危害结果的过失刑事责任的法理。

监督管理过失，在日本刑法理论中又称为"监督过失"或者"管理、监督过失"，监督管理过失理论是日本过失犯罪理论中的一个重要组成部分，它的产生与过失犯罪一般理论的发展有着密切的联系。监督管理过失理论的出现，反映了人们对过失犯罪的认识进一步深化。随着社会经济的发展和科技的进步，社会的分工日益复杂，管理活动的层次日益增多，生产、作业以及管理活动中人与人的关系更加紧密，一个人的疏忽或者懈怠往往会发生连锁反应，引发他人的过失行为，进而导致严重的后果。在追究直接造成危害结果发生的生产、作业人员刑事责任的同时，应不应当追究直接行为人背后的监督管理者失职渎职行为的刑事责任，成为传统过失犯罪理论面临的重大课题。监督管理过失理论源于 1973 年 11 月 25 日日本德岛地方法院对"森永奶粉中毒案件"的判决。该案案情是：1955 年 6 月~7 月，日本西部一带许多使用奶粉喂养的幼儿出现原因不明的病症，原因是使用森永乳品工厂生产的奶粉中含有大量砒霜成分。经调查，该工厂订购的乳品添加剂含有大量砒素。在生产奶粉前，没有经过化学检验，就直接将这种添加剂掺入奶粉中。因而，当时的工厂厂长和制造科科长作为责任者被起诉。法院认为，制造科科长兼任厂长助理，对该厂乳制品实际生产具有决定权，为防止部下从业人员导致事故发生，有责任对订货、产品的使用、化学检验等进行监督、检查，却疏忽业务上的注意义务，没有指示、监督让有关人员对购进的添加剂进行必要的化学检验并确认其是否有害，因而负有监督上的过失责任。[1]大约在同一时期，"千日百

---

〔1〕 〔日〕藤木英雄等："森永奶粉中毒事件判决和今后的问题点"，载《法学家》1974 年第 1 期。

货公司火灾、大洋百货店火灾"等事件相继发生，追究监督者的刑事责任的必要性更加突显出来。[1] 因此，如何追究监督管理者的过失刑事责任的问题，便逐渐成为日本刑法理论界和实务界重点研究的课题。

今天，在我国也同样面临这一问题。随着工业技术的不断发展，近年来，我国矿难事故、火灾爆炸事故、工程建设事故、交通事故、食品药品事故、医疗卫生事故等各种安全责任事故不断增加。因此，我国刑法理论界和实务界对监督管理过失理论也开始给予重视。

那么，何谓"监督过失"呢？日本刑法学者对监督过失的认识可以归纳为两种：第一种是狭义的监督过失。即监督者没有对被监督者进行有效的监督、教育、指导、命令，从而导致被监督者的过失行为引起危害结果的发生。[2] 第二种是广义的监督过失。广义的监督过失，是指除通说的狭义监督过失之外，还包含管理过失。所谓管理过失，是指由于管理的物质设备、机构、人的体制等不完备本身与危害结果发生有直接联系的直接的过失。管理过失实际上就是管理人没有建立安全体制或者建立的安全体制不完善，因而与其他因素相结合，导致危害结果发生的情况。笔者较为赞同从广义上来理解监督过失，这也是日本刑法理论的通说。

二、监督过失犯罪主体的界定标准

监督管理过失犯罪的主体是负有监督管理责任的监督管理者。所谓负有监督管理责任的监督管理者，既可以是从事业务活动的人员，也可以是从事国家行政管理活动的国家机关工作人员。由于监

---

〔1〕 [日] 前田雅英："监督过失"，吴昌龄译，载《刑事法杂志》第36卷第2期。

〔2〕 [日] 前田雅英："监督过失"，吴昌龄译，载《刑事法杂志》第36卷第2期。

督管理过失犯罪不是具体的罪名，而是特殊的过失犯罪种类，因此，刑法没有也不可能对监督管理过失犯罪的主体作出明确的规定。这就为我们认定监督管理过失犯罪带来了困难。因此，必须根据监督管理过失犯罪主体的概念和特征，确立如何界定监督管理过失犯罪主体的标准，从而为司法实践准确认定犯罪提供参考和依据。

笔者认为，可以确立以下界定监督管理过失犯罪主体的两重标准：

（一）行为人是否负有特定的监督管理义务：监督管理义务形式标准兼实质标准

所谓特定的监督管理义务，是指行为人在业务、国家公务活动中负有的监督被监督者、建立安全管理体制、控制自己支配范围内的危险源，以避免危害结果发生的义务。行为人如果负有监督管理义务就必须正确履行，否则如果因此造成危害结果就可能成为监督管理过失犯罪的主体。监督管理义务的来源有以下几种：

1. 法定的监督管理义务。这是最常见的监督管理义务产生方式。这里的"法定的监督管理义务"是指法律、法规、行政规章、规章制度等规定的监督管理义务。法律、法规、行政规章、规章制度明确规定行为人具有监督管理职责的，行为人取得监督管理者的地位和身份。例如，根据我国现行《食品安全法》第5条第2款规定："国务院食品药品监督管理部门依照本法和国务院规定的职责，对食品生产经营活动实施监督管理。"由此可见，基于法律的规定，国务院食品药品监督管理部门对食品药品安全负有监督管理义务。

2. 业务分工产生的监督管理义务。这也是最常见的监督管理义务产生方式。在业务、国家公务活动中，为了完成常规性、事务性的工作而事先进行分工，或者为了完成某项临时工作而临时进行分工。根据分工，有的直接从事生产、作业，有的负责监督管理。根据分工负责监督管理的人员就负有监督管理义务。

3. 因支配危险源而产生的监督管理义务。行为人在业务活动或者国家公务活动中，对自己支配范围内存在的危险源负有妥善管理、防止侵害他人权益的义务。2007 年 4 月 20 日，广西北海市银滩度假区一个已经歇业的"渔家庄"游乐园中的鳄鱼池里的鳄鱼，将攀爬围栏进入玩耍的一名 9 岁小学生吃掉，就应当追究管理者的过失责任。

4. 因协议或者其他法律行为产生的监督管理义务。有关协议可以产生监督管理义务。例如，我国现行《安全生产法》第 45 条规定："两个以上生产经营单位在同一作业区域内进行生产经营活动，可能危及对方生产安全的，应当签订安全生产管理协议，明确各自的安全生产管理职责和应当采取的安全措施，并指定专职安全生产管理人员进行安全检查与协调。"该法第 46 条第 2 款规定："生产经营项目、场所发包或者出租给其他单位的，生产经营单位应当与承包单位、承租单位签订专门的安全生产管理协议，或者在承包合同、租赁合同中约定各自的安全生产管理职责；生产经营单位对承包单位、承租单位的安全生产工作统一协调、管理，定期进行安全检查，发现安全问题的，应当及时督促整改。"例如，王某在鳗鱼禁捕期内，未经边防、渔船、渔港监督部门签证，于 1993 年 12 月 28 日驾驶苏东渔 0439 号渔船，与大部分未经有关部门检验、未领取出海作业证的江苏省东台市的新农、新街、三仓等乡镇的 21 条舢板（其中 4 条是王某自己的）计 81 人，前往黄海 145 海区豆腐渣舀子作业区捕捞鳗苗。同月 30 日 6 时许，王某从收音机收听到上海人民广播电台播放的有 10 级强风的天气预报后，与周某分别向各舢板通报了天气预报情况，要大家做好防风准备。当日下午风力逐渐增强，晚上只有 4 人到大船避风（除王某雇用的人员）。王某点亮信号灯后与他人打扑克至深夜 12 时许休息。31 日天亮后，发现 3 条舢板被风浪袭击翻沉，6 人死亡，6 人失踪。王某被以重大责任事故罪起诉。王某及其辩护人认为，王某不是其他小舢板的组织者、管理者，与其他小舢板渔业人员之间的关系实际上是提供有偿服务的民事法律关系，不承担管理责任。实际上，因渔政有关文件规定"大船出海所带舢板不得超过两条"，王某的渔船带领小舢板出海这一法律行为，就使他对小舢板的渔业人员负有管理义务，他没有切实检查小舢板的情况，催促从业人员到大船避险，应承担管理过失责任。该案被江苏省东台市法院以重大责任事故罪判处王某有期徒刑 3 年，缓刑 4 年，[1] 这样判决是正确的。

5. 先行行为产生的监督管理义务。在业务、国家公务活动中，因为自己的先行行为使法律保护的权益容易受到他人的过失侵害时，行为人就负有防止他人过失侵害该利益的监督管理义务。例如，某甲在黑暗中驾驶自己的卡车，尾灯不亮。一辆巡逻的警车拦住他，要对他处以罚款。为了保证后面来车的安全，一名警察就在公路上放置了一个发红光的手电筒。警察命令某甲把车开到下一个加油站；警车将跟在后面，保护这辆尾灯不亮的卡车。在某甲开车之前，警察把手电筒又从路上捡回来，但就在这时，这辆尾灯不亮的卡车就被其他卡车撞上了，造成那辆卡车上的乘客死亡。这名警察在接管了交通安全后，就负有采取安全措施、保证这辆尾灯不亮的卡车不被后面来的车辆碰撞的管理义务。

6. 业务、公务惯例或者常理要求的监督管理义务。例如，教师在一定条件下对未成年学生负有管理义务。又如，1994 年 12 月 8 日 18 时许，克拉玛依市教委、新疆石油管理局教育培训中心在新疆石油管理局总工会文化艺术中心友谊馆举办迎接新疆维吾尔自治区"两基"（基本普及九年义务教育，基本扫除青壮年文盲）评估验收团的文艺汇报演出活动，根据常理，在舞台起火时，"两基"评估验收团成员以及陪同观看汇报演出的领导人员都负有组织、疏

---

〔1〕 王顺义：《刑事案例诉辩审评——重大责任事故罪》，中国检察出版社 2006 年版，第 8～12 页。

散现场人员的义务。

以上是从监督管理义务的来源上所做的说明，是形式上的监督管理义务标准，其优点在于相对明确、具体，便于司法人员掌握。但是，它并没有说明监督管理义务产生的根据。在司法实践中，仅仅根据形式标准还无法处理某些案件。因此，有时还必须从实质上判断某些行为人有无监督管理义务。也就是说，监督管理义务标准是形式标准与实质标准的统一。一定的单位或者组织体一般由领导者和普通工作人员组成，这些人员相互之间既有分工，又有合作，在各自的职责和权限范围内完成自己的工作任务，从而实现该单位或者组织体的总体目标。根据权利义务一致原则，对于以营利为目的的企业来说，企业主或者投资人从从业人员的生产经营中获得利润，他就有义务为从业人员提供安全生产经营的设施、设备和条件，保障从业人员的人身财产安全。对于以公益为目的的事业单位和为民众提供公共服务的国家机关来说，其工作人员从民众缴纳的税收中获得薪金，其就有义务为民众提供良好的服务，履行维护社会秩序、保障公民生命财产安全的职责。有些行为人，法律上虽然没有明确规定其负有监督管理义务，但他们实质上拥有监督管理权，担负监督管理职责，如果他们不履行或者不正确履行这种实质意义上的监督管理义务，因而造成危害结果发生的，就构成监督管理过失犯罪的主体，应当承担监督管理过失责任。例如，我国现行《安全生产法》第 5 条规定："生产经营单位的主要负责人对本单位的安全生产工作全面负责。"该法第 20 条规定："生产经营单位应当具备的安全生产条件所必需的资金投入，由生产经营单位的决策机构、主要负责人或者个人经营的投资人予以保证，并对由于安全生产所必需的资金投入不足导致的后果承担责任。"这两条规定并没有规定集体生产经营单位的实际控制人和投资人的监督管理义务，包括保证安全生产条件的资金投入义务，但实际情况是：生产经营单位的实际控制人虽然名义上不是单位的法定代表人或者具体管理人员，但他们实际上指挥、控制单位的生产、经营、安全、投资和人事任免等重大事项和重要事务，或者对重大决策起决定作用，具有实质的监督管理权限，是单位实质意义上的负责人。这些人之所以隐身于幕后而不担任单位形式上的负责职位，有多方面原因，有的人是因没有法规依据而不能、不敢公开担任有关职务，如国家机关工作人员和国有企业负责人投资开矿的；有的人是为了逃避承担安全生产监督管理责任。这种现象在一些地方比较普遍。因此，这种实际控制人完全能够成为监督管理过失犯罪的主体。生产经营单位的投资人对安全生产设施、设备或者安全生产条件的投入和维护负有资金投入义务，对安全生产设施或者安全生产条件不符合国家规定负有直接责任，对因此而造成危害结果发生的，构成监督管理过失犯罪的主体，应当承担监督管理过失责任。

（二）行为人是否具有特定的监督管理权限：监督管理权限标准

确立这一标准是为了解决监督管理义务范围的问题。法律法规等规定的监督管理义务不可能都明确到每一种具体的监督管理人员身上，而往往是规定什么样的单位负有哪些监督管理义务。因此，在事故发生后，要判断究竟是谁构成监督管理过失犯罪的主体，就需要考察在这些单位中，哪些人员是监督管理人员，各个监督管理人员在具体的工作中拥有多大范围的监督管理权限，担负多大范围的监督管理义务。只有担负的监督管理义务能够在其实质拥有的监督管理权限范围内履行而不履行的人，才能构成监督管理过失犯罪的主体。对超出行为人权限范围的监督管理义务不可能要求行为人去履行。如果行为人虽然具有一定的监督管理职责，但却没有最终决定权，只能通过向上级领导报告情况和提出建议，由上级领导决定采取什么措施来避免危害结果的发生，这种情况下，只要行为人履行了报告和建议的义务，即使最终没能有效避免危害结果的发生，也不能追究行为人的监督管理责任。日本学者也持这样的观点，如果行为人只是形式上被选任出来的"防火管理人"（相当于我国消防法上规定的"消防安全管理人"），实际上没有监督管理权限，不能认为是真正的防火管理人。此外，防火管理人对超出自己权限的防火管理事务，只有向"在建筑物的管理方面具有管理权限的人"即"管理权人"（相当于我国消防法上规定的"消防安全责任人"）或者上司建议和劝告的义务（进言义务）。[1] 我国法律对此也有体现。例如，2002 年《安全生产法》第 43 条规定："生产经营单位的安全生产管理人员应当根据本单位的生产经营特点，对安全生产状况进行经常性检查；对检查中发现的安全问题，应当立即处理；不能处理的，应当及时报告本单位有关负责人……"这就说明，生产经营单位的安全生产管理人员，对检查发现的安全问题，如果能够在自己的监督管理权限内立即处理而不立即处理并导致发生安全事故的，就构成监督管理过失犯罪的主体，而如果根据自己的监督管理权限不能立即处理的，就不负有立即处理的义务，而只负有向本单位有关负责人报告的义务。又如，按照《机关、团体、企业、事业单位消防安全管理规定》的规定，单位的消防安全管理人员负有消防安全管理义务，但对于超出他的权限范围的管理事务，如设置超出他的经费支配权限的消防设施或者对建筑物进行较大幅度的改造，就不应要求他实行。此时，他只有向单位消防安全责任人或者消防安全管理人报告和建议的责任。

此外，在国家行政监督管理领域，有些人员并不具有国家机关工作人员身份，但却行使国家行政监督管理职权，按照权利义务一致原则，理应履行相应的监督管理义务，在他们不履行或者不正确履行监督管理职责，并因此致使公共财产、国家和人民利益遭受重大损失时，就构成监督管理过失犯罪的主体。对此，全国人大常委

---

〔1〕〔日〕齐野彦弥："管理、监督过失中的实行行为的主体"，载《刑法杂志》第 34 卷第 1 号。

会 2002 年 12 月 28 日发布的《关于〈中华人民共和国刑法〉第九章渎职罪主体适用问题的解释》规定："在依照法律、法规规定行使国家行政管理职权的组织中从事公务的人员，或者在受国家机关委托代表国家机关行使职权的组织中从事公务的人员，或者虽未列入国家机关人员编制但在国家机关中从事公务的人员，在代表国家机关行使职权时，有渎职行为，构成犯罪的，依照《刑法》关于渎职罪的规定追究刑事责任。"这一立法解释对《刑法》第九章渎职罪的主体"国家机关工作人员"作了扩大解释。根据全国人大常委会法制工作委员会副主任胡康生 2002 年 12 月 23 日在第九届全国人民代表大会常务委员会第 31 次会议上所作的"对《全国人民代表大会常务委员会关于〈中华人民共和国刑法〉第九章渎职罪主体适用问题的解释（草案）》的说明"，该解释将以下四类组织中的人员纳入渎职罪主体范围：一是法律授权规定某些非国家机关的组织，在某些领域行使国家行政管理职权；二是在机构改革中，有的地方将原来的一些国家机关调整为事业单位，但仍然保留其行使某些行政管理的职能；三是有些国家机关将自己行使的职权依法委托给一些组织行使；四是实践中有的国家机关根据工作需要聘用了一部分国家机关以外的人员从事公务。上述组织中的人员虽然在形式上未列入国家机关编制，但实际是在国家机关中工作或者行使国家机关工作人员的权力。这些人员在行使国家权力时，玩忽职守、滥用职权、徇私舞弊构成犯罪的，也应按照国家机关工作人员渎职罪的规定处罚。相应地，这些人员在行使国家监督管理权力时，不履行或者不正确履行监督管理职责，致使公共财产、国家和人民利益遭受重大损失的，就构成监督管理过失犯罪的主体，应承担监督管理过失刑事责任。

三、监督过失犯罪中预见能力的判断标准

根据刑法相关理论，监督管理过失认定的根本前提就在于行为人对危害结果是否存在预见可能性。因此，如何正确地认定"预见可能性"，对于监督过失犯罪的正确处理具有直接重要意义。

（一）监督过失中预见可能性的判断标准

在发生食品安全事故犯罪时，大众往往不仅要求追求相关企业直接人的法律责任，也强烈要求追究相关监督管理者的刑事责任，但如果监督管理者实际没有预见到自己的行为可能发生危害社会的结果，要让其承担过失的刑事责任，就必须证明他具有疏忽的过失，即"应当预见"自己的行为可能发生危害社会的结果，即具有预见可能性。预见可能性，又称注意能力或者预见能力，是指行为时预见危害结果发生的客观可能性。只有在行为人具有预见可能性的情况下，没有预见到危害结果发生，才能表明行为人主观上具有疏忽性，因而也才具有谴责可能性。如果行为人没有预见能力，在当时的情况下根本不可能预见危害结果发生，那就是意外事件，行为人主观上就没有过失。由此可见，监督过失犯罪的认定首先就要解决行为人是否存在预见可能性这一根本问题。那么，该以什么标准来判断行为人是否存在预见可能性呢？

关于根据何种标准来判断行为人对自己的行为可能发生危害社会的结果是否"应当预见"，刑法理论上没有形成一致见解，主要有以下三种观点：

第一种观点是客观说，认为判断行为人能不能预见，应以一般人的一般水平来衡量。一般人在当时的情况下能预见这个行为会造成什么后果，行为人也就应当预见，如果一般人在当时不能预见，行为人也就不应预见。至于一般人的水平，则由审判人员依自己的社会经验来判断。有学者对一般意义上的客观说作了一定程度的修正，认为应把社会成员分成若干属类，以该属类成员的一般认识水平为应当预见标准。具体表述为：特定一类人在这种场合能够预见，行为人属于这种特定人员，因此应当预见。并认为客观标准的类型划分主要依据职业，如汽车司机、危险品保管类等，没有工作属类的则根据其年龄状况、文化知识水平、社会角色、生活经验等因素予以划定，如家庭妇女类、待业青年类等。[1]

第二种观点是主观说，认为判断能否预见，应以行为人本人的具体能力、水平以及当时的具体条件来判断。具体说来就是，在当时的客观环境和条件下，根据行为人本人的年龄、健康发育状况、知识程度、工作经验、业务水平以及所担负的责任等条件来判断其能否预见。如陈兴良教授认为，客观说因以一般人的标准来衡量一个人有无预见能力，确有客观归罪和放纵犯罪之嫌。相比之下，主观说的缺陷较小，应采主观说。因为，注意的有无是关系到是否构成过失犯的问题，在刑事责任上，客观归罪是绝对不允许的，是和我国《刑法》的性质格格不入的。至于主观说的消极性，是可以克服的。[2] 陈兴良教授并认为，这实际上涉及法律上对人的推定问题。在一般情况下，立法的对象是一般人，而不可能是个别人，因而法律仅仅将人设定为一个抽象的理性人，民法中更是如此。在刑法中，经历了一个从古典学派的理性人到实证学派的经验人的转变过程。尽管在刑法中，作为犯罪主体的人仍然要求是具有刑事责任能力的理性人，但在刑事责任的追究中，个别化的呼声越来越高。在这种情况下，以具体人为标准的主观说似乎更合理。[3]

第三种观点是折中说，认为判断行为人对自己行为的危害结果能否预见，应当坚持主客观综合判断的原则。首先要注意到在当时的具体条件下，一般具有正常理智的人对这种结果的发生能否预见，从而做出初步判断。在初步判断的基础上，更重要的是从实际出发，实事求是，根据行为人的年龄、所从事的职业、技术熟练程度、社会阅历、智力发育情况等行为人的主观特征，分析他在当时

〔1〕 姜黎艳、孟庆华："论疏忽大意过失犯罪的预见标准"，载《法学》1991年第8期。

〔2〕 陈兴良：《刑法适用总论（上卷）》，法律出版社1999年版，第177~178页。

〔3〕 陈兴良："过失责任论"，载《法学评论》2000年第2期。

具体情况下对这种结果的发生能不能预见。有时一般人能够预见的，根据行为人的特殊情况，他未必就能预见。相反的情况也是存在的，有时一般人难以预见的，根据行为人的专业知识、业务熟练情况，他却能够预见。[1] 还有的学者主张，应以主观标准为主，结合考虑客观标准。以主观说为根基，同时将以客观说得出的结论与以主观说得出的结论进行相互的反复比较、印证，就为主观说得出结论的正确性提供了保障。因此可以说，折中说完全克服了客观说和主观说的不足，兼具了两者的长处，应当是判定行为人是否具有注意能力的正确见解。[2]

上述三种观点，实际上是主观说和客观说之间的对立，因为折中说实际是主观说的一个变种，客观标准只不过是判断的辅助手段而已。主观说是德日刑法学中旧派刑法学的主张，认为为了对行为人进行道义上的谴责，只能在具体行为人的注意能力的范围之内对行为人进行处罚，否则就是强人所难；相反地，德日刑法学中的新派刑法学采用以抽象的一般人的注意能力为标准的客观说，认为从防卫社会和教育刑的立场来看，每个人都必须尽到其一般的注意义务；不具有通常的注意能力的人，对社会而言，也是危险的存在，因此，从防卫社会和使不具有能力者也具有能力的角度来看，值得科处刑罚，否则，就难以实现刑法防止犯罪、维持社会秩序的目的。[3] 由此看来，有无预见能力之争，实际上是刑法保护法益与责任原则在过失犯的处罚范围问题上，该如何衡平的问题。

笔者认为，预见能力是行为人个人的事情，其有无完全取决于各个人的具体情况，应当根据各个行为人的注意能力的大小来认定

---

〔1〕 马克昌：《犯罪通论》，武汉大学出版社1999年版，第356页。

〔2〕 赵秉志："过失犯罪的基础理论问题探讨"，载高铭暄、赵秉志主编：《过失犯的基础理论》，法律出版社2002年版，第27页。

〔3〕 ［日］前田雅英：《刑法总论讲义》，东京大学出版会1999年版，第345～346页。

其是否应当预见。但是，法律所要求的预见义务都是针对某一领域的一般人所做的要求，这种要求也是该领域的一般人能够履行的。一般人预见不到的事情，法律不会做要求，不能成为预见义务的内容。一旦法律设定了注意义务的标准，那么，对特殊的、能力较低的人也是适用的。[1] 行为人如果没有达到这一标准，就应当设法达到这一标准。过失犯往往是从事业务、职务活动的人实施的，或者是一般人违反日常生活中的重要注意义务而实施的，处于该种地位和情况下的人，必须具有法律所期待的注意能力，否则，就不能从事该项工作，勉强从事而造成危害结果的，就应当承担责任。只有这样，国家确立的一般社会秩序才能得以维持。从我国《刑法》第 15 条关于过失犯罪的规定来看，过失犯罪的成立以行为人"应当预见……"为前提，而"应当预见"作为一种评价规范，只能是行为人自身以外的第三人来进行，这种第三人显然只能是社会上与行为人处于相同地位和相同情况的一般人，而不可能是行为人自身。因此，在有无预见能力的标准上，应当以"行为人所属领域的处于相同地位和相同情况的一般人的预见能力"为标准。在行为人所属领域的处于相同地位和相同情况的一般人能够预见的场合，就应当认定行为人具有预见能力。在行为人所属领域的处于相同地位和相同情况的一般人都难以预见的时候，就应当认定行为人不应当预见。这种以行为人所属领域的处于相同地位和相同情况的一般人的预见能力为标准加以判断的方法，可以称为修正的客观说。具体到监督管理领域，也应以修正的客观说为标准来判断监督管理人是否具有预见可能性。

---

〔1〕〔日〕西原春夫："过失认定的标准"，载〔日〕西原春夫、李海东等译：《日本刑事法的形成与特色》，法律出版社、成文堂联合出版 1997 年版，第 268 页。

（二）监督过失中预见可能性认定的实务见解——以"郑筱萸"案为实证视角

司法实践部门认为，在认定涉及食品、药品安全事故的监督管理者的预见能力时，应当以监督管理者所属领域的处于相同地位和相同情况下的人为标准，来判断监督管理者是否具有预见能力。如果监督管理者所属领域的处于相同地位的人能够预见，就应当认定监督管理者具有预见能力。几年前震惊国内外的"郑筱萸"案例就很好地说明了司法实践部门的这种认定方法。

在该案中，被告人郑筱萸本人当时认为在全国范围内统一换发药品批准文号只是注册司的一项工作，忽视了该项工作的重要性，没有预见到该项工作如果处置不当可能造成的严重后果。那么，根据预见可能性的判断标准，他是否应当预见到该项工作的重要性和是否应当预见到该项工作如果处置不当可能造成严重后果呢？笔者认为，答案是肯定的。

法院主要基于以下三个证据认定本案被告郑筱萸具有"预见可能性"：一是运用了 4 位时任国家药品监督管理局副局长的证人证言，这四位副局长都证明在全国范围内统一换发药品批准文号工作属于工作中的重大问题，应该经过局领导班子、局党组研究决定部署。二是运用了书证 1999 年国家药品监督管理局颁布的《国家药品监督管理局工作规则（试行）》，来证明"国家药品监督管理局工作中的重大问题，须经局党组会议、局务会议研究讨论决定；工作中的重要情况或重大问题，应及时向党中央、国务院请示、报告；对重要工作和重大问题，必须在深入调查研究、认真听取和充分尊重有关部门和地方意见的基础上，提出切实可行的意见和建议，经国务院批准后部署实施，并加强监督检查"，而这些规定不是单独对郑筱萸一个人所做的要求，而是对处于国家药品监督管理局局长地位的一类人所做的要求。三是运用了有关职务任免和工作分工的书证，证明郑筱萸自 1994 年 5 月至 2005 年 6 月 18 日分别担任国家医药管理局、国家药品监督管理局、国家食品药品监督管理局局长、党组书记，负责局的全面工作，并重点分管药品注册司。

由此可见，法院正是通过考察四位副局长的看法和工作规则等，从长期从事国家药品监管工作的领导这一类人的立场，来判断属于这一类人的郑筱萸是否"应当预见"。因从长期从事国家药品监管工作的领导这一类人的立场来看，应当将这样一项工作列为国家药品监督管理局的重要工作，应当预见一旦这样一项工作处置失当，将会造成严重后果。基于此，北京市第一中级人民法院认为，被告人郑筱萸身为国家工作人员，其对涉及国计民生的药品安全监管工作严重不负责任，不认真履行职责，致使国家和人民的利益遭受重大损失，其行为已构成玩忽职守罪。

笔者认为，司法实践部门以监督管理者所属领域的处于相同地位和相同情况下的一般人为标准，来判断监督管理者是否具有预见能力，是符合我国《刑法》规定的，也是可行的。我国《刑法》第 15 条规定的过失犯的成立条件之一"应当预见"，是一种评价规范，只能是行为人自身以外的第三人来进行，这种第三人只能是与行为人所属领域的处于相同地位和相同情况下的一般人，而不可能是行为人自身。如果以当时具体条件下行为人本人的能力和水平为标准，就会出现行为人是否具有预见能力完全由行为人自己说了算的局面，司法实践中也就很难认定疏忽大意的过失犯罪。

国外食品安全刑事立法的现实鉴镜

罗茜方 *

民以食为天，我国自古以来就是一个对于食品安全极为重视的国家，最早有关食品管理的记录可见于《礼记》："五谷不食，果实未熟，不鬻于市。"《唐律疏议》中对于食品安全也有详细记录：食物一旦变质，商家就要立即焚烧，否则要被判处九十廷杖；如果销售有害食品致人生病，商家将被判处有期徒刑一年，如若致人死亡，则会被判处绞刑等。随着科技的发展和社会的进步，人们对于身体健康和食品安全有了更深入的了解，不断被曝光的食品安全事件充分说明了我国食品安全现状亦不容乐观。多年来，许多国家在食品安全刑事立法方面的成功实践值得我们学习借鉴。

一、国外食品安全刑事立法举要

笔者通过比较分析食品安全刑事立法较为发达的国家的立法现状，将从这些国家的食品安全刑事立法核心、立法模式、刑罚方法这三个方面进行研究分析。虽然各个国家在食品安全刑事立法的这三个方面存在一定的差异，但对我国食品安全法律体系的完善具有一定的借鉴意义。

＊ 罗茜方，华南理工大学法学院硕士研究生。

（一）国外食品安全立法核心之比较

一个国家的立法核心，反映出不同时期不同法律之间侧重方向的发展变化，各个国家食品安全立法核心的转变也在很大程度上反映出了立法的发展与完善。在美国、日本等发达国家，食品安全法律的立法核心与食品安全刑事立法、食品安全行政立法具有高度的一致性。如日本在立法中体现了食品安全行政从"生产者优先，经济效益优先"到"国民健康至上理念"的转变，这其中也明确指出了日本食品安全刑事立法对食品安全犯罪所侵害法益的转变，国民健康已在日本食品安全刑事立法中占据了核心地位。美国在《FDA 食品安全现代化法》中强调的一个理念是："化被动防御为主动的食品安全监管策略，注重采取一切可行的手段将控制食品安全的阵地推向前沿，力求做到从源头把关，布置层层防线，尽一切可能将隐患消除于未然。"《FDA 食品安全现代化法》中强化了FDA 在美国食品安全监管中的重要领导角色和主导地位，将行政资源配置与执法权划分均向 FDA 集中，虽然美国食品安全监管权仍分属于多个部门，但由于食品安全管理委员会实行垂直管理，不同种类的食品划归不同部门管理，使得各部门分工明确，各司其职。

（二）国外食品安全刑事立法模式之比较

笔者通过横向比较，在食品安全刑事立法模式上，不同法系的国家之间存在着较大的差异，但总体上来说，存在着以下三种主流模式。

1. 将食品安全犯罪规定在危害公共卫生犯罪中。采用这种立法模式的国家主要有西班牙、挪威、新加坡、美国等，将食品安全犯罪规定在危害公共卫生犯罪中是一种较为常见的立法模式。西班牙将食品安全犯罪规定在刑法分则"危害公共安全罪"之"违反公共卫生罪"中。《西班牙刑法典》第 363 条规定："实施以下制造、销售行为，对消费者生命构成危险的，处 1 年以上 4 年以下徒刑，并处 6～12 个月罚金，同时剥夺其从事与工商业相关的职业及任务 3 ~ 6 年的权利：①提供不足量、违反法规更换组成成分或者过期的食品。②生产或者公开销售含有对健康有害物质的食品、饮料。③销售腐烂食品。④未经批准，生产、销售和使用会对健康造成损害的产品。"第 364 条规定："在食品饮料中掺杂对健康有害的物质，以供销售，按第 363 条的规定处罚；罪犯是犯罪工厂拥有人的或者负责人的，另外，将同时剥夺其从事与工商业相关的职业及任务 6 ~ 10 年的权利。"[1]

美国也是较为重视食品安全的典型代表国家之一。在犯罪分类上，美国将食品安全犯罪纳入食品安保事件之中，将食品安全犯罪界定为恐怖袭击式的刑事案件的一种。美国现有两部基本法对食品安全犯罪问题进行了明确规定，比如 1906 年《联邦食品和药品法》第 1 条规定："任何人在任何州或哥伦比亚特区生产任何一种本法规定的掺假或错误标识的食品或药品，都属于违法行为。任何人违反本条规定即构成轻罪。犯本罪的一经定罪，法院将处以 500 美元以下的罚款，或监禁 1 年或两者并处。数次犯本罪的，法院将处以 1000 美元以下的罚款或监禁 1 年或两者并处。" 1938 年《联邦食品、药品和化妆品法》第 303 条规定，任何人在依本条最后定罪之后实施了这类违法行为，或以欺骗、误导为目的实施了这类违法行为，被处以 3 年以下监禁或 10 000 美元以下罚款，或两者并处。同时还规定，任何人将第 402 条规定的掺假食品引入州际贸易或通过运送引入州际贸易，是个人的应处以 50 000 美元以下的罚款，其他人处以 250 000 美元以下的罚款，对同一诉讼程序中判决的所有违法行为，处以总计 500 000 美元以下的罚款。[2]

2. 将食品安全犯罪规定在危害公共安全或造成公共危险的犯

---

〔1〕 陈家林：《外国刑法：基础理论与研究动向》，华中科技大学出版社 2013 年版，第 256 页。

〔2〕 贾济东：《外国刑法学原理》，科学出版社 2013 年版，第 156 页。

罪中。丹麦、意大利、英国、希腊、泰国、越南等国家就采用了此种立法模式。英国普通法将食品安全犯罪列入"公共妨害罪"的范围之内，英国1986年《公共秩序法》规定：存放、使用、出卖已经污染或有损害性的货物（包括食品）意图造成公众恐慌、焦虑或他人损害的行为，构成犯罪。对于情节轻微的犯罪行为，根据英国《1990年食品安全法》之规定，"可处以最高5000英镑的罚款或3个月以内监禁；销售不符合质量标准要求的食品或提供食品致人健康损害的处以最高2万英镑的罚款，或6个月监禁。对犯罪情节严重，罚款数额无上限，或处以2年以上的监禁"。

《泰国刑法典》第六章关于公共安全的犯罪第236条规定："对食品、药品或其他人类消费或使用的物品掺假，足以损害健康，或者出售或为出售而陈列这样的掺假物品的，处以3年以下有期徒刑，并处或单处6000泰铢以下罚金。"《泰国刑法典》在行为方式上明确了"陈列"这一行为方式为危害公共安全的行为之一。

3. 将食品安全犯罪规定在损害公民健康的犯罪中。采取这种立法模式的国家主要有俄罗斯、芬兰、保加利亚、马其顿共和国等。将公民健康列入法律保护体系的框架之内亦彰显了国家对公民切身利益的重视，此种做法值得借鉴。《俄罗斯联邦刑法典》第238条规定了生产、销售不符合安全标准的商品罪。1999年6月9日通过的《1999年俄罗斯联邦第一百五十七号法律》对《俄罗斯联邦刑法典》第238条进行了修改和补充规定，比如：在行为方式上不再局限于"生产""销售"，还包括"储存"和"运输"；在犯罪对象上则规定得更为具体，将原有的"不符合安全标准的商品"修改为"不符合安全标准的食品和商品"，补充后的规定已将食品作为特殊商品的一种，重点突出了对不符合安全标准食品的打击，而目前我国刑法之中只是规定将"生产"和"销售"作为食品安全犯罪的违法行为，并没有将"储存"和"运输"纳入其中。

（三）国外食品安全刑事立法之刑罚结构比较分析

在笔者比较分析的二十多个国家的刑法典中，各国所采取的通用刑罚结构是自由刑与罚金刑的结合，然而这其中只有尼日利亚和保加利亚没有对食品安全犯罪设置罚金刑的规定。各国对于食品安全犯罪中罚金刑的规定形式各异，既有以最低工资额作为罚金标准的（如蒙古），也有按日数罚金制计算的（如土耳其），还有的对罚金的上限和下限作出了明确规定，更有甚者如英国，对于情节严重的食品安全犯罪行为所判处的罚金作出了不设上限的规定，多数国家则是根据罪行的轻重概括规定了判处罚金的要求。在罚金适用方面，主要有三种适用方式：第一种是罚金刑和自由刑选择适用的方式，如芬兰、丹麦、意大利、挪威等国家。第二种方式是罚金刑与自由刑并科处罚的适用方式，如西班牙、土耳其、泰国等国家。第三种则是将前两者选择适用与并科处罚方式两者结合适用，如美国、新加坡和印度等国家。

除了自由刑和罚金刑以外，很多国家还对食品安全犯罪设置了一种更为特殊的处罚方式——资格刑，资格刑的内容主要包括两个方面：①触犯食品安全刑事立法的犯罪主体有个人和单位。对于个人往往会在一定期限内禁止其从事相关职业或贸易，禁止其担任相关企业或者法人的领导职务；对于单位而言，则会要求其在一定期间内停业整顿或者剥夺其从事相关职业或贸易的资格。②有些国家则明确规定了在犯罪过程中所产生的有害物品、食品必须予以没收并进行合理处理，如《马其顿共和国刑法》第213条规定："生产、出售或以其他方式从事有害性食品、饮料、个人卫生护理用品……上述有害性食品或其他有害性产品应予以没收。"相同的处罚规定，在意大利和科索沃地区也有明确规定。

二、我国食品安全刑法保护现状的概述

博登海默曾说："概念是解决法律问题所必需和必不可少的工具，没有限定严格的概念，我们便不能清晰地和理性地思考问题。"

谈及我国目前的食品安全刑事立法现状，就先要从我国刑事立法中对有关概念的规定谈起。《中华人民共和国食品安全法》第十章附则第 150 条规定，食品安全，指食品无毒、无害，符合应当有的营养要求，对人体健康不造成任何急性、亚急性或者慢性危害。由此分析食品安全的含义应有三个层次：第一个层次是指食品数量安全，即一个国家或地区能够生产民族基本生存所需的膳食需要。要求人们既能买得到又能买得起生存生活所需要的基本食品。第二个层次的含义是食品质量安全，指提供的食品在营养、卫生方面满足和保障人群的健康需要，食品质量安全涉及食物的污染、是否有毒，添加剂是否违规超标、标签是否规范等问题，需要在食品受到污染之前采取措施，预防食品的污染和遭遇主要危害因素侵袭。第三层含义是食品可持续安全。这是从发展角度要求食品的获取需要注重生态环境的良好保护和资源利用的可持续，即要求食品的种植、养殖、加工、包装、贮藏、运输、销售、消费等活动在符合国家强制性标准和要求的前提下，不仅不存在损害或威胁对现时消费者人体健康的有毒有害物质，还不得对其子孙后代产生威胁和损害。

由于政治经济体制原因，新中国成立直到改革开放之前，我国一直没有制定刑法典，直到 1979 年我国才颁布第一部《刑法》，但遗憾的是其中并没有涉及食品安全犯罪的相关罪名。在 1997 年颁布的《中华人民共和国刑法》中在第 143、144 条中对危害食品安全的犯罪作出了直接规定，相关罪名分别规定在第 225 条非法经营罪、第 229 条提供虚假证明文件罪以及第 397 条滥用职权玩忽职守罪，其进步意义体现在 1997 年《刑法》不仅对危害食品安全犯罪作出了明确规定，还将与之相关的罪名列入其中，使得我国食品安全刑事立法逐步走向了体系化，但此时由于对行为方式的规定过于单一，存在与食品安全法严重脱节的问题。2011 年 2 月 25 日《中华人民共和国刑法修正案（八）》颁布并对相关条款进行了修改，意在加强同《中华人民共和国食品安全法》的衔接。在《刑法修正案（八）》中重点强调的有两点：一是将原本规定的生产、销售不符合卫生标准的食品罪中的"卫生标准"修改为"食品安全标准"，即修改后的罪名为生产、销售不符合食品安全标准的食品罪，这其中的深意显而易见，随着我国商品经济的繁荣发展，制假、售假行为层出不穷，原有的规定已不能满足对百姓身体健康与生命安全的保障，以食品安全标准作为判断标准更具科学性。二是增加了对食品安全领域渎职犯罪的特别规定。比如《刑法修正案（八）》第408条就规定在《刑法》第408条后增加一条，作为第408条之一将食品监管渎职罪纳入其中，其规定："负有食品安全监督职责的国家机关工作人员，滥用职权或者玩忽职守，导致发生重大食品安全事故或者造成其他严重后果的，处5年以下有期徒刑或者拘役；造成特别严重后果的，处5年以上10年以下有期徒刑。徇私舞弊犯前款罪的，从重处罚。"对食品安全领域渎职犯罪的特别规定，是将食品安全的监督管理纳入到了刑法的规制范围之内，加强了对食品安全的保障。

随着食品安全犯罪数量的增加，从中也间接反映出食品安全犯罪所具有的一些新特点：①从犯罪人员来看，从以往的单纯的非法添加剂生产情况到出现了研制、开发非食品原料的产业化发展，这其中必然不乏科技人员作为技术支持，研究成果应用于违反《食品安全法》，这对于我国目前食品生产行业、对食品生产消费等活动产生了巨大的安全隐患。②现实中出现的一些行为方式已经超过了法律规定的限度，犯罪行为显得更加隐蔽。新出现的侵害食品安全的行为已不仅表现为生产、销售两种手段，违法犯罪手段花样翻新，已扩展到仓储、运输、保管等行为。对于这种法律没有规定的侵害到食品安全的犯罪行为，出现了在实践中难以用食品安全犯罪定罪的尴尬局面。③社会危害程度更高，受害范围呈现扩张趋势。首先，从近些年的犯罪数量上来看，食品安全犯罪呈现出增长趋势。食品安全事故的出现给不特定多数人的生命、健康、财产造成了巨大损害，受损害的合法权益从个人扩大到社会利益，这对社会主义市场经济造成了巨大的侵害。

三、我国食品安全刑法保护的立法不足分析及完善

（一）我国食品安全刑法保护的立法不足分析

从目前我国刑事立法的保护程度来看，无论是从打击的范围、程度以及刑罚方式上来讲，都是在不断地完善与进步的，但其目前存在的缺陷也是不言而喻的。在笔者看来，主要体现在我国《刑法》对于食品安全犯罪的罪名和刑罚设置两个方面。

从罪名上来讲，我国《刑法》中对于食品安全犯罪罪名规定所存在的问题主要为内容过于单一、调整的范围狭窄以致实践中因立案标准过高、举证责任难而产生立案难、难成罪等问题。我国现行《刑法》第 140 条是第 143、144 条的基础法条，其基础性作用首先表现在当侵害食品安全犯罪的行为不构成《刑法》第 143、144 条的行为规定，但数额或货值数额达到构成第 140 条的标准时，应以第 140 条的标准定罪，多数食品安全犯罪最终也是以此罪来定罪的。不解之处在于：同为食品安全犯罪规定的第 143、144 条在认定犯罪时将其界定为危险犯和行为犯，并没有犯罪数额上的要求和限制，按道理来说应更容易认定，实践中却很少以此两罪来定罪的，这不得不引起我们的关注。据了解，之所以有这样的结果出现，主要原因在于难以举证。此外，当犯罪行为同时构成上述三罪时，应择一重罪处罚。生产、销售伪劣产品罪为数额犯，生产、销售不符合安全标准的食品罪与生产、销售有毒有害食品罪为危险犯、行为犯和结果犯的复合体，当有犯罪行为发生，首先要考虑的是是否有实害或结果的出现以便确定第 143 条与第 144 条的法定刑幅度，然后再与第 140 条进行对比，往往三罪比较的结果就是数额犯量刑最重。另外，还存在《刑法》与《食品安全法》中的具体责任条款不对称的问题。《食品安全法》中所涉及的食品安全的范

围较广，在主体上涉及食品生产、加工、运输、销售和监管等人员；在对象上包括食品、食品添加剂、食品相关产品、食品运输工具等；在流通上包括生产、销售、运输和储存等多个环节，而《刑法》规定的犯罪范围比较狭窄，在流通上只涉及"生产"和"销售"环节，对于食品流通中的其他环节并没有规定。在主体上只规定生产和销售人员，在对象上仅规定了包括"食品"和少数在单行刑法中涉及的如盐酸克伦特罗等物质，未包括绝大部分的食品添加剂以及食品相关产品，导致部分行为人因违反了《食品安全法》的相关规定而应承担刑事责任时，无法找到与之相对应的罪行规范。因此，刑事立法和司法必须尽快弥补不能找到处罚依据的真空地带。

我国食品安全犯罪刑罚方面的主要问题在于刑罚的威慑力不足，刑罚的幅度过于宽泛，不利于刑罚功能的发挥。在食品安全犯罪的罚金刑规定方面，存在可操作性差的问题。罚金刑在立法上虽属于从刑，但针对具有牟利目的的犯罪予以适用却具有相当的威慑力。《刑法修正案（八）》对于食品安全犯罪则采取了并处罚金和无限额罚金的立法模式，虽然在立法上显示了对食品犯罪上不封顶的高压状态，但由于没有适用罚金的上限、下限及具体计算标准，其弊端也显而易见。在通常情况下，罚金的数额总是与犯罪数额、违法所得及犯罪后果等因素相联系，但在无限额罚金的情况下，法官判处罚金的基准是什么？法官如何确定具体犯罪的罚金数额？因为没有标准，也就失去了实际的可操作性，这种模糊性立法方式的回归是否科学，有待于实践的检验。此外，还存在资格刑缺失的问题。资格刑又称名誉刑，是刑之最轻者。我国资格刑的设置刑种单一，仅有剥夺政治权利一种，事实上，人的资格是非常广泛的，除政治资格外，还有从事特定生产经营活动的资格，从事财务管理活动的资格，从事教育活动的资格，驾驶机动车的资格，等等。对于食品犯罪的生产、经营者在适用主刑的同时附加适用资格刑，剥夺经营资格，禁止从事某项经营活动，使刑罚的多样化与犯罪的多样化、犯罪人的多样化主动相适应，不失为一种理智的选择。而我国刑法到目前为止没有增设新的资格刑，导致法院只管判刑而不关注行为人是否被吊销执照，危害食品安全的行为是否还有可能继续。因此，只有在刑法中增设新的资格刑，才能对食品安全的犯罪惩治更为全面彻底。

（二）我国食品安全刑法保护的立法完善

1. 注重与《食品安全法》的衔接。2015年修订的《食品安全法》的出台已经改变了过去只注重监管食品安全生产、销售环节的状况，实现了对食品安全的全程监管。对应国家食品安全新体制，《刑法》仅在生产、销售环节进行打击存在明显的不足，应当扩大《刑法》对此的打击范围。可以采用通过刑法修正案与附属刑法的方式将该罪的打击主体延展到运输者、储存者，在保护的对象上延展到食品以外的食品添加剂、食品相关产品、食品运输工具等。对于滞后的司法解释也应予以及时更新，以保证食品安全法律体系的统一性。

2. 严密食品安全刑事立法法规。

（1）取消"危险犯"的立法方式。生产、销售不符合食品安全标准的食品罪，应由危险犯改为行为犯，这样一来可以避免立法模糊所带来的困惑，在不安全食品泛滥的时期，将本罪规定为行为犯，即只要具有符合法定条件的违法行为的发生便可追究刑事责任，如出现严重后果则加重其法定刑。

（2）增加不作为类型的犯罪。《食品安全法》对食品生产经营者规定了一系列的作为义务，其中比较重要的是生产经营者对食品安全的召回义务，但如果食品生产经营者违反这一义务，从而导致严重的后果发生，刑法并没有对此作出明确的规定。

（3）增加食品安全犯罪的过失类型。在我国，绝大多数食品安全事故是由于不法生产经营者为牟取暴利而人为造成的，由此可知，故意犯罪占据较大比例。目前，在我国食品安全犯罪的法网中，除了食品安全渎职罪这一过失犯罪之外，对重大过失导致的严重食品安全事件，只能间接适用过失危害公共安全罪，如果食品安全的主观罪过可以扩大到过失，或者增加过失犯罪的罪名，那么我们对食品安全犯罪的惩治将会更加全面。

3. 调整罚金刑。

（1）要严格确定食品犯罪罚金刑的基准。《刑法修正案（八）》中规定了食品安全犯罪必须并处罚金，但这一具有宣示意义的条文在现实适用中没有具体的标准。对此，立法机关与司法机关应当根据不同食品种类、不同区域消费水平、不同产业领域销售金额造成的不同程度的损害，制定不同的罚金标准。

（2）要加重单位罚金刑的惩罚力度。在我国，对于一般单位犯罪实行双罚制，将法人的罚金刑以及从业者的刑事责任加以联动，导致罚金刑对于法人的惩罚力度较轻，如果借鉴西方国家对于食品安全事件的重罚制，即对那些破坏食品安全造成严重后果的单位，应停业待查，支付高额罚金直至破产，那么我国的单位食品安全在高压下必须由开始的被迫服从转向为慢慢地遵守秩序。

4. 增设资格刑。我国食品安全犯罪中资格刑的适用率很低，在笔者看来，主要原因在于没有匹配的资格刑予以适用。对此，应当有针对性地增设新的资格刑。

针对单位犯罪增设新的资格刑。我国现行针对单位犯罪的刑罚仅规定了罚金刑，没有不同的刑罚方法可供选择。笔者认为，单位作为一定的业务或经营主体，往往是利用其一定的权利或资格从事犯罪活动。有针对性地增设资格刑与罚金刑之间进行并科或选科是一个简单而有效的方法。单位犯罪的资格刑可根据单位犯罪的性质、情节的严重程度分为以下几种：限制从事商业活动、停业整顿、强制撤销。

增设剥夺从事特定职业的资格。所谓职业，是指一个人在社会中所从事的作为主要生活来源的工作，它既包括在某个机构中从事的某种专业工作，也包括个人所从事的某项营业活动。所谓剥夺从事特定职业，是指在一定的期限或者无期地剥夺单位或个人从事某种职业活动的内容。笔者认为，该刑种所适用的对象必须与食品安全犯罪的主体具有对称性。

参考文献

1. ［德］乌尔里希·贝克：《世界风险社会》，吴英姿、孙淑敏译，南京大学出版社 2004 年版，第 102 页。

2. 李昌麒主编：《产品质量法学研究》，四川人民出版社 1995 年版，第 231 页。

3. 陈兴良：《刑法的价值构造》，中国人民大学出版社 2006 年版，第 300 页。

4. 肖辉："论食品安全法律制度的价值基础"，载《河北学刊》2011 年第 1 期。

5. 隋洪明："我国食品安全制度检讨与重构——以《食品安全法》颁布为背景"，载《法学论坛》2009 年第 3 期。

6. ［美］E. 博登海默：《法理学：法律哲学与法律方法》，邓正来译，中国政法大学出版社 2004 年版，第 318 页。

7. 李静："论食品安全的刑法保护"，华东政法大学 2010 年硕士学位论文。

8. ［德］汉斯·海因里希·耶塞克、托马斯·魏根特：《德国刑法教科书》，徐久生译，中国法制出版社 2001 年版，第 2 页。

9. 王振："坚守与超越：风险社会中的刑法理论之流变"，载《法学论坛》2010 年第 4 期。

10. 左袖阳："中美食品安全刑事立法特征比较分析"，载《中国刑事法杂志》2012 年第 1 期。

食品监管渎职罪的司法认定及疑难问题研究

吴岳櫵*

近几年来，频发的食品安全案件引起了全社会的热切关注。我国《刑法》第九章"渎职罪"已规定了适用于一般国家机关工作人员（包括负有食品监督管理职责的国家机关工作人员）的滥用职权罪和玩忽职守罪，也规定了适用于特殊国家机关工作人员的商检徇私舞弊罪、商检失职罪、动植物检疫徇私舞弊罪、动植物检疫失职罪、传染病防治失职罪、徇私舞弊不移交刑事案件罪等罪名。但在司法实践中，负有食品监管责任的国家机关工作人员鲜有以该类罪名或其他罪名被追究刑事责任的，以致产生了公众误以为的食品安全究责"刑不及官"的不良影响。为此，《刑法修正案（八）》增设了食品监管渎职罪作为《刑法》第 408 条之一，专门针对食品监管领域的渎职犯罪作出明确规定。食品监管渎职罪的设立，回应了预防和打击食品监管渎职犯罪的现实需求，体现了国家对社会民生的关注和重视，进一步完善了食品安全监管法律体系。但同时，有关食品监管渎职罪的疑难问题亦随之出现，本文拟就如何解决这些难题提出一己之见。

---

* 吴岳櫵（1988～），男，广东汕头人，华南理工大学法学院博士研究生，主要研究方向：刑法学理论。

一、本罪构成要件的司法认定

（一）本罪客体的司法认定

关于本罪的客体，有论者认为是食品安全的正常监管活动，是食品监管渎职罪的行为人对食品监督管理制度的破坏；还有论者认为，渎职罪侵犯的客体是复杂客体，既侵害了国家机关的正常活动，也侵犯了公共财产的安全以及公民人身权利，则依据此观点，食品监管渎职罪既侵犯了食品安全监管机关的正常活动，也侵犯了不特定多数人的生命、健康以及公共财产的安全。笔者认为，第一种观点是合理的，理由在于：

1. 食品监管渎职行为本质上仍然是对国家食品监督管理正常秩序的破坏，本罪的直接客体是食品安全的正常监管活动。虽然食品监管人员的渎职行为在客观上进一步恶化了食品安全犯罪的高发态势，进而威胁着人民的生命健康、社会公共安全，但是重大食品安全事故或者其他严重后果的发生是食品监管渎职行为与危害食品安全的违法犯罪行为共同作用的结果，食品安全违法犯罪分子才是事故和后果的第一责任人，重大食品安全事故或者其他严重后果是本罪客体被侵害之后所表现出来的犯罪结果，是行为社会危害性的具体表现形式，第二种观点将犯罪客体和犯罪结果予以混淆是不合理的。

2. 从本罪名在刑法体例的编排上看，食品监管渎职罪是特殊的渎职罪，属于我国《刑法》第九章"渎职罪"，渎职罪的同类客体是国家机关的正常活动。如果本罪的客体包括不特定多数人的生命、健康和财产安全，则应当将本罪名放置于《刑法》第三章"危害公共安全罪"中。

3. 犯罪客体影响着量刑的轻重，不特定多数人生命、健康、财产安全的价值远远大于国家食品监督管理秩序的价值。而从本罪的法定刑设置看，法定最高刑期是 10 年有期徒刑，刑法对本罪的法定刑配置明显偏轻。因此，本罪无法涵盖对不特定多数人生命、健康以及公共财产安全这一客体的保护。

（二）本罪客观方面的司法认定

由于本罪是《刑法修正案（八）》增设的犯罪，因此，对客观方面的准确理解和认定至关重要。其中，对于如何理解食品监管渎职罪中的"食品"，如何认定食品监管渎职罪中的"食品安全"和"食品安全事故"，如何认定食品监管渎职罪中的"重大食品安全事故"，如何认定食品监管渎职罪的客观行为等问题，都需要结合《食品安全法》《刑法修正案（八）》以及刑法的一般原理来综合认定。

1. "重大食品安全事故"的司法认定。根据刑法规定，渎职行为通常只有给公共财产、国家和人民利益造成重大损失结果时才成立犯罪。渎职结果既可以是物质性结果，也可以是非物质性结果；既可以是直接结果，也可以是间接结果。《刑法》第408条之一规定的"负有食品安全监督管理职责的国家机关工作人员，滥用职权或者玩忽职守，导致发生重大食品安全事故或者造成其他严重后果的以及造成特别严重后果的"，这两种情形构成食品监管渎职罪。因此，首先应当根据《食品安全法》的相关规定来准确认定食品、食品安全、食品安全事故的含义，这对于界定本罪的罪与非罪至关重要。2015年修订的《食品安全法》第150条规定："本法下列用语的含义：食品，指各种供人食用或者饮用的成品和原料以及按照传统既是食品又是中药材的物品，但是不包括以治疗为目的的物品。食品安全，指食品无毒、无害，符合应当有的营养要求，对人体健康不造成任何急性、亚急性或者慢性危害。……食品安全事故，指食源性疾病、食品污染等源于食品，对人体健康有危害或者可能有危害的事故。"因此，从字面上理解重大食品安全事故，应是指重大的食物中毒、食源性疾病、食品污染等源于食品、对人体健康有危害或者可能有危害的事故。至于"重大食品安全事故"，以及"其他严重后果和特别严重后果"的统一界定，则应由司法解释尽快予以明确规定。

2. 本罪客观行为的司法认定。本罪的客观方面表现为食品安全监管机关工作人员滥用职权或者玩忽职守，致使公共财产、国家和人民利益遭受重大损失的行为。本罪渎职行为可分为滥用职权行为和玩忽职守行为两大类型。

食品安全监管机关工作人员滥用职权的行为，是指不依法行使食品安全监管职务上的权力的行为，既包括非法行使本人职务范围内的权力，也包括超越本人职权范围而实施的有关行为。首先，滥用职权应是滥用食品安全监督管理机关工作人员的一般职务权限，如果行为人实施的行为与其一般的职务权限没有任何关系，则不属于滥用职权。其次，行为人或者是以不当目的实施职务行为，或者是以不法方法实施职务行为，在出于不当目的实施职务行为的情况下，即使从行为的方法上看没有超越职权，也属于滥用职权。最后，滥用职权的行为违反了职务行为的宗旨，或者说与其职务行为的宗旨相违背。

食品安全监管玩忽职守的行为，是指严重不负责任、不履行职责或者不正确履行职责的行为，如擅离职守、马虎行事、搪塞敷衍等。不履行，是指行为人应当履行且有条件有能力履行职责，但违背职责没有履行，其中包括擅离职守的行为；不正确履行，是指在履行职责的过程中，违反职责规定，马虎草率、粗心大意。

至于"徇私舞弊"中的"徇私"，主要表现为贪图钱财、贪图女色、袒护亲友、照顾关系、打击报复或者为徇私情、私利。"舞弊"，是指行为人为徇私情、私利而弄虚作假。可见，徇私舞弊常常是前两者尤其是滥用职权的动因。《刑法修正案（八）》则明确规定对于徇私舞弊犯前款罪的，从重予以处罚。

（三）本罪主体的司法认定

渎职罪的主体是特殊主体，即国家机关工作人员，具体是指国家各级权力机关、行政机关、司法机关和军事机关中从事公务的人员。但并非任何国家机关工作人员都可构成"渎职罪"章的每一具体犯罪，有的犯罪对主体有进一步的限定，如本罪的主体应为负有食品安全监督管理职责的国家机关工作人员。食品安全监管部门的国家机关工作人员，因为滥用职权或玩忽职守，造成重大食品安全事故或造成其他严重后果的，就可以构成本罪的主体。

需要注意的是，全国人大常委会 2002 年 12 月 28 日发布的《关于〈中华人民共和国刑法〉第九章渎职罪主体适用问题的解释》对渎职罪主体范围作出了扩大化的解释："在依照法律、法规规定行使国家行政管理职权的组织中从事公务的人员，或者在受国家机关委托代表国家机关行使职权的组织中从事公务的人员，或者虽未列入国家机关人员编制但在国家机关中从事公务的人员，在代表国家机关行使职权时，有渎职行为，构成犯罪的，依照刑法关于渎职罪的规定追究刑事责任。"

因此，对于本罪主体的认定需要结合渎职罪的一般规定和《食品安全法》的相关规定予以认定。

（四）本罪主观方面的司法认定

本罪并未明文规定罪过形式，因此，对其具体罪过的认识容易产生分歧。而认识上的分歧将直接导致司法实践中对渎职罪的罪与非罪、此罪与彼罪、重罪与轻罪的认定和处理上的混乱。笔者认为，对于本罪，要根据滥用职权和玩忽职守两种不同的行为分别予以认定。故意与过失是两种不同的罪过形式，罪过形式不同表明行为人的主观恶性程度不同，所应承担的刑事责任的大小也不一样，对故意犯罪处罚比过失犯罪重，是刑事立法的一个基本原则。

食品安全监管滥用职权行为必须出于故意，即行为人明知自己滥用职权的行为会发生破坏食品安全监督管理机关的正常活动，损害公众对食品安全监管机关工作人员职务活动的合法性、客观公正性的信赖的危害结果，并且希望或者放任这种结果发生。有人认为，滥用职权行为的主观心理态度只能是间接故意；也有人认为，滥用职权行为的主观心理态度既可以是过失，也可以是间接故意；还有人认为，滥用职权行为的主观心理状态只能是过失，其核心理由是：认为食品监管滥用职权行为的心理状态为故意，进而认为行为人对"致使公共财产、国家和人民利益遭受重大损失"的结果持希望或者放任的态度，要么不符合实际，要么对这种行为应当认定为危害公共安全罪等罪。笔者认为，如果说滥用职权只能出于间接故意，那就意味着要对出于直接故意的滥用职权行为以其他犯罪论处，这有悖于直接故意与间接故意的统一性。基于同样的理由，笔者不赞成本罪的客观内容既可以是过失也可以是间接故意的观点。如果说滥用职权只能出于过失，那么，就意味着没有故意的滥用职权罪，这并不符合事实，也不符合刑法将滥用职权罪作为与玩忽职守罪相对应的故意犯罪的精神。同时应当承认，要求滥用职权的行为人主观上对"致使公共财产、国家和人民利益遭受重大损失"的结果持希望或者放任的态度，同样不适合"致使公共财产、国家和人民利益遭受重大损失"的结果，其虽然是本罪的构成要件，但宜作为客观的超过要素，不要求行为人希望或者放任这种结果发生。至于行为人是为了自己的利益滥用职权，还是为了他人利益滥用职权，则不影响本罪的成立。所以，一方面承认本罪是故意犯罪，另一方面将上述结果视为客观的超过要素，不要求行为人认识（但有认识的可能性）、希望与放任，则可以避免理论与实践上的困惑。

食品监管玩忽职守行为构成犯罪，主观方面必须出于过失，即应当预见自己玩忽职守的行为可能发生使公共财产、国家和人民利益遭受重大损失的危害结果，因为疏忽大意而没有预见，或者已经预见而轻信能够避免。在相当多的情况下，行为人主观上是一种监督过失，主要表现为食品安全监管机关工作人员基于职务应当监督直接责任者而没有实施监督行为，导致了危害结果发生；或者应当确立完备的安全体制、管理体制，却没有确立这种体制，导致了危害结果发生。

二、本罪立法不足与完善

（一）根据故意、过失将罪名分立

本罪关于罪过立法的明显不足之处在于：将故意犯罪与过失犯罪规定在同一法律条文之中。这不仅易导致刑法理论上认识的混乱，更重要的是容易给司法实践中定罪量刑造成困难。虽然这种立法方式在世界其他国家和地区是极少见的，但《刑法修正案（八）》最终还是在一个条文中将故意犯罪和过失犯罪合并规定，然而，仅仅通过司法调节实现定罪量刑的罪责刑相适应恐怕不太现实。因此，笔者建议将食品安全监管滥用职权罪和食品安全监管玩忽职守罪分开设立。

（二）增设资格刑

《食品安全法》第 138 条第 2 款规定："违反本法规定，受到开除处分的食品检验机构人员，自处分决定作出之日起 10 年内不得从事食品检验工作……食品检验机构聘用不得从事食品检验工作的人员的，由授予其资质的主管部门或者机构撤销该检验机构的检验资格。"《刑法修正案（八）》第 49 条并无类似"10 年内不得从事食品检验工作"的刑罚规定，但依据《食品安全法》第 138 条第 2 款之规定，任何此类犯罪人实际上将被不加区分地剥夺 10 年担任此类职务的资格。

笔者认为，可以参照《食品安全法》的规定对此类犯罪增加剥夺从事特定职业权的资格刑规定，从而能更好地维护法律的协调性、权威性，也较好地体现罪责刑相适应的精神。理由在于以下两点：

1. 《食品安全法》第 138 条第 2 款规定的 "10 年内不得从事食品检验工作"的限制性规定仅仅在《食品安全法》中加以规定，缺乏更高的权威性。另外，从法律协调的角度来看，此类限制或剥夺犯罪人从事特定职业资格的宜由《刑法》作出明确规定，既可维护法律之间的协调和权威，也有利于有效执行，从而对此类犯罪达到更好的惩治和预防效果。

2. 《刑法修正案（八）》第 49 条对犯罪人规定了两个不同的量刑幅度，"导致发生重大食品安全事故或者造成其他严重后果的，处 5 年以下有期徒刑或者拘役；造成特别严重后果的，处 5 年以上 10 年以下有期徒刑"。而《食品安全法》第 138 条第 2 款规定，无论是对导致发生重大食品安全事故或者造成其他严重后果的情形，还是"造成特别严重后果的"的情形，均不加区分地一概剥夺犯罪人 10 年担任此类职务的资格。这在立法上仅同"导致发生重大食品安全事故或者造成其他严重后果的"这一个量刑幅度相对应，而对于"造成特别严重后果的"这一更为严重的量刑幅度则无法对应。这样规定不仅有过于严厉之嫌，也不符合罪责刑相适应的基本原则，应予完善。

笔者认为，可以将该条表述为："负有食品安全监督管理职责的国家机关工作人员，滥用职权或者玩忽职守，导致发生重大食品安全事故或者造成其他严重后果的，处 5 年以下有期徒刑或者拘役，10 年内不得从事食品检验工作；造成特别严重后果的，处 5 年以上 10 年以下有期徒刑，终身不得从事食品检验工作。"如此，将"10 年"和"终身"剥夺特定职业权的资格刑与轻重不同的两个量刑幅度相对应，更好地体现了罪责刑相适应原则。

（三）增设罚金刑

《刑法修正案（八）》第 49 条仅规定了有期徒刑和拘役两种自由刑，并无罚金刑的规定，刑种非常单一。而在涉及食品安全犯罪时，多有巨大的经济利益牵涉其中，尤其对于徇私舞弊型的食品监管渎职犯罪更是如此。因此，笔者建议对该条增加规定罚金刑，并分别对应两个量刑幅度规定轻重不同的两种罚金刑，从而使得刑种比较完善合理，也有利于对此类犯罪的惩治和预防。

三、食品监管渎职罪认定中的相关问题及处理

《刑法修正案（八）》增设食品监管渎职罪之后，作为一种特殊的渎职罪，不仅需要探讨其与一般渎职罪和其他特殊的渎职罪的关系问题，也要解决因受贿而渎职的罪数问题。因此，处理好这些问题，对于本罪的正确适用是非常必要的。

（一）食品监管渎职罪与滥用职权罪、玩忽职守罪竞合时的处理

1997 年修订的《刑法》第 397 条规定了滥用职权罪和玩忽职守罪，它们是一般形态的渎职罪，在《刑法修正案（八）》增设食品监管渎职罪之前，对于负有食品安全监管职责的国家工作人员的渎职行为，可依据滥用职权罪、玩忽职守罪追究刑事责任。由于一些地方食品安全监管部门的渎职行为，一定程度上纵容了危害食品安全违法犯罪活动的发生。为此，《刑法修正案（八）》将食品监管方面的渎职犯罪单列出来，并规定了比滥用职权罪、玩忽职守罪更重的法定刑，将最高法定刑从 7 年有期徒刑提高到 10 年有期徒刑，加大了对食品监管渎职犯罪的打击力度，发挥其对食品监管渎职犯罪分子的威慑力。可见，作为适用于食品安全监管领域的一种渎职犯罪，食品监管渎职罪与《刑法》第 397 条规定的滥用职权罪、玩忽职守罪是法规竞合的关系。因此，当行为人实施的渎职行为，既符合《刑法修正案（八）》第 49 条的规定，又符合《刑法》第 397 条规定时，根据法规竞合"特别法优于普通法"的适用原则，作为特别法的《刑法修正案（八）》第 49 条的规定优先适用，即对于行为人的行为应以食品监管渎职罪论处。

（二）食品监管渎职罪与放纵制售伪劣商品犯罪行为罪、商检徇私舞弊罪、商检失职罪、动植物检疫徇私舞弊罪、动植物检疫失职罪等罪名竞合时的处理

食品监管渎职罪与放纵制售伪劣商品犯罪行为罪、商检徇私舞弊罪、商检失职罪、动植物检疫徇私舞弊罪、动植物检疫失职罪等罪名一样，都属于特定国家机关工作人员的渎职犯罪。其中，放纵制售伪劣商品犯罪行为罪属于情节犯，其罪名成立以行为人渎职

"情节严重"为条件；商检徇私舞弊罪、动植物检疫徇私舞弊罪均属于行为犯，其成立以"行为人徇私舞弊伪造检验结果、检疫结果"为条件，并不要求造成实害后果，而实害后果仅仅是作为加重量刑档次的条件；商检失职罪、动植物检疫失职罪作为过失犯罪，属于结果犯，其成立以"致使国家利益遭受重大损失"为条件。

当行为人食品监管渎职行为发生在他人制售伪劣商品环节或动植物检验、检疫环节，出现法规竞合时，应当以食品监管渎职罪论处，还是以放纵制售伪劣商品犯罪行为罪商检徇私舞弊罪、商检失职罪、动植物检疫徇私舞弊罪、动植物检疫失职罪等罪名论处呢？此时的食品监管渎职罪是否仍然属于特别法而被优先适用呢？笔者认为，这种情况下，不能简单地认为关于食品监管渎职罪的规定是特别法而直接以食品监管渎职罪论处。食品监管渎职罪适用于食品安全风险监测和评估、食品安全标准的确定，以及食品生产经营、检验、进出口以及安全事故处置等所有环节，而放纵制售伪劣商品犯罪行为罪等上述罪名可以适用于具体负责食品安全监管某一特定环节的国家机关工作人员的渎职行为。因此，无法当然地认为关于食品监管渎职罪的规定属于特别法而关于放纵制售伪劣商品犯罪行为罪等的规定属于一般法。当负有食品安全监督管理职责的国家机关工作人员滥用职权或者玩忽职守，同时构成食品监管渎职罪和放纵制售伪劣商品犯罪行为罪等罪名时，应依据处理法规竞合的另一基本原则"重法优于轻法"来选择具体应该适用的罪名。

当然，如果行为人的食品监管渎职行为并未导致发生重大食品安全事故或其他严重后果，则不成立食品监管渎职罪，而应该考虑其情节或行为，判断其是否成立放纵制售伪劣商品犯罪行为罪、商检徇私舞弊罪、动植物检疫徇私舞弊罪等罪名。

（三）本罪与因徇私舞弊而受贿等相关法条的关系辨析

由于徇私舞弊而构成食品监管渎职罪既涉及滥用职权，又涉及徇私舞弊。同时，由于受贿罪法条有"为他人谋取利益"的规定，因此，必然引发如何评判渎职罪法条与受贿罪法条的关系的问题。

为了明确食品监管渎职罪与受贿罪的关系，必须明确法条内涵。《刑法》第 408 条之一食品监管渎职罪法条的主要特征为：主体为食品监管机关工作人员；主观上为徇私情、私利；客观行为为舞弊行为，即对危害食品安全的行为不予监管；定罪限制条件为发生重大食品安全事故或者造成其他严重后果的。《刑法》第 385 条受贿罪法条的基本要素为：主体为国家工作人员；客观行为为利用职务上的便利，索取他人财物，或者非法收受他人财物，并为他人谋取利益；定罪限制条件为受贿数额 5000 元以上。

从以上关于两罪的法条所规定的犯罪基本构成要件来看，受贿罪与食品监管渎职罪有密切的关联。我国刑法学界有学者将上述两罪的法条关系解释为法条竞合关系。[1] 我国台湾地区刑法学界也有持上述观点的学者。[2] 当然，司法实务部门及刑法理论界也有观点认为徇私舞弊兼有受贿的，属于牵连犯。[3] 还有观点认为对徇私舞弊、受贿兼有的，应实行数罪并罚。[4] 由此可见，刑法理论界对此类问题尚未形成较为一致的认识。

持法条竞合观点的认为，从受贿罪与徇私舞弊食品监管渎职罪的法条内涵来看，两者之间存在交叉重合关系。具体来说，在主体上，受贿罪的主体范围国家工作人员包含食品监管渎职罪的主体即食品安全监管机关工作人员；在客观方面，受贿罪为他人谋取利益

〔1〕 冯亚东：“受贿罪与渎职罪竞合问题”，载《法学研究》2000 年第 1 期。

〔2〕 蔡墩铭主编：《刑法分则论文选辑（上）》，台北五南图书出版公司印行 1984 年版，第 37 页。

〔3〕 朱丽欣、于泓：《渎职、侵权、案件侦查实务》，中国检察出版社 2000 年版，第 108 页。

〔4〕 张穹：《贪污贿赂渎职、侵权、犯罪案件立案标准精释》，中国检察出版社 2000 年版，第 240 页。

（包括正当与不正当），包含徇私舞弊不依法履行监管职能的舞弊行为，即为他人谋取非法利益。从这两个层面看，受贿罪与食品监管渎职罪似乎存在重合关系。但是，笔者认为，上述法条关系并非受贿罪法条与食品监管渎职罪法条之间的全部关系。事实上，在另一方面，食品监管渎职罪法条中的徇私在内涵上包含徇私情、私利，而受贿罪法条中受贿的内涵只限于私利，且表现为财产性利益。从这个意义上说，食品监管渎职罪的法条包含了受贿罪法条的内容。同时，由于受贿罪在客观上存在两种形态，一是索贿形态，无须具备为他人谋取利益要件；二是受贿形态，必须同时具备为他人谋取利益要件。上述两种不同形态的受贿，对如何认定受贿罪法条与食品监管渎职罪法条之间的关系同样具有影响。因此，笔者认为，对受贿罪法条与食品监管渎职罪法条关系的评判，不能截取其中一部分，而应当全面评判。从这个意义上说，受贿罪法条与食品监管渎职罪法条存在交叉重合关系。对此，不能归结为典型意义上的法条竞合关系。

在徇私舞弊的食品监管渎职罪中，如果徇私行为本身又构成犯罪（如受贿罪）的如何处理？即受贿罪中行为人利用职务便利为请托人谋取利益、收受贿赂，如果其为他人谋取的是不正当利益、非法利益，可能谋取利益的行为本身又涉嫌其他罪名，对此处理方式，刑事立法及相关司法解释只对少数的行为有所规定，但规定的处理方式有所不同：如《刑法》第399条第4款规定受贿而又徇私枉法、枉法裁判的，择一重罪论处；而《最高人民法院关于审理挪用公款案件具体应用法律若干问题的解释》第7条第1款规定："因挪用公款索取、收受贿赂构成犯罪的，依照数罪并罚的规定处理。"对于法律法规没有明确作出规定的本罪，刑法理论上存在着严重的分歧与长期的争议，主要有以下两种不同观点：第一种观点可称为"数罪并罚说"，即认为如果收受贿赂并且达到所规定的受贿罪数额标准，则应当以食品监管渎职罪与受贿罪数罪并罚。第二种观点可称为"从一重处断说",具体又有两种不同的解释：有的认为因收受他人贿赂而实施相应的食品安全舞弊犯罪的，属于牵连犯的情况，应择一重罪处罚；而有的认为徇私舞弊的食品监管渎职犯罪行为所涉嫌的两个罪名属于想象竞合犯，属于实质的一罪，但在最终的处理方式上同牵连犯一样都是以重罪论处。在不能明确把握立法意图的情况下，只能从该条款的性质入手进行分析。刑法学界对于《刑法》第 399 条第 4 款的性质有"注意规定"与"特别规定"之争。有学者认为，该规定属于注意规定，因而可以在渎职罪中推而广之；有学者主张该款规定属于特别规定，并进一步指出该款只是规定因受贿而犯徇私枉法、枉法裁判罪的，才能依照处罚较重的规定定罪处罚。[1]

　　笔者在基于立法没有明显疏漏与偏差的前提下，认为《刑法》第 399 条第 4 款应当属于"特别规定"，理由如下：首先，在 1997 年《刑法》颁布前，有关国家工作人员受贿并有其他职务犯罪的情形，尽管理论界有争议，但立法是有明确定论的。1998 年全国人大常委会通过的《关于惩治贪污罪贿赂罪的补充规定》（现已失效）第 5 条第 2 款当时明确规定对此类行为应当数罪并罚。1997 年《刑法》对上述立法进行修订，应当理解为一种特别规定，即否定了原有立法规定。其次，立法者既然注意到司法工作人员受贿并有渎职犯罪，当然也会考虑到行政执法人员会存在同样的行为。如果是注意规定，从立法技术上考虑，应当在渎职罪法条的最后作出统一的注意规定。立法未作出统一的规定，在排除立法疏漏的前提下，只能理解为立法的有意安排与特别规定。在明确《刑法》第 399 条第 4 款属于特别规定的前提下，对于《刑法》第 399 条第 4 款与渎职罪相关法条的关系问题就可以得出这样的结论：《刑法》

―――――――――

〔1〕　转引自黄华平、梁晟源："刑法第 399 条第 4 款的罪数形态之新论"，载《中国法学会刑法学研究会年会文集》，中国人民公安大学出版社 2005 年版，第 501 页。

第 399 条第 4 款只能特别适用，而不能在渎职罪其他相关法条中推而广之。所以，徇私舞弊型的食品监管渎职罪，如果徇私又构成受贿罪的，应当数罪并罚。

深圳市检察机关查办病、死猪肉类
相关案件调研报告

深圳市人民检察院法律政策研究室

一、查办该类案件的基本情况

（一）反渎部门查办的有关病、死猪肉食品安全监管渎职案件

2010 年以来，深圳市人民检察院反渎局采取各项有力措施，加大查办食品监管领域渎职犯罪的力度，先后查办了蛇口出入境检验检疫局工作人员商检失职、受贿系列窝案、海发酱料厂生产"毒醋"背后的食品监管渎职系列窝案、光明问题猪肉系列食品监管渎职窝案，共查办食品监管领域渎职犯罪案件 15 件 15 人。目前，已经侦查终结移送审查起诉的 15 件 15 人，提起公诉的 14 件 14 人；法院已经判决的 5 件 5 人，法院已开庭尚未判决的 7 件 7 人。其中，深圳市市场监督管理局光明分局工作人员宋富营等 3 人涉嫌食品监管渎职案是《刑法修正案（八）》实施以来，全省首宗以该罪名批准逮捕的案件。光明问题猪肉系列食品监管渎职窝案是开展"三打两建"专项行动以来，全省查办的首宗保护伞案件。

（二）侦查监督部门办理的有关病、死猪肉类案件

基本情况：犯罪嫌疑人钟某广于 2008 年 6 月开始在深圳市光明新区光明街道木墩村一空房内从事病、死猪的收购与加工工作，并在加工病、死猪肉过程中添加甲醛等有毒的非食品原料，之后将

病、死猪肉销往周边的市场、餐馆、食堂等场所以供他人食用。随后，其他犯罪嫌疑人相继加入，其中，犯罪嫌疑人钟某铨、陈某清负责在屠宰场内杀猪，犯罪嫌疑人陈某玉负责屠宰场内的账目管理，犯罪嫌疑人钟某栋、钟某国、莫某喜、黄某坑负责在周边的养猪场等场所专门收购病、死猪，然后卖给钟某广的屠宰场进行加工，犯罪嫌疑人杨某生、莫某营租用屠宰场的场地自行收购、加工病、死猪并销售，同时帮助钟某广运送病、死猪肉给客户，以及购买钟某广的病、死猪肉进行销售。以上嫌疑人相互协作，经过长期的发展，在当地形成专门进行病、死猪的购、产、销一条龙的窝点，经审计，该屠宰场仅记录在案的病、死猪肉的销售金额即达735 265.7 元，出租场地供他人加工病、死猪982 条。2012 年 4 月17 日，公安机关统一行动将犯罪嫌疑人抓获，6 月15 日移送检察院提请批准逮捕。

二、查办该类案件遇到的突出问题

深圳市"4·16"制售病、死猪肉案件的发生，产生了恶劣的社会影响。在这些案件中，大量问题猪肉从私宰窝点流入市场，扰乱了正常的经营秩序，更严重影响了市民群众的身体健康安全。检察机关在办案时发现，司法实践中，办理制售病、死猪肉案件在法律适用等方面存在"四难"，对案件办理、犯罪惩处造成一定影响，应予以重视。

1. 案件罪名定性难。制售病、死猪肉案件主要涉及 3 个罪名，分别为生产、销售伪劣产品罪，生产、销售不符合安全标准的食品罪，生产、销售有毒、有害食品罪。前一罪名与后两个罪名属于普通条款和特别条款的法条竞合，通常依照特别法优于普通法的原则予以定罪，但根据《刑法》第149 条第 2 款的规定，同时构成前一罪名和后两个罪名之一的，依照处罚较重的规定定罪处罚。而在实践中，部分公众倾向于依据一般常理及个人感受对三者的所谓"轻重"作出判断，如其认为生产、销售有毒、有害食品的罪行重于生产、销售伪劣产品，若生产、销售有毒、有害食品的犯罪分子以生产、销售伪劣产品罪来惩处，司法机关将重罪行为以较轻的罪名来处理，存在"暗箱操作""枉法裁判"的猫腻。

在光明"4·16"制售病、死猪肉案中，犯罪嫌疑人钟某广从事病、死猪的收购与加工，并在加工过程中添加甲醛等有毒的非食品原料，随后销往周边地区，其行为涉嫌同时构成生产、销售伪劣产品罪和生产、销售有毒、有害食品罪。一方面，在生产、销售伪劣产品罪上，涉案销售金额已达人民币50万元以上，法定刑的主刑为7年以上有期徒刑。另一方面，在生产、销售有毒、有害食品罪上，按照《刑法修正案（八）》第25条的规定，法定刑的主刑第一档为5年以下有期徒刑，第二档为5年以上10年以下有期徒刑，其适用条件在原"对人体健康造成严重危害"的基础上，增加了"或者有其他严重情节"。由于案件中缺乏"对人体健康造成严重危害"的相关证据，且目前尚没有相关的司法解释对"其他严重情节"的内容或标准予以明确，实践中对于"其他严重情节"的认定存在不同认识，最终该案在审查逮捕阶段未能以涉嫌生产、销售有毒、有害食品罪作出批准逮捕决定。检察机关按照《刑法》第149条第2款规定，根据案件整体情况，依法以涉嫌生产、销售伪劣产品罪批准逮捕钟某广。但与此同时，亦引出了上述有关"公众认为司法机关将重罪行为以较轻的罪名来处理"的问题。由于案件本身已引起社会公众高度关注，容易引发涉检舆情，对此，检察机关需要分散部分精力和时间，同步开展办案风险评估预警，严防、化解涉检舆情。

2. 犯罪数额认定难。按照《刑法》《最高人民法院、最高人民检察院关于办理生产、销售伪劣商品刑事案件具体应用法律若干问题的解释》（以下简称两高《解释》）的规定，生产、销售伪劣产品罪主要以销售金额5万元以上或者尚未销售且货值金额达15万元以上作为犯罪构成客观要件。司法实践中，大多数病、死猪肉系在所谓的"屠宰点"查获，处于生产加工环节，尚未往外销售，而且由于现场受到一定程度的破坏，查获的病、死猪肉数量不多，因此，对于犯罪数额的认定，主要通过在"屠宰点"查获的账本记录对其中的销售金额进行取证、计算，但涉案的"屠宰点"运营不规范、账目较混乱，大多甚至无账可查，给认定销售金额造成困难。如光明"4·16"制售病、死猪肉案中，除了钟某广所经营的"屠宰点"本身有账本外，其余专门在周边地区收购病、死猪并卖给钟某广的犯罪嫌疑人，或租用钟某广的"屠宰点"自行收购病、死猪并加工销售的犯罪嫌疑人，均没有对其经营情况作记录，导致在审查逮捕阶段无法适用作为生产、销售伪劣产品罪客观构成要件的销售金额标准，故亦未能对相关涉案人员相应的犯罪行为以涉嫌生产、销售伪劣产品罪作出处理。

3. 涉案猪肉鉴定难。制售病、死猪肉案件所涉罪名中，生产、销售不符合安全标准的食品罪和生产、销售有毒、有害食品罪，在犯罪构成客观要件方面，均要求由专业机构通过专业方式对涉案猪肉进行检测，以确定是否"足以造成严重食物中毒事故或者其他严重食源性疾病"，是否含有"有毒、有害的非食品原料"。司法实践中，由于查获送检的病、死猪肉样本容易腐烂变质，不易封存保管，能否及时对其进行检测并作出有效的鉴定结论，对于案件定性关系重大，但目前却往往难以实现。主要原因是：①鉴定机构不明确。两高《解释》第4条规定，对于生产、销售不符合安全标准的食品罪，相关鉴定由省级以上卫生行政部门确定的机构作出，但对哪些机构属于"省级以上卫生行政部门确定的机构"并未予以明确。光明"4·16"制售病、死猪肉案的办理过程中，公安机关先行联系了动物防疫、质量检测、市场监督管理、疾病控制等多个部门、机构，均被告知无相关设备，无法检测；后几经周折联系到深圳市出入境检验检疫局动植物检测中心，才得以进行检测鉴定。②鉴定结果与犯罪构成客观要件难以衔接。两高《解释》对生产、销售不符合安全标准的食品罪在犯罪构成客观方面的要求，进一步明确为生产、销售的食品中"含有可能导致严重食物中毒事故或者其他严重食源性疾患的超标准的有害细菌或其他污染物"。光明"4·16"制售病、死猪肉案中提取的猪肉样本经鉴定机构检测后，在鉴定书中仅以所检测病毒项目呈阴性或者阳性的方式进行列明，其中圆环病毒、高致病性蓝耳病病毒等多种病毒检测项目呈阳性。鉴定书对于所检测出的病毒属于何种性质，能够造成何种危害，能否认定为"可能导致严重食物中毒事故或者其他严重食源性疾患的超标准的有害细菌或其他污染物"等专业问题，未予以说明。公安机关其后与鉴定机构多方沟通，请求其对所检测出的病毒的含量以及可能引发的危害等问题提供鉴定结果，均未果。最终该案在审查逮捕阶段未能以涉嫌生产、销售不符合安全标准的食品罪作出处理。

4. 共同犯罪处理难。从生产加工到病、死猪肉被普通市民购买，大致经历了收购、屠宰、销售等流程，其中对病、死猪进行屠宰加工的生产环节起着承上启下的关键作用，实践中通常成为执法部门首先进行打击的对象。而处于收购、销售等流通环节的相关人员，是否追究刑事责任，是否构成共同犯罪，在认定处理上存在一定困难。主要表现在：①在取证方面存在难度。提供病、死猪，或者售卖病、死猪肉的人员，如养猪户、市场售卖猪肉的商贩、餐馆经营者等，大多为分散的个体，案件侦查初期容易被忽略，加上侦查取证活动本身存在的一定时间差，使其有时间从事证据销毁、互相串通等行为，给公安机关的侦查取证造成了困难。②在认定共同犯罪上存在难度。实践中，养猪户和市场售卖病、死猪肉的商贩等人员一般不与"屠宰点"直接接触，在认定是否具备共同故意上存在一定困难。在光明"4·16"制售病、死猪肉案中，一些养猪户向专门收购病、死猪转售给钟某广的犯罪嫌疑人提供病、死猪，称其对犯罪嫌疑人收购病、死猪的目的不知情。对于这些人，是否可推定其知道交易对方生产、销售病、死猪肉，而认定为共犯，在实践中存在不同认识。此外，由于运营混乱、账目凭证缺乏，即使与"屠宰点"直接发生交易的犯罪嫌疑人，如专门收购病、死猪卖给钟某广进行加工的犯罪嫌疑人，租用钟某广的"屠宰点"自行收购病、死猪并加工销售的犯罪嫌疑人等，其与钟某广之间是否具备共同故意，其在钟某广涉嫌的犯罪中起到什么作用，是否构成共同犯罪，在审查逮捕阶段主要依靠犯罪嫌疑人供述、证人证言等言词证据进行认定，尤其需要防止犯罪嫌疑人在审查起诉或法庭审理环节"翻供"，导致证据链条缺失、案件事实存在疑点，影响打击犯罪效果。

三、办理该类案件的一些建议

针对制售病、死猪肉案件办理中存在的上述问题，我们建议：

1. 在销售金额的认定、共同犯罪的处理方面，进一步加强证据收集保全审查工作。在案件办理过程中，执法机关要第一时间提取"屠宰点"生产者及其"上家""下家"相关的账本、销售凭证等，降低账本、销售凭证毁损、灭失的可能性，并由专业会计机构对提取的账本等进货、销售记录进行审计，以准确、真实地认定销售金额。对于无法提取账本、销售凭证的，或者账目残缺、混乱不清的，应在讯问犯罪嫌疑人时要求说明，注重做好互相印证，通过言词证据的方式核实销售金额。同时，应重视对流通环节病、死猪肉来源、去向证据收集，及时固定证据，确保打击效果；及时研究制定制售病、死猪肉相关犯罪的共同犯意认定标准，结合犯罪嫌疑人在生产经营中所起的作用确定量刑轻重，在法定刑幅度内体现严惩源头犯罪的精神。

2. 在病、死猪肉的鉴定方面，及时完善相关司法政策规定。制售病、死猪肉相关犯罪严重影响人民群众身体健康安全，严重损害党和政府的形象和公信，应依法及时予以严惩。建议可参照2012年1月最高人民法院、最高人民检察院、公安部联合发布的《关于依法严惩"地沟油"犯罪活动的通知》，将利用"地沟油"生产的

"食用油"直接作为有毒、有害食品处理,由上级检察机关联合其他部门出台规范性文件或司法解释,将生产加工的病、死猪肉直接作为不符合安全标准的食品处理,无需进入鉴定程序。在当前尚未有此类规范性文件或司法解释的情况下,建议由市级公安机关提请省级公安机关,协调省级卫生行政部门对病、死猪肉的鉴定机构予以明确,如目前可暂定为出入境检验检疫局动植物检测中心。对于鉴定结论的内容,建议党委、政法委牵头组织公安机关等执法部门,与有关鉴定机构进行协调,力争在鉴定结论中就病、死猪肉样本检测出的病毒含量以及可能引发的危害后果等进行明确。

3. 在案件罪名的定性方面,完善法律适用条件,加大法制宣传力度。建议最高人民法院、最高人民检察院尽快修订、出台相关司法解释,明确生产、销售有毒、有害食品罪中"其他严重情节"的具体内容及标准,促进解决罪名适用失衡问题,确保法律统一正确适用。同时,围绕社情热点、民生关注点,有针对性地加大某些方面的法制宣传力度,让广大群众了解法律相关规定,理解背后的立法精神,支持司法机关的量刑定罪处理,努力回应群众关注、消除群众疑虑、促进社会和谐。

四、反渎部门查办该类案件的经验

(一)打好基础,解剖麻雀,克服"发现难"

1. 打好基础,有针对性地开展食品领域渎职犯罪的战略性研究。近年来,我们通过"走出去、请进来"等方式,不断加强食品行业知识的学习和积累。2011 年,深圳市人民检察院反渎局根据《深圳市食品安全委员会成员单位职责》的规定,制订工作计划,到各职能部门走访座谈,了解相关部门职责及履职情况。2011 ~ 2012 年,深圳市人民检察院反渎局先后由局领导带队,分别到市场监督管理局、农业和渔业局、出入境检验检疫局等部门相关职能处室进行走访、座谈,了解、收集这些职能部门的工作职责、法律法规、工作程序等,并围绕食品安全的监管执法现状开展深入调研。由于基础性工作做得比较扎实，在关键时刻发挥了重要作用。2012 年 4 月 18 日，《南方都市报》报道：光明新区光明街道木墩社区有一处死猪屠宰场，专门收购病、死猪宰杀后出售牟利。公安机关采取行动，抓捕了以钟某广为首 12 名犯罪嫌疑人。根据《深圳市畜禽屠宰与检验检疫管理条例》的规定，城管部门负责对私设屠宰场（点）、非法屠宰行为查处工作。办案人员看到相关报道后，就确定了从街道执法队入手，以涉嫌食品监管渎职罪去查办的侦查思路，迅速介入事件调查，一举查办了光明执法队潘某等 3 人涉嫌食品监管渎职系列窝案。该案从线索发现到立案侦查只用了 3 天时间。

2. 解剖麻雀，提高战术水平。深圳市人民检察院反渎局安排读报员加大在各类网络媒体收集相关食品安全事件信息的力度，并对报道的真实性、可查性进行分析、研判。2011 年 11 月 2 日，《南方都市报》报道：深圳市光明新区一家名为海发酱料厂的无牌无证工厂，因生产假冒调味品被市场监管部门多次查处，仍然继续大量生产并流向市场。办案人员通过公安机关调取了深圳市市场监督管理局光明分局对海发酱料厂的二次行政处罚决定书，发现该处罚前后是矛盾的：这两次处罚的依据是《深圳经济特区严厉打击生产销售伪劣商品犯罪行为条例》第 41 条，只没收了现场扣押的产品，但又都未按第 41 条规定对海发酱料厂作出停止生产、没收制作、加工的工具的处罚。反渎局由此找到案件的切入点。

（二）集思广益，找对专家，克服"查证难"

找对行家，着重解决鉴定难。反渎局在查办深圳市市场监督管理局光明分局工作人员宋某营等 3 人涉嫌食品监管渎职案时，对"毒醋"是否为有毒有害食品或属于不符合安全标准的食品、伪劣产品的鉴定，由于检测单位适用检测标准不一，造成检测结果不一样，导致走了不少弯路。公安机关对海发酱料厂老板陈某兴等人以涉嫌生产销售伪劣产品罪立案侦查后，委托了深圳市计量质量检测研究院和深圳市疾病预防控制中心进行检测，结果海发酱料厂的产品竟然是合格产品。一个工厂卫生条件如此恶劣，用工业冰醋酸（即"合成醋酸"）加自来水勾兑，竟然成了合格产品，问题出在哪里呢？最后，反渎局多方打听，又找到复旦大学放射医学研究所和深圳出入境检验检疫局食品检验检疫技术中心，对检测事项进行重新委托鉴定。

深圳出入境检验检疫局食品检验检疫技术中心根据《食醋卫生标准》（GB2719 – 2003）和《酿造食醋》（GB18187 – 2000）检测报告显示，总酸不合格（标准要求≥3.5）。因此，海发酱料厂的产品属于不合格产品。

复旦大学放射医学研究所根据《食品添加剂冰乙酸（冰醋酸）》（GB1903 – 2008）及《酿造醋酸与合成醋酸的鉴定方法》（GB/T22099 – 2008），通过 C14 鉴定法检测出海发酱料厂生产的陈醋和白醋是用合成醋酸勾兑的。在送检的样品中，酿造醋酸的比率不到 5%，有的甚至为 0。此外，反渎局还邀请《酿造醋酸与合成醋酸的鉴定方法》的制定人朱国英教授出具专家意见书，对合成醋酸作为食品添加剂的危害作了解释，让办案人员更加理解禁止添加合成醋酸的原因：合成醋酸的原料是石化产品，酿造醋酸的原料则是粮食。因此，海发酱料厂的食醋属于有毒、有害食品。

这些详实的数据与检测报告，有效地证明了海发酱料厂的产品不但是伪劣产品，而且是有毒、有害食品。这也是认定食品监管人员的渎职行为造成严重后果的重要证据。

反渎局在介入光明病、死猪肉案件中，公安机关以生产、销售不符合安全标准的食品罪对涉案老板钟某文等人立案侦查。在委托深圳出入境检验检疫局动植物检验检疫技术中心鉴定时，公安机关委托检测事项就多达 10 项，除了委托鉴定样品是否符合国家食品安全标准外，还专门委托鉴定样品中有无国家规定的一、二、三类动物疫病病种。检测部门根据《分割鲜、冻猪瘦肉国家标准》

（GB/T9959.2 - 2008），发现样品的大肠菌群达 110 000/100 克，属超标（标准要求大肠菌群≤10 000/100 克）。同时，根据《动物防疫法》和《一、二、三类动物疫病病种名录》，检测出样品中有口蹄疫，高致病性蓝耳病等一类动物疫病病种 2 种，猪圆环病毒病等二类动物疫病病种 1 种。

从检测报告看，大肠菌群超标属于 2015 年修订的《食品安全法》第 34 条第 6 项规定的腐败变质的食品，肯定是不合格产品。而且，送检样品中发现的 3 种一、二类动物疫病病种可能对养殖业生产造成严重危害。

（三）全面侦查，审时度势，克服"处理难"

1. 全面侦查，为案件质量上双保险。根据渎职侵权犯罪往往与贪污贿赂犯罪相交织、相渗透这一特点，反渎局在查办渎职线索时，一直贯彻以渎职罪作兜底，深挖渎职背后的徇私舞弊问题的办案思路。反渎局查办的这 15 宗食品监管领域渎职犯罪案件，都发现有徇私舞弊问题，少则有几千元，多的有十几万元。其中，有 5 个案件被法院以商检失职罪、受贿罪双罪名判决。反渎局在查办深圳市市场监督管理局光明分局工作人员渎职系列案中发现，该案时间跨度长，涉及人员很多（包括稽查科、市场监管科，还经过法制科把关），稽查科（市场监管三科）内部又经过稽查岗（执法队队长岗）——负责人岗——科长岗——分管副局长层层把关，责任比较分散。如何区分每个人的责任，本身就是一个难题。反渎局化繁就简，通过重点查明徇私情节，再结合其履职情况，实现渎职行为与徇私舞弊情节的叠加，来加重犯罪嫌疑人渎职违法性和有责性的砝码，从而确定每个人的责任，最终确保每一个案件"捕得下、诉得出、判得了"。经调查发现，稽查科副科长曾某和市场监管三科科长宋某营、执法一队队长杨某贤等 3 人由于多次接受海发厂老板陈某兴吃请、收受红包，再加上其本身的执法过错，决定对上述 3 人立案侦查。反渎局在查办光明执法队潘某等 3 人以涉嫌食品监管渎职一案时，也是用这一方法来确定责任人的。犯罪嫌疑人潘某曾感叹："红包害死人啊！别看这东西平时不起眼，但关键时刻就像核弹头，体积小，杀伤力大。"

2. 审时度势，用足用好"37 号文"。《中纪委、中央政法委、中央组织部、最高人民法院、最高人民检察院、公安部、监察部、司法部、国务院法制办关于加大惩治和预防渎职侵权违法犯罪工作力度的若干意见》（中办发〔2010〕37 号）是党中央给检察机关的一把尚方保剑，一定要审时度势，用足用好。2011 年 3 月，反渎局查办了蛇口出入境检验检疫局工作人员黄某明等 7 人商检失职、受贿系列窝案。2011 年 9 月份开始，深圳市南山区人民检察院以商检失职罪和受贿罪陆续对黄某明等 5 名被告人提起公诉。当了解到法院合议庭与公诉部门对该系列窝案是否构成商检失职罪存在认识上的分歧后，反渎局主动与深圳市南山区人民法院主管院领导及刑事审判庭进行了沟通协调。深圳市人民检察院主管副检察长詹高勇也多次与深圳市南山区法院领导和深圳市中级人民法院主管领导进行沟通，并专门发函给深圳市中级人民法院。该函结合"37 号文"的精神，从政治效果、法律效果、社会效果三方面论述该案构成商检失职罪的重要意义。最后，检、法两家对该系列案件定性等问题达成了共识。深圳市南山区法院一审认定蛇口出入境检验检疫局黄某明等 5 人的行为已构成商检失职罪和受贿罪，并按照数罪并罚的原则分别进行了量刑。最近，该案被最高人民检察院作为典型案例在全国推广。

关于危害食品药品安全犯罪案件
审理情况的调研报告 （2009～2013）

广州中院刑二庭课题组[*]

近年来，我国食品、药品安全问题层出不穷，从甲醇制酒事件、福尔马林浸泡海产品问题、苏丹红事件、三聚氰胺事件到地沟油、食用明胶、药物胶囊有毒等问题，极大地刺激着国人的神经，挑战国人容忍的底线。食品、药品安全直接关系到人民群众的生命健康安全，已经引起立法者、司法者的高度重视：《刑法修正案（八）》对危害食品、药品安全犯罪的相关规定作了较大修改，最高人民法院、最高人民检察院联合出台了《关于办理危害食品安全刑事案件适用法律若干问题的解释》。这些规定彰显了我国打击危害食品、药品犯罪的决心和力度。正是在这样的背景下，广州中院刑二庭成立专门的课题组，拟通过对 2009～2013 年广州市两级法院危害食品、药品安全犯罪案件的审理情况进行实证分析，在总结这 5 年此类案件特点的基础上，从法律规定、量刑情节的认定等方面分析当前审理此类犯罪案件中存在的问题和困难，并在现有法律、司法解释规定的框架下，结合实践，提出对

---

* 课题组成员：郑允展，广州市中级人民法院刑二庭庭长；李穗辉，刑二庭副庭长；梁敏，刑二庭审判长；张春节，刑二庭助理审判员；许媛媛，刑二庭助理审判员。

此类犯罪案件定性、量刑的完善意见，以及加大惩治此类犯罪力度的对策建议。

一、我市危害食品药品安全犯罪案件审理的概况及特点

2009～2013 年，全市两级法院共审结危害食品、药品案件犯罪一审案件 217 件 473 人，案件数量整体呈上升趋势，年审结案件数量由 2009 年的 17 件迅猛增至 2012 年的 112 件，增幅接近 6 倍；虽然 2013 年案件数回落至 61 件，仍比 2009 年增加 258%（年结案数见图 1）。其中，涉食品案件 131 件，涉药品案件 86 件。

从案由来看，主要集中在生产、销售假药罪，生产、销售有毒、有害食品罪以及生产、销售不符合安全标准的食品罪[1]（具体罪名比例见图 2）。从发案区域来看，案件多发于农村或城乡结合部，行为人多租用出租屋或小作坊进行作业，具有生产规模小、地点隐蔽、分散程度高等特点。白云、增城、天河三区案件数分别为 49 件 126 人、47 件 71 人、24 件 96 人，分别占全市案件数的 22.58%、21.66%、11.06%（各区案件数量分布见图 3）。从刑罚情况来看，473 名被告人中被判处 3 年以上有期徒刑的有 43 人（占 9.1%），判处 3 年以下有期徒刑或拘役的有 339 人（占 71.67%），判处缓、免刑的有 91 人（19.24%），其中刑罚最高的被判处有期徒刑 15 年；除免予刑事处罚外，所有被告人均并处财产刑，其中罚金最高的是人民币 350 万元。

---

〔1〕 原为"生产、销售不符合卫生标准的食品罪"，《最高人民法院、最高人民检察院关于执行〈刑法〉确定罪名的补充规定（五）》改为"生产、销售不符合安全标准的食品罪"。

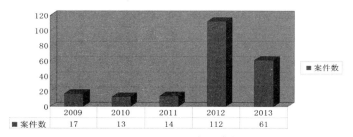

图1　2009~2013 年结案数

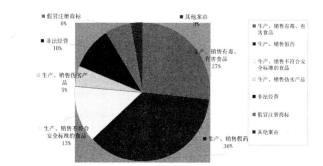

图2　罪名比例

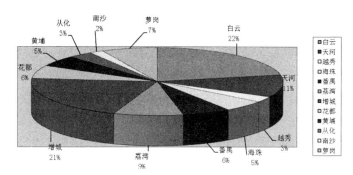

图3　各区案件数量分布

1. 犯罪对象呈蔓延趋势。食品方面,以猪肉为主的肉类品是传统的"重灾区",此类案件有 79 件,占食品类案件 60.31%,常见的包括在饲料中加入"瘦肉精",私屠病、死猪出售,用非食品原料或病、死猪腌制腊肉等,销售含有"孔雀石绿"的鱼类产品案件也逐渐多发。同时，犯罪分子"涉猎"的对象也逐渐蔓延至酱油、味精、食盐等调味品，桶装水、白酒和饮料，以及保健胶囊等保健产品。此外，其他涉案的食品还包括腐竹、咸鱼、牛百叶、鱼蛋等市民日常消费较多的食品（具体比例见图4）。药品方面，由于制假成本低、技术含量不高，涉及各类外用的贴剂、膏、霜、油等外用产品的案件高发、频发；同时，一些具有特殊功效的药品（如"万艾可"）、处方药以及进口药品也逐渐成为犯罪分子制假售假的重要对象之一。

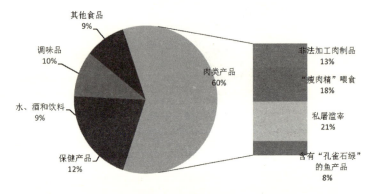

图4　涉案食品比例

2. 犯罪手段日趋多样化，隐蔽性增强。例如：①利用物流公司、快递等渠道进行快速销售，作案手段具有发散性、快捷性。②通过向医院工作人员收购已使用过的药品包装盒等非法渠道获得正规药品的包装、说明书等用于制售假药，或回收名酒空酒瓶制作假酒，作案手段具有隐蔽性。③利用工业或化工材料、有毒有害添加物对食品进行保鲜、调味，犯罪活动具有较大的欺骗性。④除了上门推销以及电话联系等方式外，开始利用电视和广播购物广告、互联网平台实施销售行为，淘宝店、QQ等网络销售渠道逐渐成为犯罪分子扩大假冒伪劣产品销售范围和途径、逃避执法部门查处的新方式。⑤出现虚假宣传、非法诊疗的新型犯罪手段，常见的有以"健康讲座"方式推销药品，或以免费检测身体为名，冒充专家医生推销等。如天河法院审结的张某等26人非法经营案，被告人以电视购物广告、网络推广等方式虚假宣传推销伪劣保健食品，并在对客户的照片"检测"后谎称客户存在"病症"，诱使客户高价购买公司其他食品，涉案金额超过1200万元。此种犯罪手段损害的对象具有不特定性，且更容易逃避执法部门查处。

3. 犯罪组织化特征明显，3人以上的共同犯罪案件占19.35%。不少案件中，犯罪分子形成较为稳定的犯罪团伙，一方面是"横向"分工明确，专人专门负责生产过程中的某一个环节，生产、仓储、营销、运输等各环节互相配合。例如，花都法院审结的韦某某等15人生产假药案，各被告人分工完成操控机器加工药品，登记验收、记录包装（出货）数量，包装假药等环节；另一方面，"纵向"等级分明，表现为利益关系的严密有序。例如，天河法院审结的张某等26人非法经营案，公司实际管理者下面设总经理，总经理分管数个部门经理，部门经理下设主管，主管下设主任，主任下设销售员，并按照这样的级别以"老师""科长""部长""总监""导师"等虚构身份逐级"抬单"销售。同时，在"有难同当、有福同享"的家族伦理观影响下，19.82%案件中存在家族式、同乡式组织制售，共同经营家庭作坊，一条"产、供、销"链条上都是沾亲带故的。

4. 被告人"两低"特征明显：年龄低、文化水平低。超过六成的被告人为外来务工人员，"80后""90后"被告人占43.34%，一般只有高中以下文化水平。此类被告人主要是因自我约束能力较差、法律意识淡薄而被雇佣参与生产、销售的某一环节，如包装、看管、运输等，赚取微薄的劳务费，大多数系从犯，他们对于造假工场是谁的、假冒伪劣产品如何而来等情况均不知情。

5. 社会危害性较一般的制假售假犯罪案件大。不少案件在查获时已有部分涉案食品、药品流入市场，对消费者的身体健康造成直接影响。例如，番禺法院审结的刘某生产、销售不符合安全标准的食品案，被害人周某某（5岁）在食用了刘某生产的卤豆腐皮后身体严重不适送至医院 ICU 抢救。又如，部分猪肉档主唯利是图，私自购进私宰的病、死猪肉夹杂在放心猪肉中销售，卖给个体经营的快餐店、早餐店，甚至流入学校、酒楼等场所。

二、危害食品药品安全犯罪案件审理中的突出问题

（一）在既涉及侵犯知识产权又涉及危害食品安全犯罪的案件中，执法机关往往不对查获的食品进行鉴定

按照刑法规定，行为人制售的食品是否"足以造成严重食物中毒事故或者其他严重食源性疾病的"，或者是否"掺有有毒、有害的非食品原料"，是判断其是否构成生产、销售不符合安全标准的食品罪或生产、销售有毒、有害食品罪的客观标准，法院需要根据鉴定机构出具的检验报告等相关材料进行认定。但在不少行为人既涉嫌侵犯知识产权又涉嫌危害食品安全的案件中，执法机关没有对查获的假冒伪劣食品进行上述鉴定，仅有被侵权单位出具的相关鉴定材料，并以侵犯知识产权或非法经营等罪名移交审理。例如，苏某升、彭某连非法经营一案中，两被告人将购买的工业盐假冒广东省盐业总公司专营的"粤盐""岭海"等品牌食盐进行分装销售，执法机关对当场查获的假盐进行了两种鉴定：一种是检验涉案的假盐碘含量是否符合 GB5461－2000《食用盐》国家标准要求；另一种是检验涉案的食盐、包装袋、包装箱是否"粤盐"牌产品，并没有检验是否"掺有有毒、有害的非食品原料"。最后法院根据相关证据认定两被告人违反国家有关盐业管理规定，在无食盐专营许可证等许可证明的情况下生产、销售假盐，以非法经营罪分别判处有期徒刑 1 年 8 个月、1 年 3 个月。在本案中，若检验出涉案食盐中掺有有毒、有害的非食品原料，对两被告人的量刑可能会更重，打击力度也更大。

类似的案件还有王某某假冒注册商标一案，王某某用低档酒灌装进回收的各类高档白酒、洋酒空酒瓶中，制作假酒，执法机关同

样没有对涉案产品是否"足以造成严重食物中毒事故或者其他严重食源性疾病的"或者是否"掺有有毒、有害的非食品原料"进行鉴定，而是由各酒公司出具鉴定证明书等材料，证明涉案的假酒属于假冒该公司产品，并以假冒注册商标罪移送审理，最后法院以该罪判处王某某有期徒刑1年6个月。

（二）检测结论不规范

审理危害食品药品安全犯罪专业性强，在案件诉讼过程中往往需要专门机构进行检验、鉴定，由此形成的检验鉴定意见成为定罪量刑的关键证据。在案件审理中，被告人及辩护人也经常就检测报告或意见的形式是否规范、是否具备相应资质、检验方法是否科学等提出质疑。主要存在以下问题：

1. 检测机构不一。既包括行政执法机关，如各级食品药品监督管理局、质量技术监督局、疾病预防控制中心、动物防疫监督所、动物卫生监督所、畜牧兽医局等，还包括专门的检验检测机构，如各级药品检验所、质量技术监督检测研究所、广州市农业标准与检测中心、华南绿色产品认证检测中心、广东省保化检测中心、广东省质量监督盐业产品检验站、中国食品药品检定研究所、中国广州分析测试中心、广东出入境检验检疫局检验检疫技术中心食品实验室等。在上述这些机构中，并非全部机构均具有司法鉴定的资质，只有部分案件中的检测机构具备相关检验资质。

2. 检测结论形式各异。第一类是函件，如函、复函、鉴定函、鉴定回函、鉴定复函、告知函、认定函；第二类是报告，如案件调查终结报告、案件调查报告、检验报告（书）、检疫报告（书）、检测报告、认定报告、鉴定报告、报告书；第三类是说明或证明，如认定说明、情况说明、证明、说明、补充说明、鉴别证明；第四类是意见，如认定意见书、鉴定意见书、意见书；还有其他形式，如批复、鉴定结论书、认定书、初步鉴定等。不仅不同检测机构出具的结论形式各不相同，而且同一检测机构对于结论的出具也没有统一的形式，随意性较大。例如，某区食品药品监督管理局先后在不同案件中出具过以下几种形式的结论：案件调查终结报告，关于认定"VIAGRA"为假药的认定报告，关于某药房销售的黄道益活络油等产品为假药的鉴定报告，关于某地销售的"保婴丹"等产品为假药的认定意见书，且后三种显然是针对同一类型情况出具的检测结论。另外，"函"作为机关之间行文的公文文种之一，并非专家意见，能否作为检测结论的载体也值得商榷。

3. 对什么案件情况下需要由什么检测机构出具结论没有统一的标准。例如，在同为生产、销售假药的案件中，部分案件仅有区食品药品监督管理局出具的检测结论，部分案件除此以外还有专业检测机构出具的检测报告；在同为检测胶囊成分的案件中，部分案件采纳了广东省保化检测中心出具的检验报告，部分案件则使用了广州市药品检验所保健食品检验报告书和广州市食品药品监督管理局稽查分局出具的认定函。此外，不同的质量检测机构的判定依据相同，但由于检测方法不同，甚至导致检测结果出现截然相反的情况。如在涉腌制类食品案中，检测样品的判定依据为《食品中污染物限量》GB2762-2005、《食品中可能违法添加的非食用物质和易滥用食品添加剂名单》，但不同检测方法中所检测的物质元素有区别，导致检测结果出现不合格项目。

（三）药品安全犯罪具体犯罪构成的科学性有待提高

由于我国《药品管理法》对假药的认定犯罪过于宽泛，分假药和按假药论处两种情形[1]，一方面，按假药论处的"变质的""被

---

〔1〕《药品管理法》第48条第2款规定："有下列情形之一的，为假药：①药品所含成份与国家药品标准规定的成份不符的；②以非药品冒充药品或者以他种药品冒充此种药品的。有下列情形之一的药品，按假药论处：①国务院药品监督管理部门规定禁止使用的；②依照本法必须批准而未经批准生产、进口，或者依照本法必须检验而未经检验即销售的；③变质的；④被污染的；⑤使用依照本法必须取得批准文号而未取得批准文号的原料药生产的；⑥所标明的适应症或者功能主治超出规定范围的。"

污染的"等药品并非是真正意义上的"假药",而实际上也属于"劣药"的范畴;[1] 另一方面,对未经批准进口的药品一律认定为假药,无需对药品本身的成分或药效进行检测。《刑法》采用空白罪状直接援引了《药品管理法》对假药的认定,导致司法实践中既容易出现假药和劣药表现形式的竞合,也容易扩大打击面,对本质上不属于制售假药的行为按制售假药罪惩处,显失公平。

2009~2013 年,两级法院共审结涉及未经批准进口的药品案件17 件,占药品案件的 19.76%,均集中在 2012、2013 年。其中,不少案件中,行为人利用经常往返内地和港澳的机会,将港澳市面上销售的药品运回内地销售。例如,刘某某销售假药一案中,刘某某通过"水客"从香港购买药品后,在自身经营的食品店销售。对于该行为的定性,刘某某辩称其销售的药品是在香港公开销售的药品,并非刑法意义上的假药,故其行为不构成销售假药罪,对其违法销售未经批准进口的香港药品的行为认定为超经营范围或者非法经营更为妥当;而食品药品监督管理局出具的关于对销售未经批准进口药品行为定性的意见书认为,本案中查获的药品,标示为国外、中国香港生产的,且未取得国家食品药品监督管理局核发的《进口药品注册证》或《医药产品注册证》,应按假药论处。法院最终以销售假药罪对刘某某定罪量刑。

(四)从犯入罪及量刑的把握

从犯,是指在共同犯罪中起次要或辅助作用的犯罪分子。如前所述,由于危害食品药品安全犯罪行为往往呈现集团化、组织化的特点,且生产、销售环节众多,犯罪分子之间分工明确、密切配合,甚至形成"流水线式"作业,生产出大量食品药品,在这种情

---

〔1〕 参见丁锦希等:"中美假劣药品监管制度比较分析",载《中国新药杂志》2009 年第 1 期;秦玲等:"对完善《药品管理法》中假劣药相关内容的探讨",载《中国药房》2012 年第 45 期。

况下需要较多的人员参与。两级法院审理的危害食品药品安全犯罪中，超过五成被告人被认定为从犯。这些被告人往往是文化水平较低或年纪较小的待业人员，他们参与到犯罪的方式主要有两种：一种是受雇佣参与；另一种是因帮助同乡或亲戚朋友而参与。他们往往只负责生产、销售中某个简单环节，例如打码、包装、运输、装卸等，有的甚至不直接从事实际的制售活动；部分被告人参与制售的时间不长便被抓获，而且作为"打工者"酬劳很少甚至没有酬劳。虽然他们都在一定程度上参与了危害食品药品安全犯罪行为，但由于每个人直接负责的事项不同，与制售行为联系的密切程度不同，需要根据具体情况区别对待。

而执法实践中，由于种种原因，侦查机关往往忽略了对参与危害食品药品安全共同犯罪人员进行区分，将在生产、销售窝点中抓获的全部行为人均移送起诉、移交法院审理（多数情况下还对行为人一律采取强制措施），而其中部分行为人是属于情节显著轻微危害不大、可以不追究刑事责任的。例如，行为人并没有直接从事生产、销售伪劣产品，而是负责买菜做饭、打扫卫生这些无关紧要的事情的；又如，在家族式制假售假犯罪中，出于人道主义的立场，不必将家族中的所有行为人均移交法院审理。尽管法院在审理过程中可以通过认定其为从犯进行减轻或从轻处罚，但由于受某一特定时期刑事案件审理环境所限，往往难以判处免予刑事处罚；或在行为人已经被先行羁押一段时间的情况下，对其量刑受到限制。基于上述各种因素，这些从犯在被法院判处刑罚后往往感觉"委屈"，认为自己在犯罪过程中的作用很小且地位次要，法院的量刑因没有充分考虑自己的情节而过重，因而对判决的认同感较低。同时，由于"80后""90后"被告人在危害食品药品安全犯罪案件从犯中占有相当的比例，这些被告人在被判处刑罚后将面临更为严峻的就业、生活压力。这些隐性不安因素均是在执法、司法过程中应该考虑的。

三、预防和惩治危害食品药品安全犯罪的对策建议

针对我市危害食品药品安全犯罪案件的主要特点以及审理过程中发现的问题，我们提出对策建议如下：

（一）逐步完善科学的食品药品管理制度

科学的食品、药品管理制度是一个庞大且互相衔接的整体，从审结的案件暴露出来的问题来看，需要着重加强的方面包括：①建立食品、药品可追溯机制。利用条码、ID标签、互联网等IT技术搭建产品可追溯系统，对食品、药品的生产、加工、配送等环节进行记录，实现全过程、全方位的追踪溯源。建议可采取先试验示范后逐步推广的方式，促使不同种类食品、药品建立适合自身特点的可追溯系统。②建立健全食品入市备案制度。对流通领域内的生产者和食品信息进行备案，对食品生产经营者按信誉度实施分级分类管理，实现监管关口前移，最大限度地掌控食品质量安全源头。③建立和落实登记备案制度，指定专人负责医疗废弃物品的处理和监督检查工作，加强医疗废弃物品回收处理贮存设施的配备和保障，设置相应的物品贮存间和处置间，对医疗废弃物品进行分类分袋收集处理，能回收的及时回收，该销毁的尽快销毁。

（二）着重加强日常监管，正确处理日常监管执法与重点集中整治的关系，从源头上压缩违法犯罪的存在空间

从已审结的案件来看，超过六成的案件是工商、质监等行政部门在日常检查或多部门联合执法、专项行动中查处的（这个情况在2012年"三打两建"期间尤为突出）。因此，相关行政部门在食品、药品质量安全问题上是有作为的，并应该多作为、主动作为，在不定期开展联合执法和综合执法的同时，更要落实监管常规化、日常化，坚持日常监督与重点管理相结合、日常执法与集中打击相结合、生产与流通领域抽查相结合，逐步形成长效体制。尤其应加强对宾馆、饭店、集体食堂等场所和个体摊店、小作坊等重点对象的抽查。

（三）规范检测主体，提高检测能力

食品药品监管部门、公安机关、检察机关等应共同研究明确危害食品药品安全犯罪中需要移送检测的案件范围，避免应检测而没有检测的情况出现，从而影响案件的定性及责任的追究。食品药品监管部门应鼓励优秀、专业的食品、药品检验机构申请从事司法鉴定工作，积极引导支持已取得食品、药品检验机构资质认定的检验机构进行司法鉴定登记，实现食品、药品检验机构与司法鉴定机构的对接，公安机关应当委托登记在册的检验机构对涉案物进行检测、鉴定；同时，鼓励具有食品、药品安全专业知识的专家申请司法鉴定人登记。相关政府部门应积极协调确定一批食品、药品安全专家，条件成熟时可建立专家辅助人制度，通过专家对涉案食品、药品检验意见中理化指标的分析，出具明确具体的鉴定意见；公诉机关还可以通过申请专家出庭对检验机构的检验报告进行专业解读，作出涉案食品、药品安全风险评估的判断，以保障案件的顺利审理。

建议对检验结论的载体（或形式）予以统一，函可以作为食品药品监督管理部门等行政执法部门出具的对案件的参考意见，但不宜作为结论载体。同时，检测报告的格式和内容应当符合刑事证据的要求。例如，涉案食品鉴定意见应当明确送检食品是否"足以导致严重食物中毒事故或者其他严重食源性疾患"，以便法院对案件性质的准确判定。

另外，目前我国食品检测中还存在国家标准、行业标准、地方标准之间或交叉重叠或存在空白或彼此矛盾的尴尬局面，尤其是保健品领域很多情况下既无国家标准也无行业标准，仅有企业标准。对此，应加大食品检测工作的资金投入、加强检测人员的培训，保障食品安全中的各类样品能够得到快速准确的分析监测。

（四）充分发挥基层社区组织作用，进一步加强对重点场所的规范管理

1. 工商、质监、出租屋管理等职能部门可与基层街道办事处、社区居民委员会、村民委员会等组织之间建立打击危害食品药品安全行为的工作网络体系，充分发挥社区组织贴近群众、反应快速的优势，加强对个体摊位、小作坊等重点对象的巡查，加强对无名平房、废弃加工厂等重点场所的管理；重点加强对城乡结合部社区、城中村出租屋的管理工作，动态并及时了解、掌握上述重点场所的使用情况，一旦发现疑似制假售假的异常情况应及时处理，对明知从事违法行为依旧提供场所便利或帮助的出租人给予处罚，从源头彻底铲除危害食品药品安全违法犯罪活动的土壤。

2. 创新小作坊服务方式，建立小作坊集中加工场，引导地下小作坊走上地面。适当调整准入门槛，放宽登记条件，简化登记手续，促使有条件的黑作坊由非法经营转化为合法经营，遏制无证照经营户数的增长。

（五）贯彻宽严相济，区别对待共同犯罪人员

宽严相济的刑事政策要求在法律规定的范围内，适时调整从宽和从严的对象、范围和力度，强调突出打击重点的同时，最大限度地减少社会对立面，防止打击面过宽。具体到危害食品药品安全犯罪案件中，以犯罪中的组织者、领导者、主犯或骨干分子作为打击重点，依法予以从严惩处；在巩固已有战果的基础上顺线深挖幕后首犯、主犯，力争将犯罪歼灭在源头环节。同时，对于参与犯罪的时间较短、从事工作与犯罪关系不大，在共同犯罪中所起的作用以及主观恶性均不大的行为人，可视其情节考虑是否通过行政处罚予以处理，无需移交法院起诉；在"家族式"犯罪案件中，由于夫妻两人或家族中两人以上同时触犯法律，法院出于人道主义的立场，对共同犯罪中作用相对较小的被告人依法酌情从轻处罚。这样最大限度地增加和谐因素，减少对抗及其他不和谐因素，切实维护社会

稳定。针对在运输、装卸、搬运等中间环节被查获案件增多的情况，加大对仓储、运输等中间环节人员的法制宣传力度，着重强调该类行为的违法性，促使该类人员降低参与作案的可能性。由于此类人员并没有实际从事生产、销售，故对他们的处罚也应有别于一般从犯。

（六）提升生产经营者的道德底线，引导企业树立品牌观念

借助行业协会、地方商会等社会组织的力量，并充分发挥媒体的舆论宣传作用，加大力度对"百年老店""老字号""信得过产品"等进行正面宣传，引导生产经营者注重产品的品牌建设，以高质、安全的产品获得消费者的信任与认可，形成自觉维护商品质量的良好生产经营环境。同时，建立食品、药品领域从业人员和企业诚信档案，对于信用差的个人和企业，要列入"黑名单"并限制其生产经营。例如，工商管理部门可通过建立食品生产企业诚信档案或"黑名单"的方式，对曾经出现食品安全事件的企业在项目申报和名优产品等评比中一票否决，深化生产经营对食品安全社会责任重要性的认识。

"医疗事故罪"若干法律问题探析

朱秀恩*

近年来，多起医生被控"医疗事故罪"的案件在医务界引起不小的震动，亦引发了广泛的社会关注。例如，北京大学人民医院副主任医师许峰被控"医疗事故罪"案；福建省长乐市人民医院妇产科医生李健雪被控"医疗事故罪"案；我国南方某市人民医院儿科医生被控"医疗事故罪"案[1]。这些案件有的以是"医疗事故技术鉴定"意见立案，有的是以"医疗损害鉴定"意见立案，虽然立案依据有所不同，但有一点是共同的——这些案件都是久拖不决。导致这些案件立案难、审理难、裁判难的原因与我国对"医疗事故罪"的相关理论研究欠缺存在关联。譬如，在"医疗损害鉴定"已逐步取代"医疗事故技术鉴定"并成为解决医疗纠纷的主导性鉴定的今天，司法实践中，面临"医疗损害鉴定"意见能否成为"医疗事故罪"定罪依据的现实拷问。而无论是"医疗损害鉴

---

* 朱秀恩，广东三环汇华律师事务所专职律师。
[1] 北京大学人民医院副主任医师许峰及福建省长乐市人民医院妇产科医生李健雪被控"医疗事故罪"案，媒体均有广泛报道，在此不予详述。南方某市人民医院儿科医生被控"医疗事故罪"案，报道很少，具体涉案医院及涉案医生不便公开，其案情是2岁患儿陈某因扁桃体肿大就诊，接诊医生予"非那根"注射处理，患儿随后出现抽搐症状，经抢救无效死亡，经中山大学法医鉴定中心行医疗损害鉴定认为医疗行为存在过失，该医疗过失与患儿死亡之间存在因果关系，医方承担80%的责任。

定"还是"医疗事故技术鉴定"，其鉴定对象都是医疗机构而非单个的医务人员，这与"医疗事故罪"追究的是个人责任而非单位责任存在冲突。此外，"医疗事故罪"认定中还面临"重大过失"及"因果关系"等认定标准问题，这些问题在司法实践中远未取得共识，是导致一些"医疗事故罪"案件久拖不决的重要原因。本文试对相关问题进行探讨，以期对司法实践中"医疗事故罪"的认定有所助益。

一、关于"医疗损害鉴定"意见能否成为"医疗事故罪"的定罪依据问题

（一）构成"医疗事故"是否为"医疗事故罪"的法定条件

1997 年修订的《刑法》第 335 条规定："医务人员由于严重不负责任，造成就诊人死亡或者严重损害就诊人身体健康的，处 3 年以下有期徒刑或者拘役。"1997 年 12 月 25 日最高人民检察院公布了《关于适用刑法分则规定的犯罪的罪名的意见》，1997 年 12 月 9 日最高人民法院审判委员会第 951 次会议通过了《最高人民法院关于执行〈中华人民共和国刑法〉确定罪名的规定》，在上述司法解释中，均称此罪为"医疗事故罪"，为司法实践确定了明确的罪名称谓。2008 年 6 月 25 日发布的《最高人民检察院、公安部关于公安机关管辖的刑事案件立案追诉标准的规定（一）》规定没有"构成医疗事故"才能立案追诉。因此，从法条来看，并没有构成"医疗事故"才能定罪的规定，只是其罪名由"两高"确定为"医疗事故罪"而已。故"构成医疗事故"是"医疗事故罪"的法定条件是不能成立的。

（二）医疗事故技术鉴定与医疗损害鉴定的主要内容对比

"两高"将该罪确定为"医疗事故罪"是基于当时判断医疗行为是否"严重不负责任"的主要依据是医疗事故技术鉴定，鉴定适用的法规为《医疗事故处理办法》，当时并不存在其他医疗鉴定形式。2002 年 9 月 1 日，《医疗事故处理条例》取代《医疗事故处理

办法》开始实施。2003 年 1 月 6 日，最高人民法院发布《关于参照〈医疗事故处理条例〉审理医疗纠纷民事案件的通知》，将医疗纠纷分为"医疗事故赔偿纠纷"及"医疗事故以外的赔偿纠纷"并适用不同的鉴定模式，"医疗事故技术鉴定"与"司法医疗过错鉴定"二元制鉴定模式自此开启。2010 年 7 月 1 日，我国《侵权责任法》开始实施，"医疗事故技术鉴定"逐步被"医疗损害鉴定"取代，现不仅法医鉴定机构，各级医学会也纷纷开展"医疗损害鉴定"。在这样的背景下，有必要将"医疗事故技术鉴定"与"医疗损害鉴定"进行对比。

《医疗事故处理条例》对"医疗事故技术鉴定"的主要内容有明确规定。"医疗损害鉴定"的主要内容目前没有国家层面的规定，以广东省高级人民法院于 2011 年发布的《广东省高级人民法院关于人民法院委托医疗损害鉴定若干问题的意见（试行）》为例，对"医疗事故技术鉴定"与"医疗损害鉴定"的主要内容进行对比如表 1 所示。

表 1　"医疗事故技术鉴定"与"医疗报告鉴定"主要内容对比

名称	主　要　内　容						
医疗事故技术鉴定	双方当事人基本情况及要求	当事人提交的材料和负责组织医疗事故技术鉴定工作的医学会的调查材料	对鉴定过程的说明	医疗行为是否违反医疗卫生管理法律、行政法规、部门规章和诊疗护理规范、常规	医疗过失行为与人身损害后果之间是否存在因果关系	医疗过失行为在医疗事故损害后果中的责任程度	医疗事故等级	对医疗事故患者的医疗护理医学建议

名称	主　要　内　容						
医疗损害鉴定	双方当事人的基本情况及委托鉴定事项	当事人提交的材料和其他调查所取得的材料	对鉴定过程的说明	诊疗行为是否违反法律、行政法规、规章以及《临床诊疗指南》《临床操作技术规范》等有关诊疗规范的规定或诊疗常规，是否低于当时的医疗水平，是否实施了不必要的检查，是否履行了告知义务等。有过错的根据过错程度表述为：重大过失、一般过失、轻微过失	医疗过错行为与损害后果是否存在因果关系	损害后果涉及多种原因时，对医疗过错行为在损害后果产生过程中的原因力进行分析，并根据原因力大小表述为：全部因素、主要因素、同等因素、次要因素、轻微因素、无因果关系。	患者疾病演变过程中出现的人身损害后果、伤残等级

从二者对比可以看出，二者在程序性规定上基本一致，实质内容均包含了"医疗行为是否违反医疗卫生管理法律、行政法规、部门规章和诊疗护理规范、常规""医疗过失（错）行为与人身损害后果之间是否存在因果关系""医疗过失（错）行为在损害后果中的责任程度（原因力大小）"。主要的区别在于"医疗事故技术鉴定"中有"是否构成医疗事故"的内容，而医疗损害鉴定结论中

无；但后者对于医疗过错要求表述为"重大过失、一般过失、轻微过失"。

（三）"医疗损害鉴定"能够成为"医疗事故罪"的定罪依据

前已述及，"医疗事故罪"须以构成"医疗事故"为前提并无法定依据，故"医疗事故技术鉴定"中"医疗事故等级"并非"医疗事故罪"定罪中的必须要件。"医疗损害鉴定"与"医疗事故技术鉴定"在"医疗过错""因果关系""责任程度"等主要内容方面并无实质区别。故"医疗损害鉴定"与"医疗事故技术鉴定"一样，亦能够成为"医疗事故罪"的定罪证据，当然，"医疗损害鉴定"结论能否采信应当经过法庭审理后由法官作出判断。

二、关于"严重不负责任"的认定标准问题

（一）"严重违反诊疗护理规范、常规"是否等同于"严重不负责任"

1. 何谓我国《刑法》第335条的"严重不负责任"？有学者认为："严重不负责任"是指医务人员在诊疗护理工作中，严重违反规章制度和诊疗护理常规，粗心大意，漫不经心，擅离职守，不履行、不正确履行或不及时履行医疗护理职责的情形。[1] 最高人民检察院、公安部于2008年6月25日颁发《关于公安机关管辖的刑事案件立案追诉标准的规定（一）》第56条第2款以列举的方式规定："具有下列情形之一的，属于本条规定的'严重不负责任'：①擅离职守的；②无正当理由拒绝对危急就诊人实行必要的医疗救治的；③未经批准擅自开展试验性医疗的；④严重违反查对、复核制度的；⑤使用未经批准使用的药品、消毒药剂、医疗器械的；⑥严重违反国家法律法规及有明确规定的诊疗技术规范、常规的；⑦其他严重不负责任的情形。"在笔者所经办的数百件医疗损害案件中，经鉴定及审判由医疗机构承担责任的案件中，主要原因是医

---

[1] 孙红卫："医疗事故罪罪状要素的司法认定"，载《法学杂志》2009年3期。

务人员违反诊疗护理规范、常规造成的，而"擅离职守"等情形并不多见。因此，非常有必要探讨"严重违反诊疗护理规范、常规"是否等同于"严重不负责任"问题。

2. 本文认为，"严重违反诊疗护理规范、常规"不能等同于"严重不负责任"，理由如下：①临床实践中，不仅国家卫生部（现国家卫计委）、中华医学会有颁发诊疗护理规范、常规，各省市甚至部分医疗机构都有颁发诊疗护理规范、常规，所谓"有明确规定的诊疗护理规范、常规"，具体指哪些不明确，容易造成适用混乱。而且，即便医学教材也有不同版本，各版本之间内容并非完全一致。②医学是一门不断发展的科学，所谓"有明确规定的诊疗技术规范、常规"，实际上是不断处于变化、发展、完善过程中的，把这些诊疗规范当成一律不能触碰的"高压线"并科以刑罚会阻碍医学的发展。③"严重违反诊疗技术规范、常规"与"一般违反诊疗技术规范、常规"实难区分，能够区分的往往是因此导致的后果严重与否。如某医务人员对患者使用青霉素时，患者出现过敏性休克，按诊疗常规应当就地抢救，但该医务人员一时忘记了该抢救常规，看见患者出现"休克"后立即将患者送至抢救室抢救，但因为时已晚，患者不治身亡，我们是否因此判断该医务人员的行为是"严重违反诊疗技术规范、常规"呢？如回答是肯定的，那如果该患者抢救成功呢，是否还是"严重违反诊疗技术规范、常规"？④有时候，医务人员"严重"违反诊疗规范、常规并非"不负责任"，而是技术水平不足所造成，如笔者代理的一个案例：某患甲状腺肿大的年轻女性患者在某医院行手术治疗，术后在病房出现颈部切口出血，患者随时会因血肿压迫气管导致窒息。按教材《外科学》要求，应当是在病房拆开手术切口，但医生违反了该诊疗规范，将患者送手术室拆线，结果患者在送手术室过程中出现窒息并最终成为植物人。本案中，医生违反了教材《外科学》且造成患者成为植物人，应属于"严重违反有明确规定的诊疗技术规范、常规",但该医生并非"不负责任",他也是在想尽快抢救患者,只是他当时在紧急情况下,不记得这种情况下的抢救规范以致违反。

(二)应当以"重大过失"作为判断"严重不负责任"的标准

罗马法及不少大陆法系国家的民法,一般将过失分为三级:重大过失、抽象过失和具体过失。重大过失指完全不注意,或者是指"缺乏技术或注意达到惊人的程度"。在罗马法中,如果一个行为极明显地不合法并有损于他人,即使一个疏忽之人也能加以避免,行为人连这种注意也没有尽到,就构成重大过失[1]。抽象过失与具体过失亦可称为一般过失。对于"医疗事故罪"中"严重不负责任"的判断标准,应采用"重大过失"标准,具体来说,医务人员只有在不仅未尽到作为专业人员的注意义务,甚至连一名非医学专业的普通人的注意义务亦未达到才构成刑法意义上的"严重不负责任",如"擅离职守""拒绝救治""开错药""打错针""开错手术部位"等。而所谓"严重违反有明确规定的诊疗规范、常规",通常属于一般过失,不应归属于刑事犯罪范畴。

三、关于"医疗事故罪"中具体医务人员责任认定问题

"医疗事故罪"并非单位犯罪,但无论现今的"医疗事故技术鉴定"还是"医疗损害鉴定",其鉴定的对象都是医疗机构而非直接针对医务人员,这与"医疗事故罪"追究的是医务人员的个人责任而非单位责任不相适应。在众多医务人员参与诊疗的情况下,其认定尤其复杂,如福建省长乐市人民医院李健雪案,无论是李健雪还是其代理律师,都提出"参与诊疗的医务人员有很多,为何只追究李健雪的刑事责任?"的疑问。这个问题如何解决,不仅涉及个案处理问题,还直接影响到《医疗事故处理条例》如何修订。对此,笔者提出如下两点意见:

---

[1] 龚赛红:《医疗损害赔偿立法研究》,法律出版社 2001 年版,第 356 页。

（一）以"补充鉴定"的方式解决具体医务人员责任问题

1. "医疗损害鉴定"一般用于解决民事责任的承担，而医务人员的医疗行为属于职务行为，其相应的民事责任应当由聘用单位承担，故区别具体是哪位（些）医务人员的过错导致医疗损害后果的意义不大。"医疗事故技术鉴定"虽然按照《医疗事故处理条例》的设计，可以用于行政责任或刑事责任的认定，但《医疗事故处理条例》《医疗事故技术鉴定暂行办法》并无针对具备医务人员的鉴定条款。这是导致"医疗事故罪"案件中责任人认定难的重要原因。

2. 我国目前正启动《医疗事故处理条例》（以下简称《条例》）的修订工作，其修订稿《医疗纠纷预防与处理条例（送审稿）》（以下简称《送审稿》）为解决医务人员行政及刑事责任认定问题，设计了"医疗损害鉴定"与"医疗事故技术鉴定"并存的二元制鉴定模式。笔者认为，该模式存在以下缺陷且不具有可操作性，理由是：①前已述及，"医疗损害鉴定"与"医疗事故技术鉴定"在主要内容上并无本质区别，人为割裂二种鉴定易造成混乱。②该模式无法解决二种鉴定不一致问题，如"医疗损害鉴定"中认为医疗机构有医疗过失行为且该医疗过失行为与患者损害后果之间存在因果关系，责任程度为主要责任，患方欲追究医务人员的行政或刑事责任，按《条例》《送审稿》须再进行医疗事故技术鉴定，医学会除非保持与医疗损害鉴定的认定相一致，否则可能得出无医疗过失行为、患者损害后果与医疗行为之间不存在因果关系、医方无责任且不构成医疗事故的意见，二者矛盾显而易见。③该模式实操性不强，如谁来启动鉴定程序、患方不配合怎么办、鉴定费用由谁承担等。④《条例》《送审稿》仍然没有解决针对具体医务人员的责任认定问题。因此，二元制鉴定模式不可取，应当将医疗损害鉴定与医疗事故技术鉴定统一起来，制定统一的鉴定程序、鉴定标准、鉴定专家库。

3. 在统一的"医疗损害鉴定"模式下，为解决具体医务人员的行政及刑事责任承担问题，可对具体医务人员的责任划分作为补充鉴定内容，由行政部门或司法部门在必要时向作出"医疗损害鉴定"的鉴定机构发出补充鉴定要求，鉴定机构对此作出补充鉴定意见，供行政部门或司法部门参考。在目前相关法律法规并无相关补充鉴定条款可以遵循的情况下，为解决具体医务人员的刑事责任承担问题，可采用由司法部门向作出"医疗事故技术鉴定"或"医疗损害鉴定"的鉴定机构发函，要求鉴定机构对此作出说明的方式解决。长期来看，在制定统一的"医疗损害鉴定"规则时，将"补充鉴定条款"作出明确规定具有重大现实意义。司法部门将该补充鉴定意见作为主要证据之一，经法庭查证属实予以认定，否则，可不予采纳，即最终的裁判权应属于法官。

（二）按"共同过失犯罪"规定厘清多人参与诊疗活动的责任认定问题

1. "医疗事故罪"的主观方面只能是"过失"，故医务人员故意通过医疗行为实施犯罪不在本文讨论范围。多名医务人员参与对同一患者诊疗活动的情况下，因多名医务人员的共同过失导致患者严重损害后果，能否成立"医疗事故罪"的共同犯罪？我国《刑法》第25条规定："共同犯罪是指2人以上共同故意犯罪。2人以上共同过失犯罪，不以共同犯罪论处；应当负刑事责任的，按照他们所犯的罪分别处罚。"因此，可以明确，"医疗事故罪"中并不存在"共同犯罪"情形，无主犯、从犯之说。

2. 多名医务人员参与对同一患者诊治造成患者严重损害后果情形下，可区分以下情况处理：如患者严重损害后果系由多名医务人员一般过失所造成，则均不构成医疗事故罪；如虽有一名或多名医务人员存在重大过失但该重大过失并非造成患者严重损害后果的主要原因，则均不构成医疗事故罪；如其中一名医务人员存在重大过失且是造成患者严重损害后果的主要原因，而其余医务人员虽有过失但属于一般过失，则只能追究该名存在重大过失医务人员的刑事责任；如多名医务人员存在重大过失且均是造成患者严重损害后果的主要原因，则该多名医务人员均构成医疗事故罪，应分别承担相应的刑事责任。

四、关于"因果关系"的判断标准问题

"严重不负责任"与"就诊人死亡或严重损害就诊人身体健康"之间的因果关系必须以刑法上的因果关系作为判断标准。一般认为，所谓"刑法上的因果关系"，是指犯罪实行行为与对定罪量刑有价值的危害结果之间引起与被引起的合乎规律的联系。具体到"医疗事故罪"中，是指医务人员"严重不负责任的行为"与"就诊人死亡或严重损害就诊人身体健康"之间直接的、必然的联系，即医务人员严重不负责任的行为合乎规律地引起了就诊人死亡或严重损害就诊人身体健康的结果发生。换言之，"医疗事故罪"中因果关系的判断标准是直接、必然的因果关系，而相当因果关系标准是认定民事责任的标准，但却不能成为刑法上的因果关系标准。具体来说，有以下几点需要注意：①在就诊人死亡的情况下，明确的尸检意见成为必须。因为只有明确的尸检意见才能最终确定就诊人的死亡原因，如通过尸检仍无法查明患者死因，则不能认定构成"医疗事故罪"。②在严重损害就诊人身体健康的情况下，患者的诊断必须是明确的，如存在其他诊断可能或不排除其他诊断，则不能认定构成"医疗事故罪"。③医疗损害往往是"多因一果"，即既有医方原因，也有患者本身病情的原因，只有医务人员"严重不负责任行为"在"就诊人死亡或严重损害就诊人身体健康"中的原因力为主要因素的情况下，才能认定为"医疗事故罪"。

五、结语

以前述标准为参照，不难判断北京大学人民医院许峰案、福建省长乐市人民医院李健雪案等是否构成"医疗事故罪"。通过对我

国《刑法》第 335 条的疏理，结合目前医疗纠纷处理实践，可以看出，"医疗事故罪"的罪名并不能准确概括医务人员因"严重不负责任导致就诊人死亡或严重损害就诊人身体健康"，亦不符合目前"医疗损害鉴定"逐步取代"医疗事故技术鉴定"的实践情况，有必要修改罪名为"重大医疗责任罪"。至于何谓"严重损害就诊人身体健康"，无论是理论界还是实务中，争议不大，如理论界一般均认为"应构成重伤标准"，《最高人民检察院、公安部关于公安机关管辖的刑事案件立案追诉标准的规定（一）》第 56 条规定，"严重损害就诊人身体健康"，是指造成就诊人严重残疾、重伤、感染艾滋病、病毒性肝炎等难以治愈的疾病或者其他严重损害就诊人身体健康的后果。笔者对此表示认同，故对该部分内容不予赘述。

图书在版编目（CIP）数据

医药食品安全法治研究. 第一辑/杜承铭主编. —北京：中国政法大学出版社，2016.11

ISBN 978-7-5620-7145-7

Ⅰ.①医… Ⅱ.①杜… Ⅲ.①药品管理法－研究－中国②食品卫生法－研究－中国　Ⅳ.①D922.164

中国版本图书馆CIP数据核字(2016)第275152号

书　　名　医药食品安全法治研究

出版者　　中国政法大学出版社

地　　址　北京市海淀区西土城路 25 号

邮　　箱　fadapress@163.com

网　　址　http://www.cuplpress.com（网络实名：中国政法大学出版社）

电　　话　010-58908435(第一编辑部)　58908334(邮购部)

承　　印　固安华明印业有限公司

开　　本　880mm×1230mm　1/32

印　　张　10.75

字　　数　280 千字

版　　次　2016 年 11 月第 1 版

印　　次　2016 年 11 月第 1 次印刷

定　　价　48.00 元